市场营销名校名师
新形态精品教材

U0722503

Marketing Management

苗月新 ◎编著

品牌管理学

人民邮电出版社
北京

图书在版编目（CIP）数据

品牌管理学 / 苗月新编著. -- 北京 ： 人民邮电出
版社，2025. --（市场营销名校名师新形态精品教材）.
ISBN 978-7-115-67030-4

Ⅰ．F273.2

中国国家版本馆 CIP 数据核字第 2025JE9163 号

内 容 提 要

本书介绍了品牌管理学相关内容，其中包括品牌管理概述、品牌管理组织与管理过程、品牌影响因素的表现形式与品牌利益、品牌识别与品牌形象、品牌构成要素设计、品牌定位与个性化策略、品牌忠诚、品牌资产、品牌战略、品牌传播、零售商品牌与制造商品牌、品牌国际化等。

本书知识体系科学完整，包括了品牌管理学的有关前沿理论知识和实践内容；且本书形式生动活泼，每章开篇的案例导入，以及穿插于正文之中的课堂小例子、课堂小知识、课堂小思考和课堂小讨论等，都可以让读者在阅读正文时获得丰富的知识。同时，本书每章还配有品牌实训、复习思考题，为检验读者学习效果提供了参照标准。

本书配有丰富的教学资源，用书教师可登录人邮教育社区（www.ryjiaoyu.com）进行下载。

本书可作为高等院校市场营销、工商管理、企业管理等专业的教材，也可供工商管理领域的从业人员参考。

◆ 编　著　苗月新
　　责任编辑　陆冠彤
　　责任印制　陈　犇

◆ 人民邮电出版社出版发行　　北京市丰台区成寿寺路 11 号
　　邮编　100164　　电子邮件　315@ptpress.com.cn
　　网址　https://www.ptpress.com.cn
　　三河市中晟雅豪印务有限公司印刷

◆ 开本：787×1092　1/16
　　印张：13.75　　　　　　　　2025 年 6 月第 1 版
　　字数：325 千字　　　　　　 2025 年 6 月河北第 1 次印刷

定价：54.00 元

读者服务热线：(010)81055256　印装质量热线：(010)81055316
反盗版热线：(010)81055315

前　言

　　品牌管理学是一门十分有趣、有意义、实践性强的学科。随着我国经济发展进入新时代，品牌管理在经济、社会、文化领域的地位愈加重要。新时代，中国企业的品牌管理面临着新课题。众多奋发有为的企业均在品牌建设上加大了投入，力争在国际与国内市场上有更大的作为。本书基于我国各项改革不断深化、各项事业砥砺前行的宏大时代背景，以全新的视角来介绍品牌管理学的前沿知识和实践经验。

　　本书集品牌管理学知识与实践于一体，以理论知识为主线，构建起整个品牌管理学的知识框架。同时，书中还包含丰富案例，既有国内品牌经典案例，如中华老字号的品牌管理，也有国外品牌的成功案例。同时为了提升读者的实践能力，本书每章包含品牌实训和复习思考题，以启发读者的创新性思维。

　　本书共四部分。第一部分为基础知识部分，由第1至4章构成，主要介绍品牌的定义与作用，品牌与产品、商标的区别与联系，品牌分类，以及品牌管理组织与管理过程、品牌影响因素的表现形式与品牌利益、品牌识别与品牌形象等内容。这些内容为读者提供了一个基本的知识体系，使读者能够对品牌管理的相关概念与术语、相关学者的观点及理论与实践中的前沿问题有一个大致的认识。第二部分为品牌设计部分，由第5章和第6章构成，主要介绍品牌构成要素设计、品牌定位与个性化策略。这些内容突出提升读者的实践能力，因而也是本书最为重要的部分。第三部分由第7章和第8章构成，主要介绍品牌忠诚、品牌资产。第四部分由第9至12章构成，主要介绍品牌战略、品牌传播、零售商品牌与制造商品牌及品牌国际化，这部分内容是全书的升华，与行业、市场、企业、技术、国际化潮流紧密结合，能够开拓读者的眼界。

　　本书的特色是具有前沿性、专业性、实践性和趣味性。

　　1. 在前沿性上，本书引用资料新颖，内容丰富，站在学科与专业的前沿思考品牌管理应当解决的问题，既阐述了理论知识的发展，又紧贴时代脉搏。

　　2. 在专业性上，本书借鉴了品牌管理领域学者的研究成果，分析了具有代表性的企业案例，因而能够为读者提供专业的理论知识和企业案例。

前言

3．在实践性上，本书通过章首的案例导入，正文中的课堂小例子、课堂小讨论、课堂小思考、课堂小知识，以及品牌实训、复习思考题等，来增强读者的实践能力，使读者能够更加深刻地理解品牌管理学的精髓。

4．在趣味性上，本书力求用通俗易懂的写作方法来使内容生动且有趣。在正文中，为了防止阅读疲劳，还专门增加了一些生动性的比喻与形象化描述。

概括起来，本书是一本把理论知识的讲解、实践经验的提炼与专业能力的培养有效地结合在一起的教材。建议读者按照每章主要知识点，全面、系统地掌握各章内容，真正做到融会贯通。

本书由中央财经大学教授苗月新编著。在撰写过程中，作者阅读了大量国内外文献，由于篇幅所限不能一一列明，在此向这些文献的作者表示由衷感谢！

人民邮电出版社的编辑同志们为本书的出版做了大量细致的工作，在此对他们的辛勤付出也谨致谢意！

由于水平所限，书中难免有不足之处。欢迎广大读者提出宝贵的意见和建议。作者电子邮箱：miaoyuexin66@163.com。

作者
2025年春于北京

目 录 —————————————— CONTENTS

目 录

目 录

第1章
品牌管理概述

微课导学

本章主要知识点

- 品牌的定义
- 品牌的作用
- 品牌与产品的区别与联系
- 品牌与商标的区别与联系
- 品牌的分类

案例导入 实体商店中的品牌管理与消费体验

在一些现代化商场中，为了提升消费体验，商场管理者通常会把不同类别的商品分放在不同楼层，并对各个楼层的营业区域进行功能和品牌级别划分。概括起来，这些商场各个楼层在各类商品品牌管理上大致有以下布局特点。

第一层作为吸引消费者并提升体验的场所，在其中陈列许多高雅的名牌商品，诸如香水、珠宝、手表、名包等，通过视觉、听觉、嗅觉和触觉吸引消费者，提升他们对商场的感官体验。

第二层通常陈列日用生活品中的洗涤用品或服装、鞋帽、厨具、卫具等。

第三层陈列一些小众品牌的商品。

第四层陈列更加小众的消费品，如音乐器材和健身器材。

······

最高层往往是消费者休闲或者娱乐的场所，例如电影院、用餐区，由于餐食味道比较大，所以往往选择在这样的高度来减少对消费者的影响。

这样的设计，能够把消费者体验与品牌作用有效地结合在一起。如果商场有地下一层，则往往将其作为超市加以利用，这样具有便利性。

从体验流程来看，不同品牌所具有的体验价值，品牌产品在商场中的具体陈列位置及占用空间，消费者购物时的行走地图，体验节点的先后顺序，不同消费者群体的规模、比例和结构，以及体验程度，都是品牌在商业活动中的重要性的体现。因此，合理地选择品牌，使用品牌的影响力，对提升消费者体验具有重要的意义。一些大型百货商场尤其强调品牌在提升消费者体验中的作用，并因此设立品牌进入门槛，成为高端品牌的汇集场所。

思考题：对比电商平台上的品牌管理方法，实体商店的品牌管理有何特点？

品牌管理是当代企业面临的重要课题之一。强有力的品牌，不仅能够为企业塑造良好的形象，巩固企业在行业中的地位，密切与供应商、批发商、零售商等合作伙伴的关系，获得消费者的广泛认同，同时也能够增强企业风险抵抗能力，度过经营管理中的各种危机，进而在激烈的市场竞争中胜出。在快速变化的市场环境中，越来越多的企业清楚地意识到，奉行"质量至上""客户至上""服务第一"等经营理念时，必须以品牌为核心来提升产品质量、客户管理水平和改进售后服务质量。因此，当代企业必须从品牌管理角度来重新构建企业管理的思维与逻辑。

本章主要从品牌的定义与作用，品牌与产品、商标的区别与联系，品牌分类等方面对品牌进行阐述，揭示其基本特征和发展变化规律。

1.1 品牌的定义与作用

1.1.1 品牌的定义

品牌在现实生活中的作用越来越重要。在品牌化经营备受推崇的今天，企业以拥有国内、国际驰名品牌而荣耀；而消费者则在生活中以享受品牌所带来的各种价值而感到满意和愉悦。在现代化的大都市中，当人们走在繁华的商业大街上时，会感受到载有各式各样品牌信息的广告所带来的视觉冲击；而当人们使用互联网进行购物或者社交活动时，品牌信息也会不时地出现在手机或计算机的屏幕上。品牌正在以前所未有的方式和力量影响着企业经营管理，影响着消费者的日常工作和生活。进入 21 世纪后，品牌已经更加深入地融入经济管理、社会生活的各个层面。那么，什么是品牌？它的由来和真正含义是什么？

"品牌"的英文是"brand"，据说该词源于古挪威语"brandr"，即"用烧红的木头打上烙印"之意。关于品牌的最早出现地，学术界有不同的解释版本。但是，比较一致的判断是品牌作为记号最早用于牲畜身上。这种做法除了表示主人对牲畜的所有权之外，也有助于防止在放养和交易过程中出现混淆，便于生产管理和市场出售。后来，品牌逐渐发展成为用于区别事物的名称、标志和符号。因此，原始的品牌仅是为了区分同类物品。

尽管时代在变迁，人类的商业活动已经变得十分复杂，而且市场的规模越来越大，但是品牌作为区分事物的原始含义并没有消失，反而在不断地强化。即便是在计算机技术、互联网技术和移动通信技术十分普及的今天，品牌用于区分事物的功能仍然具有重要的价值，甚至是最为基础的价值之一。因此就其含义而言，品牌首先是一种具有区分作用和价值的事物。

1. 品牌是一种具有特定含义的符号

正如每个人都需要有一个名字一样，同质、同形的产品必须用一定的符号加以区分。例如，生鲜类食品超市中有很多种鸡蛋，由于所宣称的营养价值不同，因而价格差异较大。这时，如果生产企业对自己所生产或销售的产品不加上区分性"标识"，这些鸡蛋在摆上超市货架之后，就很难仅凭借其外形而吸引对鸡蛋营养价值有不同要求的消费者，因为鸡蛋都是椭圆形的，而且大小都差不多，除了颜色有些许区别外，通过人的视觉、嗅觉、触觉等感觉很难进行区分。因此，针对这种在产品外形和品质上不易有效区分的情形，作为零售商的生鲜类食品超市，就可以通过品牌把原产地、供应商、认证资格等信息准确地反映出来。市场上的各种鸡蛋，例如草原鸡蛋、山地鸡蛋、乌鸡蛋、柴鸡蛋等不同鸡种下的蛋，就可以使用品牌进行有效区分，并根据不同养鸡企业的独特命名而体现出不同的品质和价格。美国市场营销协会对品牌的符号特征做了进一步解释——品牌作为符号，应当包括名称、专有名词、标记、符号或设计，或者是这些元素的组合。把品牌作为符号来理解，可以从审美学或形象学等方面找到更多科学的解释。

2. 品牌是企业的一种特殊的资产形式

品牌是有别于企业其他资产的一种特殊资产形式。在企业发展史上，品牌作为资产进入会计报表是一个渐进的过程。也就是说，品牌最早出现在市场上的时候，在企业、消费者的眼中，它并不是一种资产形式。但是随着品牌的作用越来越强，在市场交易中扮演着十分重要的角色，品牌作为资产就成为顺理成章的事。品牌作为特殊的资产形式，也可以在市场上进行交易，例如，进行估值、转让、抵押和买卖。在当今世界上，知名品牌都有不同的市场价值，因而具有资产属性。品牌的资产价值会随着品牌本身的存续时间、品牌文化、塑造品牌所投入成本，以及其在当今市场上的实际影响力而发生变化。与机器、厂房、原材料、存货等有形资产形式不同，品牌作为一种无形资产，往往与其所依存的企业、创始人、时代背景等基本孕育条件紧密地联系在一起，这些要素是品牌的出身符号，甚至是生命之初的"胎记"。因此，与前面所提及的资产要素相结合，品牌的新生、发展、成熟、衰落、振兴等路径，以及与国家、民族、地区的重要事件的相互影响关系，共同铸就了品牌的资产价值。

例如，在"中华老字号"品牌中，入围企业尽管都有着不同寻常的品牌发展路径，但是总的来看一般会跟随时代兴替、技术进步而经历一轮又一轮的坚守与革新，即守正创新，因而"新生—发展—成熟—衰落—振兴"往往是品牌保持生命力和竞争力的一个基本规律。一般而言，顺应这样一个周而复始的生命周期规律，一个品牌所经历的时间越久，经历的发展路径越曲折，其背后的故事就会越生动，因而所累积的品牌资产价值也就越高。

课堂小例子　　　　　**北京老字号的年龄与销售额**

据《北京日报》报道，北京老字号协会已依程序认定 223 个北京老字号，老字号平均年龄达 140 岁；其中，大红门、牛栏山、同仁堂、京糖、菜百等 5 家老字号年销售额超过 100 亿元，年销售额超亿元的企业共有 50 家。北京这些老字号企业，都有着与我国经济社会文化发展的命运紧密相连的感人故事，因而这些品牌作为资产所拥有和传承的经济价值、社会价值和文化价值，自然也与其他一般的企业明显不同。（资料来源：《新一批中华老字号即将诞生　三元等 23 家企业进入推荐名单》，《北京日报》2023 年 6 月 27 日。）

思考题：北京老字号的行业分布有何特征，生命周期规律是怎样的？

尽管品牌有不同的价值，但是在资产属性上，则是着重强调品牌的经济价值，尤其是交易时所体现的商业价值中的交换价值。有此对比基础，就能够进行多维度量化观测市场上的不同品牌。品牌资产的可量化和可交易特征，能够帮助企业从动态上把握一个具体品牌的市场走势，客观评价其市场地位和竞争力，进而使其经营管理精细化和科学化。

3. 品牌是一种复杂的关系和表现形式

现代品牌管理学更多时候是从关系角度来解释品牌的。品牌作为一种复杂的关系，可以放在经济学、管理学和社会学等不同的学科中加以研究。品牌所折射的关系并不完全是一种纯粹的经济关系，即不是为了获取经济利益而形成的所有、占有、分享经济权限式的交易、合作关系。品牌关系中还包含管理关系，例如品牌结构中的上下级从属关系、品牌管理主体与管理对象之间的关系，甚至包括一些社会文化层面的价值和属性，折射出社会的价值取向和人文精神。

从经济和管理角度分析品牌关系，主要是把品牌视为联系不同市场主体的桥梁和纽带。随着市场经济的不断发展，在微观经济环境中，强有力的品牌产品能够把生产企业、经销商和消费者紧密地联系在一起，使营销渠道各个节点的关系结构和形式具有伸缩性。在共同经营品牌过程中，生产企业希望能够为渠道下游经销商供应强有力的品牌产品，经销商希望向消费者推荐新品牌以增加店铺吸引力，而消费者则依据个人偏好来选择和使用这些品牌。在宏观经济环境中，品牌数量的多少，品牌资产价值的高低，品牌在国家、地区和全球市场中的地位，也能够反映出品牌综合竞争力，因而也是经济发展水平与市场依赖关系的体现。因此，品牌是当代社会经济发展的关系汇聚点。

但是，在上述这些关系中，品牌与消费者的关系最为基础，其他关系都依托于此而存在。作为品牌塑造者的生产企业，既可以通过中间商与消费者保持联系，也可以直接与消费者联系。沙希德·纳瓦兹（Shahid Nawaz）、江云（Yun Jiang）、法赞·阿拉姆（Faizan Alam）和穆罕默德·扎希德·纳瓦兹（Muhammad Zahid Nawaz）关于品牌与消费之间的研究表明："消费者-品牌关系"对品牌绩效资本化做出了巨大贡献，是提高消费者品牌忠诚度的重要因素；成功品牌是企业在动态环境中获得竞争优势的重要工具。

品牌作为复杂关系的一种呈现或产物，重在强调生产企业、经销商、消费者等市场主体之间的平等地位、相互依存性及与竞争性品牌的对抗性和排斥性。在品牌关系网或者品牌链条中，消费者通常处于中心地位，具体地感受品牌所带来的利益。品牌建设主要是以生产企业、经销商的诚信经营为基础而展开的。生产企业、经销商在诚信方面做得越好，消费者心目中的企业品牌形象就越牢固。

4. 品牌是企业对市场和社会的一种承诺

品牌与承诺之间具有密切关联性。这种关联性可以形象地比喻为，具有承诺并能够兑现承诺的品牌就是一把"安全锁"或者一个"保险箱"。品牌由企业所塑造继而在消费者脑海中形成印象。如果把企业作为观察对象，品牌是作为企业整体或其产品或其他相关事物在消费者脑海中所形成的形象、感知和认识。消费者依据这些内容，在与企业的互动中产生信任和忠诚。承诺是企业在塑造品牌形象及推广产品时所做出的保证。但是，并不是所有企业的承诺都是可信的。因此，在品牌与承诺之间，起关键作用的是消费者对企业的信任，以及企业为履行承诺所做出的努力。在企业管理实践中，如果没有承诺，就很难建立有价值的信任关系；同样，如果没有信任关系，承诺也就没有社会和群众基础。

课堂小例子　　　　**商鞅徙木立信对企业品牌建设的启示**

　　商鞅徙木立信，就是先做出承诺，而后与社会民众建立信任关系，树立起改革者的品牌形象即言必信、行必果，然后才能在社会群体中推行其变法主张。在企业管理实践中，也有与之不同的例子，即先有信任基础，而后做出承诺。例如，中国市场上，消费者普遍对华为手机有着强烈的品牌认同感，因而当华为推出 Mate 60 这款手机时，消费者对品牌做出的有关功能和属性的承诺完全信任，并在各大社交媒体平台上产生了口口相传效应，这其实就是消费者对企业的信任在前，而企业品牌产品的销售在后，由信任而引起承诺有效性递增的效应。

　　思考题：承诺在先与承诺在后对品牌建设效果的影响有何区别？

　　一般而言，在品牌建立与维护过程中，企业需要通过各种方式不断地向消费者和社会大众传递质量、功能、利益承诺和所奉行的价值观念。在企业不知名时，消费者往往需要通过自己或他人的经验来对企业品牌产品做出评价，判断品牌承诺是否值得信赖，其产品是否值得选择和购买；在企业成为知名企业时，消费者往往通过品牌识别、品牌联想等信息来评价品牌承诺，衡量其承诺履行能力及实际效果并由此而决定是否选择和购买。如果企业能够履行承诺并提供优质产品，消费者会对品牌产生信任感并愿意购买和推荐该品牌；反之，消费者则会对品牌失去信任甚至选择其他竞争性品牌。因此，品牌和承诺之间的关系是相互依存的共生关系。品牌需要承诺来建立和维护消费者信任，而承诺则需要品牌这一载体来传递和兑现。在竞争激烈的市场上，兑现一次承诺并不足以建立信任；良好品牌形象的树立需要长期地、多次地兑现承诺来实现。

　　一般而言，对于一项具体承诺，消费者可以从内容与传递方式的可信度、时效性、与自己价值观念的一致性、信息透明度、实际效果可验证性和反馈机制等方面来综合判定其可兑现程度和对自己的实际与潜在影响。真正有价值的承诺的特征通常有内容与主张的可信性、可行性、时效性、与消费者价值观念和消费方式的一致性、信息透明性和可反馈性等特征。例如，美国零售巨头沃尔玛提出"天天平价，创造美好生活"的承诺，通过低于同类竞争者的价格赢得了消费者青睐；世界百强品牌之一的中国工商银行以"你身边的银行，值得信赖的银行"这一价值主张获得了客户的广泛称赞，其成功之处就在于从亲近感、便利性及诚信这些角度对企业业务做出了庄严承诺；同样是世界品牌百强企业的海尔，则强调"真诚到永远"，从品牌真诚性这个维度很好地解释了企业文化内涵；有"洗衣专家"之称的德国品牌西门子，其承诺终身免费保修。著名企业会倍加珍视自身的品牌形象，因而在承诺方面也做得非常到位和具有力量。例如，在成熟、发达的市场经济中，食品饮料类品牌包装上通常都会印有"如果包装破损，请勿购买""如有质量问题，保证退换"等提示性承诺。有此品质承诺，消费者就会买得放心、用得舒心。

　　依据重要性次序，品牌承诺的第一个维度是可信度，即消费者对品牌的信任程度，其源自消费者对某一特定品牌的信誉、声誉、历史等因素的综合评价。消费者以此判断品牌承诺是否值得信赖。第二个维度是一致性，即品牌在不同的时间、渠道、产品上所传递的承诺都是一致的。第三个维度是价值和利益，即品牌产品在满足消费者的需要、欲望和需求方面的实际效果，例如性价比、质量、功能。第四个维度是情感连接，即品牌与消费者之间在情感上的联系和共鸣，例如品牌的形象、故事和文化会从不同侧面影响消费者内心感受，进而引发共鸣，提升品牌忠诚度。这个维度也是人们通常所说的情感价值。由于人是社会人，需要情感交流，因此品牌能发挥其相应作用。第五个维度是可持续性，即品牌长期履行承诺并在不同市场和社会环境下适应和发展。这主要是从品牌的可持续发展战略、社会责任、环境保护等角度来评价品牌承诺是否可靠。

课堂小例子　　　　　　**品牌共鸣的国际差别**

20世纪五六十年代出生的人们，对国产品牌产品"永久"和"飞鸽"自行车、"东风"和"上海"手表、"香山"和"大前门"等香烟都有很深的印象。改革开放以后，中国企业又推出了一大批新品牌，外资企业的进入也带来了许多具有国际影响力的品牌，因此对20世纪七八十年代出生的人们而言，他们对这些品牌就容易产生情感共鸣。21世纪的主力消费者群体之一"Z世代"消费者，则对手机、计算机等产品的品牌有着很强的依赖性。

思考题：不同时代的主力消费者在品牌共鸣方面有何特征？

戴维·阿克（David Aaker）、凯文·莱恩·凯勒（Kevin Lane Keller）、詹妮弗·阿克（Jennifer Aaker）等学者对品牌多个方面做过探索。他们的研究涉及品牌信任、品牌忠诚度、品牌认同、品牌满意度等关键要素。

综合上述，品牌是由一定的名称、符号、标识表示，具有资产属性并体现生产企业、经销商、消费者等市场主体之间关系及相应承诺的，以产品为核心要素、以其他直接相关事物为辅助支撑的综合体。

1.1.2　品牌的作用

品牌的作用主要体现在三个层面：品牌对消费者的作用、品牌对企业的作用及品牌对社会的作用。

1. 品牌对消费者的作用

（1）有效地识别和区分产品的特点

品牌产生的原因在于区分不同产品，这是它的第一项作用，即便于消费者分清同一种（类）产品中不同产品之间的名称、符号和标志差别。品牌对消费者的作用主要体现在购买产品的过程中，它有助于消费者根据不同品牌特征识别、区分产品。通过对自己所喜欢或信任的品牌的名称、符号和标识等要素的记忆，消费者能够在购买过程中从众多的品牌中快速地辨认出这些品牌，进行判断和比较，从而减少在产品购买过程中进行消费决策或选择的困扰。同时在使用中，也能够对应这些品牌的承诺来验证它们的实际价值和功效。例如，在白酒品牌中，如果没有"茅台""五粮液""汾酒"等品牌名称，而只有包装容器，人们就很难区分这些酒。经销商铺货时也需要对不同产品进行识别和区域划分，以价位、产地、类别和品质相区分，以便于消费者选择。此时，品牌作用就以价格标签、包装特征、质量特点和具体功效等品牌要素充分体现出来。

（2）降低购买和消费过程中的风险

品牌是企业对消费者所做出的一种承诺，是企业愿意主动承担商业责任与风险的一种表现。基于这种承诺，消费者在购买和消费过程中可以在正向刺激下进行决策判断和消费。风险感知程度的降低能够增加消费者的购买欲望，增加消费者对企业及其产品的信任感和忠诚度，从而进一步降低消费者购买选择感知风险和消费过程中的使用风险。产品使用安全感是消费者感知幸福的一个重要来源和支撑。品牌产品通常具有质量保证和售后服务支持，因而能够从根本上降低消费者的感知和使用风险。品牌承诺的范围、时间与补偿金额，是降低消费者感知风险的重要衡量标尺。对于消费者而言，品牌承诺可能涉及产品、价格、渠道、促销、服务、成本、沟通等不同方面。例如，涉及电子元器件、化工材料的家电、家具、服装类企业，在品牌宣传方面通常会着重强调工艺制造的高质量、高标准，以此来降低消费者感知风险；食品饮料生产企业则主要强调原材料的无转基因、无工业添加物等生产加工过程，以此来保证消费产品的安全性，进而降低消费者感知风险；鉴于当代社会消费者对自然界和社会伦理的关注，有的企业则会强调生产过程生态性和加工过程伦理性，如动物屠宰过程标准化和人性化，这些措施都能够有效地降低消费者感知风险。

（3）提升消费者的购物和消费体验

品牌在某种意义上是市场差异化竞争向着产品表层化发展的一种体现。从大量同质化产品的市场中脱颖而出，形成自身独特的气质和风格，这是品牌所追求的一种精神境界。因此，品牌承担着向目标市场消费者群体传递差异化价值和形象的功能，而这又需要品牌本身具有清晰的定位和向外传播扩张的原动力。品牌的这种气质和风格越鲜明，对消费者的吸引力就越强，因而也就越能够增进消费体验。品牌通过产品表层化设计、包装、广告等方式，能够与消费者实现情感共鸣和关联，进而提升消费体验。

2. 品牌对企业的作用

（1）降低市场营销成本，增强市场竞争力

品牌化经营是企业在成长过程中必须经历的一个环节。在这个过程中，把不同产品汇集在同一个品牌下，企业可以节省管理成本和营销宣传费用。一个成熟的品牌，可以带动一批新产品上市，这使企业品牌形象得以延伸和扩展到更广泛的领域。因此，与生产流水线的大量引进可以提升劳动生产率的原理一样，在市场营销活动中，品牌化经营对于企业而言，就是把各种不同产品项目进行体系化管理，纳入一个统一的品牌框架内，以统一的使命、愿景和宗旨来引导市场消费。在品牌化过程初期，成本可能会不断增加，而进入成熟期后，品牌影响力逐渐发挥作用，企业的品牌投入会维持在一个合理范围内，甚至降低。

品牌具有无形性特征。这使品牌比企业的有形资产如机器、厂房、设备等具有更长的生命周期。甚至随着时间推移，品牌价值具有更持久的影响力。但是，消费者的品牌情感是受时代限制的，因此在降低成本方面，品牌需要将一些容易变化的属性与时俱进，而将一些不容易变化的属性固定下来。品牌的这种自动延续性或者衰老期延迟性，从某种程度上更便于强大的企业长期生存下来，使它们更加注重于把品牌化经营放在战略地位加以对待。

（2）提升产品价值，提高消费者忠诚度

品牌效应会使企业积极约束自我。进入行业或地区品牌榜单的企业，尤其是位居前列的企业，往往十分珍惜品牌形象并设法来维持和提升品牌价值。对于企业而言，品牌的关键作用之一就是帮助其提升产品价值，基于信任和承诺不断地向消费者提供高品质产品，从而提高消费者忠诚度。从这个意义上讲，品牌就是企业的市场竞争利器，它有利于把企业与竞争对手相区分，通过差异化经营和独特卖点来赢得消费者群体的广泛支持。

品牌的社会认可一方面来自消费者口碑，另一方面来源于市场主管部门及行业权威机构认证。如一家变压器生产企业，产品走向国际市场时需要获得当地市场的技术认证与管理许可，这些资质与证书构成品牌的重要支撑材料。例如，20世纪90年代我国市场上流行的 ISO 9000 系列认证及绿色和环保认证，便有助于企业提升产品价值并获得消费者广泛认可。近年来随着社会大众对气候变化的关注，节能减排认证及相关技术突破有助于生产企业在市场竞争中处于优势地位。以电动汽车为例，其凭借相较于燃油汽车的环保性能获得了很多地方政府的支持。受此推动，许多汽车生产企业在电动车领域加大了研发力度，不断提升其产品价值，提高其消费者忠诚度。

（3）创造商业价值

品牌商业价值是指品牌的项目、系列或组合在市场上的经济价值和商业潜力，一般根据品牌所对应的市场需求的规模、层次和结构，所在行业和市场的竞争状况、对外影响力，以及短期和长期盈利能力等财务、营销指标进行综合评估。在不同类型品牌的评价中，这些指标所占权重并不完全相同。品牌商业价值不同评价维度的主要区别在于：财务维度主要指标是市值、销售额、利润；营销维度主要指标是市场份额、竞争能力等；其他维度包括品牌自身、企业的可持续发展水平、企业快速增长和品牌盈利能力提升等指标。其中，品牌盈利能力主要反映品牌在利润水平、利润增长率、毛利率等方面的变化；市场份额是指品牌销售额在市场中的比例，体现品牌受欢迎程度及未来扩张能力。

品牌商业价值的核心是狭义品牌价值，即品牌的市场影响力和认知度。它是从消费者角度来观察品牌的溢价能力、满意度、忠诚度和口碑效应。品牌商业价值还体现在品牌背后企业的创新能力和可持续发展潜力。对于企业而言，品牌这项重要的无形资产具有从上述财务、营销、统计等维度进行计量、对比、交易等多种商业价值。品牌的项目、系列、组合的数量多少及所涉及的产品类别和行业类型，与企业竞争力紧密相关。无形性特征使品牌比一般商业资产更容易营销推广并在不同时代发展壮大。品牌商业价值除了体现对内品牌经营管理水平外，还体现对外横向联系和合作水平。品牌的许可、纵向或横向扩张，品牌战略联盟，品牌短期或长期租售，品牌重组及再造，这些都是行业中普遍存在的现象。

3. 品牌对社会的作用

对于社会而言，大量品牌的存在能够稳定消费者的购买偏好与消费习惯，形成积极健康的消费市场和消费文化。品牌能够带动企业发展，形成可对比、可持续和可积累的商业竞争文化。例如，品牌的稳定消费倾向表现为消费经常聚集在一些有代表性的品牌周围，消费意识变得秩序化、标准化和具有可参照性。在崇尚品牌文化的社会中，人们消费的层次感更加强烈，生产、生活的目标感和意义更加明确。例如，企业会以进入品牌排行榜前排或者入围名优品牌奖项为目标去组织和分配生产资源，进而使社会在重质量和诚信、信用透明的环境中运行；消费者会为获得某一品牌的产品而不断努力工作。塑造、维持品牌和开发新品牌需要不断地投入成本和费用，需要使用新技术和方法且具有开拓创新精神，这些都是驱使企业不断进取的动力，需要企业在生产过程中有责任心。品牌是责任心的体现。除了能够促进投入、提升产品质量和层次外，品牌建设还能够吸引更多的劳动力，提升服务水平并解决就业问题。

品牌企业和品牌产品是社会进步的加速器。品牌是建立在诚信基础上的一种契约与承诺，越是重视诚信的社会，越容易创造出品牌企业和品牌产品。品牌既是经济发展的产物，也是社会道德发展的产物，同时还是法治环境下的产物。对于特定社会而言，品牌的作用既能标示经济发展总体水平，也能体现社会重视诚信的程度。品牌是企业对内和对外的形象标志，承担着特殊的社会责任。企业可以利用不同品牌的含义及其标志从事公益事业，推动社会进步和可持续发展。品牌作为一种文化符号和载体，可以通过广告、公共关系等方式传递价值观念、塑造社会形象。这比直接输出普通文化产品更具有亲和性。例如，经济全球化的一个重要标志就是品牌全球化与国际化，它使不同文化以品牌为载体呈现在消费者面前。这一进程本身带来了人们消费选择的趋同性，同时也导致了消费多元化。

1.2　品牌与产品、商标的区别与联系

1.2.1　品牌与产品的区别与联系

品牌与产品是一种相互依存的关系。"皮之不存，毛将焉附"是这种关系的深刻反映。在现实市场上，"皮"就是产品，它以质量、技术、功效等属性体现出来；而品牌则是通过名称、符号和标识等要素将这些属性更加抽象地印在消费者脑海中，使之简单化、美学化和拟人化，进而完成从产品的物理、化学属性向社会经济文化属性转变。

1. 品牌与产品的区别

在菲利普·科特勒（Philip Kotler）关于市场营销的概念组合中，产品是指能够提供给市场以满足人们需要和欲望的任何东西。广义的产品既包括服务也包括组织、个人、事件、地点、信息及理念等。狭义的产品仅指具有实体形式在市场上交易的物品。从商品经济发端来考察，产品是市场存在的基础，其产生时间远早于品牌。产品是商品交换、交易的构成要件，但品牌未必具有这一属性。一个市场可以没有任何品牌而长期存在并进行有效的市场交换。例如，在普通农产品市场尤其是以农户出售自营农产品为主的集市，许多摊位上的蔬菜和水果一般没有品牌标识。一般而言，产品向商品转化在市场交易环节完成。品牌如果作为产品的一个特定组成部分，则需要通过溢价来体现其价值；如果作为独立于产品的客观存在而单独交易，它向商品的转换与一般产品并没有什么本质区别。

在前面的内容中，我们已经从多个角度对品牌实质与内涵给予界定。如果将这些界定与人们对产品的理解相比较，可以发现二者之间的区别十分明显。产品着重强调在满足消费者需求方面的材料、工艺及具体功能和用途，而品牌则主要强调该产品与其他产品的区分度、个性特征和抽象价值。产品主要是从生产、加工、制造等角度或从供给端角度来思考如何满足当前市场需求，而品牌则主要强调在满足某一特定层次市场需求时，不同产品

之间在功能、效用、属性、利益、价值等方面的差异性。在品牌概念缺乏的市场环境中，消费者的需求品往往只是产品或商品；而在品牌概念流行的市场环境中，消费者选择的是不同层次的品牌产品或非品牌产品。

一般而言，产品可分为核心产品、形式产品和延伸产品 3 个层次。从产品与品牌之间的关系来看，品牌并不只是处于产品表层的一种客观存在，其塑造必须在表层下面的各个层次上进行尝试，即进行深度改进。但是，在激烈竞争的众多品牌中，如果在核心产品层次上相互竞争的两个产品同属于一类，即二者可能构成直接竞争关系，那么它们之间彼此区分的难度就非常大。核心产品层次往往以技术复杂性、工艺多样性、管理严谨性而体现出来，除非在这些方面实现了重大突破，否则企业很难在这个层次上体现品牌差异性。当然，这并不意味着企业在核心产品层次上根本无法实现品牌化经营。如果企业能够在这个层次取得突破，那么就可以形成相对优势甚至绝对优势，从而领先于竞争者，在市场上赢得主动权。事实上，世界上许多著名品牌就是在这个层次上不断努力和提升，进而把竞争者远远地抛在后面。例如，手机核心技术研发至关重要，苹果、华为、三星、小米等品牌都在核心产品层次上拥有各自的相对优势甚至绝对优势，进而在某个竞争领域树立起其他竞争者无法在短期内实现模仿的品牌形象。可以预见，随着手机智能化技术的广泛应用，不同手机品牌在核心产品层次的技术研发投入会更大。

但是在现实生活中，品牌与产品之间的关系在更多情形下是通过形式产品和延伸产品呈现的。这个方面的实例很多。例如在化妆品行业，由于市场竞争十分激烈、技术突破比较困难，因而各个企业为了体现品牌差异，往往在现有生产技术基础上改进形式产品，如通过包装和营销方式变化推出品牌系列产品、精品和高端用品。又如在汽车行业中，近年来电动汽车品牌对传统燃油型汽车品牌构成了严重威胁。在此情形下，传统汽车企业在品牌建设上一是加大新产品研发投入，大举进军电动汽车行业，推出相应品牌直面竞争，二是维持传统汽车品牌市场份额，通过改进车辆外形、大小、内部配置、材料及颜色来提升消费者信心。除了在形式产品上做文章，企业还应当在延伸产品上下功夫。在延伸产品的品牌化经营与管理中，产品是基础，服务是关键。在这个层次，企业可以为消费者提供有别于竞争者的细致服务，甚至把服务延伸到与核心产品、形式产品不相关的一些领域。

品牌与产品的关系如图 1-1 所示。

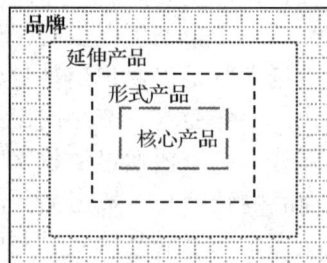

图 1-1　品牌与产品的关系

2. 品牌与产品的联系

一般而言，产品是品牌赖以存在的基础，如果没有产品的实体存在，品牌的依附也就没有着落，企业品牌形象塑造也就成为无源之水、无根之木。从这个意义上讲，品牌是依托于产品并在产品基础上发展而来的抽象化概念、名称和符号等易于传播的要素的组合体。品牌事实上进一步解释了产品本来是什么、应该是什么，以及为什么而存在等一系列问题。在市场上，产品通常以质和形而感人，其并不会"说话"，而品牌则必须超越质和形等具体存在，达到会"发声"的动人效果。

一个特定的产品项目，如果想进入消费者心里、在消费者记忆中长久保留进而成为真正意义上的品牌，这并不是一个简单的自然发展过程，很难由时间或过程来决定。如果没有企业的大力投入和精心培养，普通产品很难转化成为品牌，即很难自然地实现由"蛹"化为"蝶"的升级过程。

并不是所有产品都必须转化为品牌才有价值。在理论上，产品向品牌转化需要各种中介因素，更重要的是，产品本身应具有成为品牌的基本属性和发展潜质。

1.2.2　品牌与商标的区别与联系

品牌与商标是企业品牌管理者需要认真对待的两个事物，它们适用于不同场景，彼此既有区别又有联系。

1. 品牌与商标的区别

一般而言，"品牌"这一专业术语着重强调产品的差异性、竞争力和市场影响力行业排序及与之相关的忠诚度、知名度和美誉度。与品牌不同的是，"商标"这一专业术语具有商业标识含义，应用场景多为法律与市场管理情形，主要目的是防止商业侵权，便于监管部门对企业不同产品进行区分和登记注册。企业可以自创品牌的名称、标识，不断扩大品牌的范围和影响力，但这些做法的合法性，是否构成品牌名称标识侵权，则需要依据与商标相关的法律法规判断。就此而言，品牌着重强调企业与市场的关系，即与消费者的关系；而商标则着重强调企业与监管部门的关系。品牌和商标都会对企业与竞争者之间的关系产生影响。

课堂小知识　　　我国商标管理中的一些具体规定

在《中华人民共和国商标法》中，对企业的商标管理做出以下规定。

①保护商标专用权，促使生产、经营者保证商品和服务质量，维护商标信誉，以保障消费者和生产、经营者的利益，促进市场经济的发展。②明确商标管理的行政机构和单位：国务院工商行政管理部门商标局主管全国商标注册和管理的工作。③国务院工商行政管理部门设立商标评审委员会，负责处理商标争议事宜。④注册商标的范围和内容：商品商标、服务商标和集体商标、证明商标。⑤商标注册人享有的权利：商标专用权，受法律保护。⑥商标的申请和获得：自然人、法人或者其他组织在生产经营活动中，对其商品或者服务需要取得商标专用权的，应当向商标局申请商标注册。⑦不以使用为目的的恶意商标注册申请，应当予以驳回。⑧法律、行政法规规定必须使用注册商标的商品，必须申请商标注册，未经核准注册的，不得在市场销售。⑨商品商标的规定适用于服务商标。⑩商标申请的个人或单位：两个以上的自然人、法人或者其他组织可以共同向商标局申请注册同一商标，共同享有和行使该商标专用权。

除了以上规定外，《中华人民共和国商标法》还有一些非常具体的要求。例如：①申请注册和使用商标，应当遵循诚实信用原则；②商标使用人应当对其使用商标的商品质量负责；③各级工商行政管理部门应当通过商标管理，制止欺骗消费者的行为；④任何能够将自然人、法人或者其他组织的商品与他人的商品区别开的标志，包括文字、图形、字母、数字、三维标志、颜色组合和声音等，以及上述要素的组合，均可以作为商标申请注册；⑤申请注册的商标，应当有显著特征，便于识别，并不得与他人在先取得的合法权利相冲突；⑥县级以上行政区划的地名或者公众知晓的外国地名，不得作为商标，但是，地名具有其他含义或者作为集体商标、证明商标组成部分的除外；⑦已经注册的使用地名的商标继续有效。《中华人民共和国商标法》同时也规定了不得作为商标注册的情形，例如：①仅有本商品的通用名称、图形、型号的；②仅直接表示商品的质量、主要原料、功能、用途、重量、数量及其他特点的；③其他缺乏显著特征的。

概言之，商标是商品标识的简称，它主要从法律、专利角度区分产品、解释产品和保护产品。例如，一个品牌用以区别于其他品牌的标识可能有很多种，但是商标却是唯一的，且在法律上是有效的，具有专属权。在品牌化经营中，一家企业可能对其经营的产品进行不同角度的商业标识、标记，但是从法律监管角度，只有经登记备案的商业标识才具有保护作用。

品牌与商标的不同之处在于，它从价值、情感、战略等角度解释产品作用。品牌中既包括物质利益，也包括情感利益；而商标中并没有这些利益，它是进行司法界定或市场交换的工具。商标是经注册就可以成立或者确立的一种形象，而品牌却不是通过登记、注册就能够形成。关于品牌管理的相关文件，近年来有《国家发展改革委等部门关于新时代推进品牌建设的指导意见》（发改产业〔2022〕1183号）、《商务部等5部门关于印发〈中华老字号示范创建管理办法〉的通知》（商流通规发〔2023〕6号）等文件，以及着力推动《中国品牌日标识管理办法》、区域品牌认定标准等品牌管理实际举措。这些文件和举措对全社会品牌文化意识的培养起到了重要指导作用。从这些文件中可以看出，品牌所包含的内容比较丰富，依据的主要法律有《中华人民共和国著作权法》《中华人民共和国商标法》《中华人民共和国专利法》等。品牌管理除了包括商标并因此而涉及专利、知识产权外，还包括著作权方面的知识储备及反映企业经营管理能力和水平的历史成就和实践经验。

> **课堂小知识**　　　**中华老字号申报条件与申报材料**
>
> 《商务部等5部门关于印发〈中华老字号示范创建管理办法〉的通知》规定，在申报该品牌项目时，中华老字号品牌应当具备的基本条件包括：①品牌创立时间在50年（含）以上；②具有中华民族特色和鲜明的地域文化特征；③面向居民生活提供经济价值、文化价值较高的产品、技艺或服务；④在所属行业或领域内具有代表性、引领性和示范性，得到广泛的社会认同和赞誉。中华老字号企业应具备的基本条件包括：①在中华人民共和国境内依法设立；②依法拥有与中华老字号相一致的字号，或与中华老字号相一致的注册商标的所有权或使用权且未侵犯他人注册商标专用权，传承关系明确且无争议；③主营业务连续经营30年（含）以上，且

主要面向居民生活提供商品或服务；④经营状况良好，且具有较强的可持续发展能力；⑤具有符合现代要求的企业治理模式，在设计、研发、工艺、技术、制造、产品、服务和经营理念、营销渠道、管理模式等方面具备较强的创新能力；⑥在所属行业或领域内具有较强影响力；⑦未在经营异常名录或严重违法失信名单中。

在商务部中华老字号信息管理系统上传的申报材料具体包括：①企业基本信息、股权结构及近5年经营情况；②品牌创立时间的证明材料；③老字号注册商标的权属证明文件；④主营业务传承脉络清晰的证明材料；⑤品牌历史价值和文化价值的介绍材料；⑥企业在设计研发、工艺技术、产品服务和经营理念、营销渠道、管理模式等方面创新发展的介绍材料；⑦企业文化的介绍材料和获得荣誉的证明材料；⑧针对上述材料并经法定代表人或负责人签字的真实性承诺；⑨商务主管部门和相关部门认为应当提交的其他相关材料。

2. 品牌与商标的联系

一般而言，有品牌的产品不一定有商标，没有品牌的产品也不一定没有商标。但是作为品牌产品，最好还是设有商品标识，这样在被侵权时就能获得法律保护。商标权、专利权经市场主管部门和其他部门注册登记而获得，能够有效地防止侵权。但是由于品牌范围非常宽泛，有些品牌事项并不能够用商标来管理。例如，品牌构成要素中的历史、故事、人名、地名、作品名称等，有些不便于进行商标化管理，但是这些要素是客观存在的，具有可开发商业价值。这时，如果企业管理者沿用商标管理方法来管理品牌，就会出现过分拘泥于产品形式而使品牌管理僵化，无法利用更多资源和条件来扩大营销效果。也就是说，可注册商标性品牌构成要素相对有限，而不可注册的非商标性品牌构成要素很多，品牌管理是围绕可商标化品牌构成元素无限延伸的一种经营管理活动。因此，品牌与商标在概念口径及经营管理方法上有一定的相关性。

品牌在多个层面上与商标存在一定程度的重合性。特别是当品牌对产品，企业的历史、文化、业绩、信誉、技术等方面的要求很严格且需要提供相应证明材料时，商标注册就能够满足这些方面的特定要求。

在实际生活中，我们也能够发现二者的一些联系。

例如，在市场上，一位消费者在购买一件家电产品时，他可能会问"这件产品是什么牌子的"，而一般不会问"这件产品是什么品牌的"。事实上，这时的"牌子"指的就是"商标"。而如果此时销售员说这件家电产品是"世界著名企业×××生产的一款新产品，名叫×××"，并让消费者认真地观察家电上的商标和其他信息，那么这位消费者可能会从这个商标及其他相关信息上产生许多联想并脱口而出："噢，原来是名牌产品。"这时的"名牌产品"并不是指该商品具有的商标和其他信息，而是指它是一件具有广泛市场影响力的品牌产品。此时，商标能够帮助消费者了解商品的功能、属性、价值和利益，而名牌产品使消费者确信这样一个商标所包含的内容更加丰富。因此，他可能会对这件产品的质量、价格、设计、服务产生一种新的判断和评价。

从上面这个例子中可以看出，商标注册与宣传是企业需要认真做好的工作，是品牌发育、成长、壮大的基础；而一件产品的品牌效应或者影响力和感染力，则由消费者依据从其他途径所获得的信息及自身内心感知来分析判断。当然，对于销售员所提供的信息，消费者也会认真地进行再评估，即这件产品现场展示的质量、功能、价值和利益是否与其所提供的信息相一致。如果此时消费者对这家世界著名企业一无所知，对这件产品的品牌效应缺乏了解，就会弱化商标的作用。也就是说，这家企业尽管有商标和专利保护，但是由于没有在这位消费者心目中形成品牌印象，因而很难产生实际影响力。

商标和品牌都与企业产品紧密相关，二者在一些场合都指向相同的事物，但是由于概念界定并不一致，在实际工作中的具体作用也存在差别，因此不应当过于强调二者的联系甚至把它们混为一谈。

1.3 品牌分类

品牌分类可以有许多标准和划分方法，常见的有以下 3 种。

1.3.1 根据品牌市场地位分类

根据品牌市场地位分类主要是为了分析不同品牌在一个特定市场环境的具体位置（品牌地位）及建设品牌的方法。品牌地位通常从多个维度描述，例如，技术先进性、品牌在消费者心目中的地位、品牌文化先进性等，因而品牌地位往往是一个综合评价结果。这种划分方法由高到低进行划分，一般有领导者品牌、挑战者品牌和追随者品牌 3 种类型，随着层次的降低，品牌的数量和规模不断增加和增大，从而形成了"品牌金字塔"，其结构如图 1-2 所示。在品牌产品的下方是还没有发展成为品牌的一般产品名称集合。

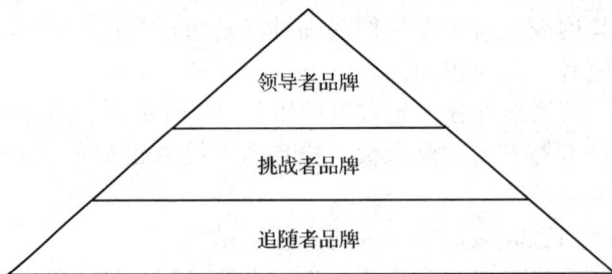

图 1-2 品牌金字塔

1. 领导者品牌

领导者品牌是指在市场中引领潮流、成为发展标尺及具有不可替代作用的品牌，其数量可能是一个，也可能是多个。以快餐行业为例，麦当劳和肯德基都属于领导者品牌，尽管二者之间互为竞争对手且市场份额并不完全相同，但是它们都具有强大的市场影响力，在企业文化方面各有特色，在消费者心目中的地位十分牢固。又如，饮料品牌中的可口可乐和百事可乐，它们都属于引领市场发展的领导者品牌。再如，在凉茶市场中，王老吉和加多宝都是领导者品牌。以人们所熟悉的手机品牌为例，依据市场影响力和消费者喜欢程度，则苹果和华为在中国市场上属于领导者品牌。在飞机制造行业中，波音和空客都是领导者品牌。一般而言，在一个完善的市场经济体系中，领导者品牌往往不是唯一的，它们需要竞争者来促进自己提升经营管理能力，因而往往是两个领导者品牌并驾齐驱，或者三个品牌形成鼎力竞争局面。当市场快速发展时，行业中可能会出现多个领导者品牌，产生群雄逐鹿的"混战"局面。知名度、美誉度、忠诚度和市场占有率是领导者品牌的主要评价指标。

2. 挑战者品牌

挑战者品牌是处于市场第二发展梯队的品牌。一般而言，正常市场状态下的品牌竞争者很多，因而对领导者品牌构成威胁的品牌往往不是一个，而是一批。这既与各个品牌的成长速度有关，也与行业属性有关。当然，政策环境和市场监管水平也会影响整个品牌群体的体量和成长空间。以飞机制造行业为例，由于其产品涉及技术、材料、通信、安全等多个领域，因而迅速培育出一大批品牌挑战者并不现实，如果把 C919 作为唯一的挑战者，那么领导者品牌就是波音和空客。以食品加工制造行业为例，由于技术门槛并不高，品牌的成长发育时间往往不是很长，市场上经常出现"你方唱罢我登场"的"混战"局面。在服装制造领域，品牌之间竞争的激烈程度并不亚于食品行业，有时更加激烈，因而挑战者品牌众多，实力和水平难分高下。在领导者品牌只有一个时，处于第二、第三甚至第十位的品牌都可能是挑战者品牌。

挑战者品牌的基本特征是品牌本身具有一定的市场知名度，同时具有一定的美誉度和忠诚度，且市场份额也并不算小，但是在消费者印象中，该类品牌总是有一些不足，甚至缺点比较明显，木桶效应中的短板制约了品牌的总体能力提升。这些短板有的表现在技术方面，有的表现在文化方面，有的表现在其他方面。总之，该类品牌并不是市场和行业发展的风向标，它们不能代表先进的技术及流行的消费文化。一般而言，现实市场上的挑战者品牌在资产规模、品牌印象、技术使用、文化体现等多个层面上都整体落后于领导者品牌。因此，其威胁性通常表现为在单个维度或者评价指标上对领导者品牌构成实质性影响。

3. 追随者品牌

追随者品牌通常是指市场中所谓的跟风者。此类品牌通常比挑战者品牌总体上低一个层次。如果一个市场上的竞争者众多，那么追随者品牌处于该市场所有品牌产品所构成的品牌金字塔的底层，在其下方还存在着大量不具有品牌特征与属性的普通产品。在市场上，相当规模的具有品牌特征和属性的追随者品牌产品的存在非常重要，它们是由那些没有品牌属性和特征的普通产品发展而来的。因此，从无品牌到有品牌，是成为追随者品牌的一条必经之路。一般而言，无品牌的市场规模越大，越有利于催生出追随者品牌，追随者品牌整体质量越高；相反，如果无品牌的市场规模越小，则表明市场基础薄弱，追随者品牌的生长发育基础不足。从这个意义上讲，稳定的品牌金字塔以大量追随者品牌和无品牌产品为基础。许多世界著名品牌都是从不知名的一般产品发展为追随者品牌，然后成长为挑战者品牌，最终成为领导者品牌的。

追随者品牌作为市场上广泛存在的一种竞争者，它们处于不知名的产品名称集合与挑战者品牌群体之间，是市场中极具生命活力的成员。它们不仅能够激活市场，满足各个细分市场、微细分市场的需求，而且能够成为被高端品牌吸收和兼并的对象。尽管在大众消费者心目中，追随者品牌并没有显著的位置，甚至不能形成鲜明的品牌形象，但是对于人们日常生活而言，这些品牌不可或缺。追随者品牌往往出现在经济不发达、相对落后的市场上，或者一些以物美价廉为标志的营销渠道中。在这些销售场景中，人们青睐这样的品牌群体，能够从心理和情感上更广泛地接受和推荐。例如，在日常生活用品这个快速消费品行业中，各类市场上充满大量的追随者品牌。虽然它们并不是大型或超大型商场货架上的常客，有时甚至只能出现在中小型商场甚至街边地摊上，但是它们给人们的生活增加了选择的余地和便利。这些品牌是满足低收入群体需求的重要产品来源。

1.3.2　根据品牌影响力分类

品牌影响力是划分品牌类别的重要尺度，它可以依据不同标准来进行评价。一般而言，影响力主要是指空间上的产品覆盖范围。当然，影响力也可以从时间长短、速度快慢和力量强弱等维度进行描述。此外，也可以从作用方向来判断影响力的效果。本书主要根据品牌对外形成的空间范围来界定其影响的程度，并把影响力这一相对抽象的概念具体表述为在地域上某个或某些产品所形成的品牌影响程度及效果。这种影响事实上体现在这些地域中人们的消费行为和消费选择方面。因此，品牌影响力是一个地理空间概念，即在界定多大范围对人们的消费方式产生有效影响。如果超出了这个范围，可能就是其他品牌的领地。这类似于生物学的"动物领地"或者物理学的"磁场"，品牌影响力决定着影响范围内每一个品牌的发展空间和方向。根据这样的理解，可以把品牌分为区域性品牌、全国性品牌、国际性品牌和全球性品牌4种类型。

1. 区域性品牌

所谓区域性品牌是指对所在地区（如城镇、地市、省份甚至多个省份）具有较大的影响力的品牌。这种影响力不仅体现在知名度、美誉度和忠诚度方面，还主要体现在市场份额方面。这些城镇、地市、省份及多个省份所形成的区域，是品牌影响力所覆盖的地理空间范围。区域性品牌通常具有地域性强的特点，由于其产品主要面向当地消费者出售，因而在当地拥有较高的知名度、美誉度和忠诚度。同时，该类品牌通常具有当地文化特色，与传统价值观念紧密地连接在一起，这体现在产品的设计、包装、宣传方式等方面。此外，由于区域性品牌销售范围相对有限，消费者群体相对固定，因而品质有保证，高品质和可靠性是其主要卖点，相关企业往往通过优质的产品来赢得消费者青睐。在价格方面，区域性品牌通常具有一定优势，能够就地取材，满足当地消费者需要；在渠道控制方面，区域性品牌能够激发当地消费者热爱家乡的情感，增强消费者的品牌认同感。

2. 全国性品牌

全国性品牌是在一国之内拥有较高知名度、美誉度和忠诚度，且产品市场份额在行业中占有较大比重的品牌。全国性品牌具有以下特点。第一，在全国范围内拥有广泛的知名度、美誉度和忠诚度。消费者对其形象和产品有一定程度的认知和了解。第二，市场覆盖面广泛，产品在全国范围内销售，设有销售渠道和服务网点，能够满足不同区域消费者的需求。第三，产品质量可靠。在生产和制造方面十分重视质量控制，在质量可靠性和一致性方面做得比较好。第四，品牌形象保持一致。能够在不同区域之间协调好品牌的建设和传播工作，形成统一的品牌标准和价值观念体系。第五，能够适应不同区域市场的变化，增强应变能力，在激烈的市场竞争中拥有主导权。第六，能够对区域市场的发展产生重要影响，引导消费，激发创新，不断推出新产品。全国性品牌是在区域性品牌激烈竞争基础上经过优胜劣汰产生的。因此，塑造全国性品牌一方面需要企业具有在全国范围内与其他同类品牌产品进行竞争的能力，另一方面需要企业具备区别于其他品牌产品的特点。

3. 国际性品牌

国际性品牌是在国际市场上具有影响力的品牌。它的主要特点有以下 6 个。第一，在国际市场上销售产品，通常需要具有很高的知名度，达到一定的产品质量和服务标准才能够走出国门，尤其是发展中国家向发达国家销售产品。受国际市场形象的影响，国际性品牌一般对质量要求比较高，制定有很高的生产和制造标准；同时还要考虑不同消费文化情景下的差异。第二，在跨文化传播中，品牌既需要适应不同市场环境中的消费者和政府管理方式，同时又要保持品牌固有的品质和属性，因此在开拓市场方面极具挑战性。第三，在创新和研究能力上强于普通品牌。这些品牌能够在不同市场环境中承受更大的竞争压力，因而在创新和研究上投入较大，所取得的成果也较多，同时在经营管理方面具有国际化视野，不会拘泥于国内生产和经营模式。第四，具有国际化的供应链管理系统，能够把品牌影响力向更广阔的市场中扩散，通过生产外包和服务外包形式，降低生产制造成本，提升市场竞争能力。第五，积极参与社会事业，为社会发展做贡献，其扮演着国际公民角色，能够有效地承担社会责任。第六，能够保持品牌形象和核心价值观念的稳定性和一致性，能够通过高效的品牌管理来带动品牌核心文化的传播。

4. 全球性品牌

全球性品牌是品牌发展与建设的最高层次，是指在世界上所有的国家和地区都具有影响力的品牌。在一些国家和地区中，由于受经济和社会发展阶段限制，并不具有销售和消费全球性品牌的经济和社会基础，但是这些品牌在企业家和消费者的心中仍然占有重要地位。因此，全球性品牌除了实际所占有的市场份额外，还表示所形成的对生产和消费认知的实际或潜在影响力。例如，广大消费者可能会知道许多全球性品牌，像奔驰、宝马、微软、IBM、英特尔等，但是并不见得就能够消费得起这些品牌旗下的产品。日用生活品中的全球性品牌，如可口可乐、百事可乐、宝洁、联合利华等的产品能够被广大消费者购买并消费，但是一些存在于商业广告之中的全球性品牌，尤其是奢侈品牌，尽管深入人心，但是并未真正成为广大消费者的购买选择。

因此，全球性品牌的显著特点在于其对全球市场的影响力，尤其是对所在行业及行业内企业的影响力。当然，这些品牌对消费者的影响力也是客观存在并十分重要的。尽管消费者在短期内不一定具有消费这些品牌的实际购买力，但是一部分人会把购买这些品牌的产品作为实现人生价值的体现。全球性品牌不仅是质量、价值、技术、文化的综合体现，它可能还是一种消费时尚与潮流。全球性品牌与国际政治、经济、文化等紧密相关，有的以影响世界进程的重要事件为背景。除了长期的历史文化、加工技术积淀之外，全球性品牌还与品牌所在国家的文化与传统密切相关。一些追求生活时尚与消费情趣的国家，例如法国、瑞士，容易培养出生活类奢侈品牌；一些追求在管理方法、加工工艺上不断提升的国家，例如德国，容易创造出制造业品牌；而一些气候条件优越的国家，农产品品牌会影响世界市场。

历史文化特色鲜明的国家和地区，在培育旅游文化全球性品牌方面具有优势，例如埃及的金字塔、中国的万里长城、欧洲乡村的城堡。当然，一些奇特的地形地貌也会吸引全球消费者的目光，例如"桂林山水甲天下"。有时，人们通过创造力和想象力也可以造就一批全球性品牌，例如迪士尼乐园、好莱坞环球影城等主题公园。全球性品牌存在的基础是全球消费者，其通过发现人们生理和心理层面的追求，尤其是全球共同的追求，打造出全球性品牌。

1.3.3　根据品牌化对象分类

根据品牌化对象，可以把品牌分为产品型品牌、服务型品牌和其他事物型品牌。

1. 产品型品牌

以产品为表现形式的品牌在市场上很常见，此时服务形式和其他形式在品牌展现中并不起主要作用，或者仅起补充作用。一般而言，产品型品牌多见于生产和制造行业，以及以生产和制造行业为支撑的地区。第一产业和第二产业中拥有大量产品型品牌，品牌元素也往往与原材料、产地、技术、工艺等生产性、制造性元素联系在一起。从社会生产力发展趋势来观察，产品型品牌的多少除了与一个地区或一个企业的资源禀赋有关外，也与社会生产力总体水平有关。在成熟的市场经济中，市场稳定性与产品型品牌的稳定性有着密切关系。农业、原材料生产行业和加工制造行业，它们是产品型品牌产生和发展的重要经济基础。

2. 服务型品牌

服务型品牌主要出现在第三产业的企业中。随着服务行业在国民经济中所占比例的提升，服务型品牌的覆盖范围和影响力越来越大。在服务型品牌中，服务项目和服务质量是品牌的主要关注内容，产品和其他形式仅作为补充而发挥作用。人们日常生活中所熟悉的品牌绝大多数都提供服务，甚至许多品牌本身就是服务型品牌。例如，餐饮品牌、住宿品牌、娱乐品牌、交通品牌、金融品牌等。服务元素占比很高的品牌有咨询行业的品牌、酒店行业的品牌和航空行业的品牌。在出租车行业，服务元素在品牌中的占比也比较高。而在餐饮行业中，服务元素与饭菜的质量同等重要。由于服务涉及因服务项目的多少及服务品质而收取相应的费用，而且将服务对象理解为消费者，由市场供求来调节服务定价，因此广义的第三产业中具有公益性质的管理、教育、医疗、文化等品牌，一般不是严格意义上的服务型品牌。

3. 其他事物型品牌

以其他事物为主要形式的品牌，包括组织品牌、个人品牌、事件品牌、地点品牌等。这些品牌有一个共同的特点，即通常没有具体对应的产品形式和服务形式。这些品牌可能是一个由多种品牌元素构成的综合体，而在这些元素中间，有形产品和无形服务并不处于主导地位。以组织品牌为例，在世界范围内具有影响力的企业名称都是品牌，但是它们显然不指向具体的产品，而是由多种品牌元素构成的一个综合体。在回忆某个著名企业的名称时，人们的脑海中可能会闪现出许多具体的东西，有的是服务，有的是产品，有的是经营管理的风格和理念，还有的是工作场景及形象代言人和宣传口号。著名的事业单位，如一些非营利组织机构，也是组织品牌的重要构成部分。

地方著名品牌信息收集与分析

实训材料：

4 人组成课后学习小组，在网站上查找我国各个省份的著名品牌名称，每个省份选出具有代表性的 3 个品牌，列出其商标、标志、创建时间、创始人、主要产品类型、产值或销售额、主要面向的消费者群体、竞争对手等信息。以表格形式将所有信息呈现出来。

接下来，从 3 个角度分析这些品牌的作用：对消费者的作用、对企业的作用、对社会的作用。

最后，依据适合的分类方法，对这些品牌进行分类。

实训任务：

（1）不同省份的代表性品牌有何特点？与产业分布、地理空间范围、社会消费习惯有何关系？

（2）引用本章的主要知识点。

（3）撰写一份 2 000 字左右（含图表和占用字符）的调查报告。

复习思考题

一、名词解释

品牌　产品　品牌商业价值　商标

二、简答题

1. 简述品牌的基本含义。

2. 品牌的作用有哪些？请举例说明。

3. 品牌与产品的区别主要表现在哪些方面？请举例说明。

4. 简述品牌与商标的区别与联系，并以某一著名品牌为例加以说明。

5. 简述品牌分类的主要方法。

三、论述题

1. 试述品牌在提升企业核心竞争力方面的作用。

2. 试述品牌在社会发展中的作用。

四、设计与分析题

题目：以某一家企业为例，分析各个品牌之间的关系，用图示方式说明这些品牌的主要产品及商标特征。

要求：（1）说明所应用的知识点；

（2）列出企业品牌与主要竞争对手相区分的特点；

（3）说明企业品牌在消费者心目中的位置（如受尊重程度以及产品质量感知）。

第2章
品牌管理组织与管理过程

微课导学

本章主要知识点

- 品牌管理组织的定义
- 品牌管理组织的主要形式
- 品牌管理组织的主要职能
- 品牌管理组织的运行机制
- 品牌管理过程与品牌化建设

案例导入　拉夫·劳伦的品牌管理

　　许多品牌在组织管理中都面临的一个问题是，如何在没有创建新品牌的风险和费用的情况下进入新的细分市场并推出新产品。拉夫·劳伦（Ralph Lauren）通过创造性地开发出一系列相互关联的品牌，成功地解决了这一问题，并且成为世界上成功的时尚品牌之一。

　　1968 年，设计师拉夫·劳伦创立了自己的公司，以 Ralph Lauren 品牌销售优质男装。品牌形象——一个马球运动员很符合这一品牌的消费者身份，体现了以良好品位为特征的乡村俱乐部生活方式，经典、优雅、低调的服装，以及卓越的质量和工艺。拉夫·劳伦本人也使该品牌个性化和差异化。而围绕拉夫·劳伦的名字建立的、在其他情况下有价值的品牌也随之开始出现。

　　1971 年，拉夫·劳伦品牌推出了一系列女装，拉夫·劳伦的名字在女性时尚界有了强大的影响力。当时拉夫·劳伦品牌已经致力于男装领域，这可能是进入女装市场的一个负担。事实上，如果拉夫·劳伦仅是男装品牌，而且其设计师不是拉夫·劳伦本人，那么在女装中使用设计师名字的影响力可能没那么大。

　　1974 年，拉夫·劳伦推出了一个独家销售的新品牌 Chaps，从而进入了价格适中的男装市场。尽管 Chaps 平易近人的特点与高档的马球运动员形象相去甚远，但是拉夫·劳伦品牌的背书发挥了作用。其原因是 Chaps 的产品仍然具有拉夫·劳伦的经典风格。新品牌不仅进入了不太高档的细分市场，还进入了不那么高档的零售店。如果该产品直接由拉夫·劳伦品牌进行延伸，可能会出现很严重的品牌稀释问题。

　　20 世纪 90 年代，一系列英国制造的高级男士套装在销售时带有拉夫·劳伦标志的紫色标签。这是拉夫·劳伦品牌首次尝试销售男士套装。紫色的拉夫·劳伦男装品牌发挥了很大的作用，它强化了拉夫·劳伦品牌的高级定制内涵。（资料来源：David

A.Aaker and Erich Joachimsthaler, *Brand Leadership*，2000. 有删改。)

　　思考题：品牌在进入不同市场时，需要怎样的组织管理方式？

　　品牌管理是企业管理活动在品牌领域的一种具体呈现，既包括管理的过程，也包括管理的结果。为了保证管理过程的顺利进行，获得理想的结果，企业在品牌管理方面应当建立科学的组织，进行分工协作，有效地执行管理计划与决策。品牌管理活动需要有计划、有目标、有组织地开展，组织是保障计划落实和目标实现的具体单位。在不同历史时期，品牌管理组织设置的要求并不一致，岗位、职能和标准也不尽相同。相应地，各个时期的品牌管理过程呈现出不同的特点。

2.1　品牌管理组织

　　品牌管理组织是指在企业内部负责管理和维护品牌形象的机构和部门。这个组织通常设有品牌经理职位，配有若干名品牌管理人员，具体负责制定和执行品牌战略，监督品牌活动的举办，并负责与利益相关者的沟通和合作工作。

2.1.1　品牌管理组织的主要形式

1. 产品经理承担品牌管理任务

　　传统的品牌管理模式出现于 20 世纪 30 年代，主要是为了满足多产品、多元化企业的需求，这在消费品领域表现得尤为突出。企业需要一个高度致力于特定产品的管理者，他将协调所有职能部门的工作，管理特定品牌订单的活动以实现生产、人员和研发方面的规模经济，并关注定价、分销和促销方面的日常决策制定。在这个时期，产品经理承担着品牌管理职责。在一般性企业中，产品经理甚至可以说就是品牌经理，这个职务经常被描述为"没有权威的责任"，即没有直接权力来指导他人完成工作，必须说服组织中的其他人来配合工作，让这些人相信产品（品牌）管理工作是处于优先级较高的工作。在这种情形下的产品经理，往往有两个职级，一级是"员工"职位，另一级是"产品系列"职位。在企业正式组织结构中，不论是直线制，还是职能制，或者事业部制，通常都会设有具体负责产品质量的管理岗位，根据其重要性来决定是否成立相应的职能科室。产品管理部门或职能部门作为常设职位或机构，承担着品牌管理的主要任务。

　　这个时期的产品经理在工作中既承担管理任务，也负责营销决策。在管理任务方面，具体工作包括制定产品的营销目标、规划实现产品销量的营销活动、确定费用预算、安排营销活动、制定测量和控制程序、向计划执行者传达计划、激发和保持对计划的热情、监控进度和绩效效果、制定纠正措施、完成年终报告和事后评估、改进未来的绩效。营销决策主要涉及产品、包装、定价、广告主题、文案设计、媒体选择、市场调研及促销的数量、类型和时间。从这个时期产品经理所承担的品牌管理任务来观察，这种组织机构设计并没有充分体现出品牌管理特征，因而在品牌变得越来越重要时，就会受到来自企业界和理论界的质疑和批评。在 20 世纪 70 年代至 90 年代，这种以产品经理来承担品牌管理任务的组织机构设计方式受到了学术界的批评。但是这种任务设置方式和机构组织形式非常通行，因而持续了很久。至今这种产品和品牌管理不分的组织机构形式仍然具有生存空间，尤其是在一些规模较小、处于初创时期的企业中表现得十分明显。

2. 品牌管理跨组织边界

莱森斯基（Lysonski）将品牌管理描述为跨界管理。此处的"界"指边界，跨界管理是指品牌管理者通过非正式沟通与企业内外的其他人建立联系。企业依赖产品经理（边界转换者）来充当产品信息的中央传递者。这包括与市场环境中的外部组织和机构进行联系，例如与供应商以及与企业内部的财务部门和生产部门等职能部门进行联系。在这种跨界品牌管理活动中，品牌管理者所使用的沟通渠道主要是非正式沟通渠道。皮尔西（Piercy）将这种跨界行为描述为一种营销权力，即通过向组织中的其他人隐瞒信息，进而获得影响力来实现组织目标。这种品牌管理组织方式，在很大程度上受品牌管理者人际交往能力的影响，这些管理者的主要任务是进行内部沟通和外部沟通。因此，品牌管理工作任务主要集中在品牌管理者这一职位上，而工作效果则受个人工作态度的影响。

但是，由于这种品牌管理方式的效果主要取决于品牌管理者个人，因而往往容易忽略外部环境对品牌管理者的影响及企业组织结构变化对品牌管理职能所构成的冲击。事实上，对品牌管理者的个性和态度及工作满意度的研究对做好品牌管理工作固然重要，但是与外部环境要素之间关系的处理，例如与关键客户、供应商、广告咨询机构等的联络与沟通，对企业品牌管理工作的整体推进也非常关键。正是在这个领域的工作中没有处理好二者之间的关系，导致了品牌管理跨组织边界问题的焦点错位，甚至引导企业在原有的产品管理体制下不断寻找品牌管理突破点，形成了管理学所描述的"隧道视野"，进而忽略了外部环境和企业组织结构变化所带来的机遇、风险和挑战。这就使新的品牌管理方式的出现成为一种历史必然。

课堂小讨论

请以国内市场中的企业为例，列出实施"产品经理承担品牌管理任务"和"品牌管理跨组织边界"的具体企业名称，并对比这两种方法所产生的品牌管理效果。

要求：以4人小组为单位进行讨论，列出小组观点并与其他小组进行交流。

3. 基于竞争优势的品牌管理架构

利·普雷韦尔·卡萨尼斯（Lea Prevel Katsanis）在20世纪90年代综合针对品牌管理组织结构的研究成果，提出了基于竞争优势的品牌管理架构，具体内容包括以下6个方面。

（1）外部环境变化

外部环境变化主要包括：全球化、产品创新和技术变化、时间和市场约束、增长的分销权力、更高的利润及成本预期、变化的顾客需求。

（2）企业情形因素

企业情形因素主要包括：目前组织的条件约束，全球市场与当地市场的比较，产品类型（通用型产品与专业型产品的区分），顾客类型（细分型目标市场与零散型消费者），分销渠道结构的性质（选择型分销渠道对密集型分销渠道，直接分销渠道对间接分销渠道）。

（3）微观层次品牌策略

微观层次品牌策略主要是指"4P"营销策略，具体包括产品策略、定价策略、渠道策略和促销策略。

（4）竞争优势

竞争优势具体包括：企业在服务方面所展现的领导力水平、企业进入市场的速度、产品创新能力。

（5）顾客反应

顾客反应是指品牌在满足顾客需求时，顾客对品牌的态度和行为。

（6）品牌管理结构

品牌管理结构由两个方面构成：品牌的企业内部管理结构，包括技术团队、多事业领域团队和区域营销团队；品牌的企业外部管理结构，包括贸易管理团队、合作伙伴及合作团队、个人品牌经理、产品类别经理、渠道经理和专家系统。

品牌管理体系模型如图 2-1 所示。

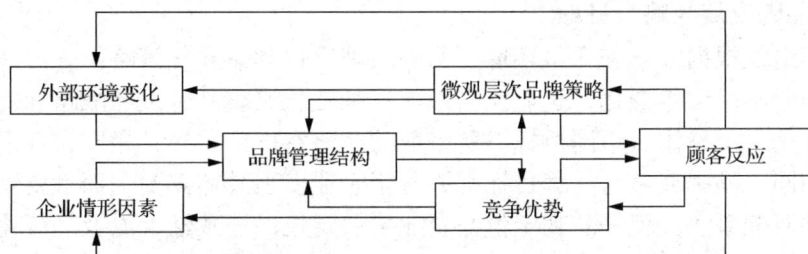

图 2-1　品牌管理体系模型

从图中可以看出，诸多内外因素对企业的品牌管理结构产生影响，同时品牌管理结构也会影响企业的内外因素。在这个相互影响的体系中，共有 4 个子系统："竞争优势与品牌管理结构"子系统、"竞争优势与顾客反应"子系统、"微观层次品牌策略与品牌管理结构"子系统和"微观层次品牌策略与顾客反应"子系统。这些子系统内部的两个要素之间相互影响。从企业整个品牌管理体系来观察，品牌管理结构是核心，微观层次品牌策略与竞争优势受这个核心要素的直接影响，它们共同把外部环境变化和企业情形因素的作用力通过一种有效的运行机制传导到顾客身上进而引起顾客反应。顾客反应又会回流或反向作用于这些影响因素。

这个模型的主要作用在于它揭示了品牌管理是一个集成体系。该体系需要从企业内部和外部来获取信息，同时它又通过自己的结构来满足企业内部和外部的需求，之后通过制定品牌策略来获得竞争优势。在反馈环节中，该系统能够从多种渠道获得信息以应对各种变化。

在品牌管理组织结构中，品牌经理作为品牌管理者发挥着极其重要的作用。一般而言，不论是把品牌职能放在产品经理岗位上的品牌管理结构，还是把这一职能单独列出放在更加明确的职位上，甚至成立专门的品牌管理部门来进行品牌管理，品牌管理者根据职位的高低划分，按照管理学基本原理，大致可以分为 3 个层次（品牌管理者结构如图 2-2 所示）：高层管理者、中层管理者和基层管理者。这 3 个层次的职位及对应的职能，通常是由企业品牌管理的实际需要决定的。在企业管理结构相对简单的阶段，3 个层次的职能可能都由一个层次的品牌管理者来执行；在企业管理结构相对复杂的阶段，3 个层次可能还不够，需要增加新的层次，以实现品牌管理工作的精细化和专业化。

```
                    ╱╲
                   ╱  ╲
                  ╱高层╲
                 ╱管理者 ╲
                ╱────────╲
               ╱  中层管理者 ╲
              ╱──────────────╲
             ╱   基层管理者    ╲
            ╱──────────────────╲
```

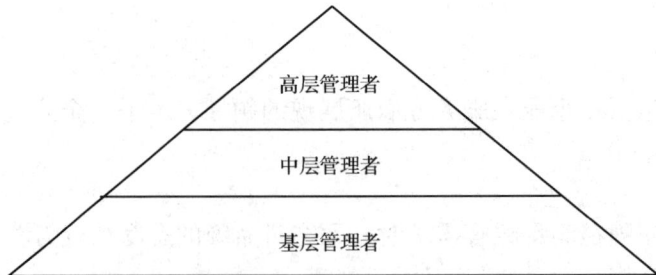

图 2-2　品牌管理者结构

2.1.2　品牌管理组织的主要职能

一般而言，在成熟的企业中，品牌管理组织主要履行以下职能。

1. 制定品牌发展战略与目标

品牌管理组织根据市场和竞争环境，明确品牌定位和差异化策略。一般而言，市场环境和竞争环境会不断发生变化，企业应当跟随这种变化调整品牌发展战略和目标。品牌发展战略和目标是一个整体，不同目标下所采取的战略有一定差异；相同目标下所采取的战略也不一定相同。品牌战略与品牌目标都服务于企业发展总体需要，而且要相互匹配、协调一致。这种匹配事实上就是品牌定位与企业发展定位的一致性，以及品牌差异化策略与企业总体发展战略的一致性。

2. 进行商标、标志、口号等品牌标识管理，确保品牌标识的一致性使用和合规性使用

品牌标识的类型很多，主要包括商标、标志和口号。在这些标识的管理中，企业的品牌管理者要在不同管理层次和业务单位中实现品牌标识一致性，从而对内和对外呈现统一的形象和精神内涵。但是，这并不意味着消除不同事业部门和地区组织的个性化操作，相反，企业的下属部门和单位应当发挥首创精神来丰富品牌标识的内涵与形式，在一致性和合规性前提下，大胆地进行品牌创新。

3. 进行广告宣传、促销等品牌传播和推广工作，提升品牌知名度和形象

品牌沟通与传播对提升品牌知名度和品牌形象至关重要。品牌形象需要通过对内和对外的沟通与传播来提升认可度、知名度与影响力。广告宣传和促销是营销传播的重要途径，也是品牌传播的有效方式。品牌传播过程中除了介绍品牌名称、符号、功能、价值、情感外，通常还介绍品牌原产地信息及品牌所获得的各种资质及荣誉，以此来吸引消费者注意力，进而提升品牌知名度和品牌形象。这些活动都需要有计划、有组织地进行。

4. 负责品牌体验管理，洞察和分析消费者对品牌的感知和体验，通过提供优质的产品和服务，建立和维护良好的品牌形象

品牌体验包括的内容很丰富，因此管理品牌体验也成为企业的一项重要工作。品牌体验涉及接触点管理、体验场景、体验项目、体验内容、体验形式、体验效果等一系列因素，因而是一个多层次、多方位、多感觉、多互动的综合过程。在这个过程中，消费者与品牌之间的交互是主要构成部分，与环境的互动是次要构成部分。品牌管理者要做好各种品牌体验活动的管理，除了从感知层面上挖掘互动的内容外，还要从社会、文化、技术等方面为消费者理解品牌创造条件。

5. 负责品牌价值管理工作，监测和评估影响品牌价值各种因素及价值的变化趋势，制定有效的应对措施来稳固品牌的市场地位

品牌价值是一个十分抽象的概念。纳丁·亨尼希斯（Nadine Hennigs）、克劳斯-彼得·维德曼（Klaus-Peter Wiedmann）、克里斯蒂亚娜·克拉曼（Christiane Klarmann）和斯特凡·贝伦斯（Stefan Behrens）在研究奢侈品牌时，提出将影响个人对奢侈品价值感知的自变量分为 3 个——财务价值、功能价值和社会价值；而因变量是购买意向、推荐行为和支付高价的意愿。凯勒（Keller）将品牌价值归纳为识别、簿记、法律保护等方面，例如品牌名称可以通过注册商标进行保护，生产过程可以通过专利进行保护，而包装可以通过知识产权和设计进行保护。品牌往往与消费者一同成长，留下印记。在兼并重组过程中，品牌代表企业的部分资产价值，因此企业必须认真管理好品牌价值。在资产报表中，强势品牌的无形资产价值和商誉往往占更高的比例。

6. 加强对内和对外沟通与合作，在品牌价值链和价值传递网络中建立良好的合作关系

品牌价值包括价值创造和价值实现两个环节。从内部观察，品牌在企业各个部门之间实现增值，以品牌自身功能和作用把企业不同职能连接在一起，形成凝聚力和号召力，展示统一的企业形象。而从外部观察，品牌在营销渠道的上下游流动，把供应链和营销渠道串联在一起进而实现并传递品牌价值。西尔维娅·比拉吉（Silvia Biraghi）和萝塞拉·基娅拉·甘贝蒂（Rossella Chiara Gambetti）认为，应通过价值共创来实现品牌管理。在通常情况下，品牌被概念化为企业提供的商品，因此品牌管理侧重于发展营销组合，通过塑造消费者的感知和行为来管理品牌的意义、形象及行为。然而，这种基于线性价值链视角的品牌管理方法在现实社会环境中越来越受到挑战，单一的企业视角被多个利益相关者的诉求所左右。因此，品牌管理应当从企业控制的组织内部努力转移到社会，形成多方面、多利益相关者的品牌价值联合创造过程。

> **课堂小讨论**
>
> 以国内某一著名企业为例，说明其品牌管理组织的基本架构及在企业发展中所承担的主要职能。
>
> **要求：**（1）说明品牌管理组织在企业整体组织结构中的具体位置；
> （2）明确品牌管理组织的内部分工；
> （3）以图示形式进行小组展示。

2.1.3　品牌管理组织的运行机制

品牌管理组织的运行机制是指企业品牌管理部门或工作团队在企业内部的运作方式和操作流程。品牌管理组织的运行机制包括以下 4 个方面。

1. 组织运营机制

企业品牌管理组织可以是一个独立的部门，也可以是不同部门设立的品牌管理岗位。一般而言，专门设立的部门能够从事专业化管理，便于任务分配和交接；而不同部门设置品牌管理岗位，则有助于品牌管理者了解各个部门的品牌管理情况。组织运营机制就是把这些专设部门或岗位的品牌管理职责明确，要求建立沟通联络机制，然后将工作情况报告给企业高层管理者。组织运营机制中，除了明确责任、建立命令链外，还要配备相应的职位以及分解和落实任务。此外，还要建立定期或不定期考核和选拔机制、培训机制、奖罚机制，以促进企业品牌管理组织效能的提升。

2. 决策和执行机制

在企业品牌管理组织框架内，决策体现品牌管理水平和能力。品牌管理决策属于品牌管理计划的一部分，它涉及企业的品牌策略，具体包括品牌定位、品牌形象、品牌价值观念等内容。品牌决策需要有共同的愿景、使命、目标及与之匹配的战略，同时还需要分析企业品牌管理的宏观环境和微观环境以及竞争对手的情况。执行机制是企业品牌管理执行力的一种体现，企业品牌管理执行力高即企业统一制定的品牌战略和策略能够在整个企业范围内得到采纳，同时在具体活动中下级对上级服从，规则、原则、命令在组织内有效传递。决策和执行机制，除了强调政令畅通外，还强调下级部门的创造能力和应变能力。

3. 信息沟通与传播机制

信息在品牌沟通和传播中发挥着媒介作用。品牌的抽象性和复杂性，决定了信息在品牌沟通与传播中的重要地位。信息对称是品牌传播有效性的重要保证。与品牌管理相关的信息包括多个方面，其中产品和服务信息、人员信息、合作伙伴信息、竞争者信息、价格信息、促销信息和消费者信息是品牌管理信息系统的重要组成部分。信息沟通与传播机制分为两种，一种是开放的运行机制，另一种是封闭的运行机制。在二者之间，品牌管理者应当做出合理安排。例如，与消费者的品牌信息沟通，就可以在开放的环境中进行，通过社交媒体来完成沟通和传播工作；而品牌的设计和定价，由于具有一定的机密性，就需要放在企业内部品牌管理系统中完成。

4. 对外合作联络机制

品牌管理组织在运行过程中需要获得外部环境力量的支持，其中与其他企业开展横向合作或者纵向合作，有利于品牌管理跨越式发展。建立对外合作联络机制，除了有利于从外部环境中获得帮助外，还能够增强企业品牌影响力，通过组织之间沟通与交流，使品牌成为不同企业之间互通有无的桥梁和纽带。对外合作联络机制也有利于品牌影响力共享、市场共享、渠道共享，使不同企业共同抵抗市场波动和商业风险。同时，与其他企业开展基于品牌管理的交流，能够把人力管理、市场营销和技术研发等资源进行整合，通过任务小组形式共同开发新的合作品牌，建立品牌管理专家团队，对品牌管理具体工作进行评价和监督。

总之，品牌管理组织的运行机制是一个综合性管理体系，涉及品牌战略及策略制定，组织架构设计，目标与发展方向的确立，品牌价值观念推广与传播（包括广告宣传、促销等手段），品牌文化建设，品牌标准和规范的建立与评价，品牌形象监测与评估，品牌管理绩效考核（如知名度、美誉度、忠诚度等指标的考核）与奖罚，品牌管理在企业内部的沟通与培训，品牌对外合作伙伴的选择与管理，以及品牌经营风险与危机管理、品牌保护和维权机制的建立等方面的内容。该运行机制以确保品牌的一致性、有效性和可持续发展为目标。

2.2 品牌管理过程

品牌管理过程是指企业对品牌进行全面管理的一系列活动和措施。通常可以从管理过程中涉及的活动（品牌活动层面的管理），管理过程中对产品项目、产品系列和产品组合的管理（品牌产品层面的管理），以及战略和方向层面的管理（品牌战略层面的管理）等方面来对品牌管理过程展开深入研究。

2.2.1　品牌管理过程的主要内容

1. 品牌活动层面的管理

品牌活动层面的管理主要包括品牌各种活动的计划、组织、指挥、协调和控制。从活动类型上观察，品牌管理活动可以分为品牌创建活动、品牌营销活动、品牌监管与扩展活动 3 个主要方面。这些方面，都需要发挥计划、组织、指挥、协调和控制的功能。

（1）品牌创建活动

在品牌创建活动中，企业主要是创建研究团队，引进咨询单位，从企业内外广泛听取建议和意见，进而对品牌名称、符号、标识的设计及与这些元素相对应的产品、服务、体验的归类与划分制订出有针对性的方案。同时企业也要对品牌理念进行思考，提出品牌发展的愿景、使命、目标和战略，并寻找相应的理论、思想和方法及品牌管理与运营伦理道德规范来支持整个品牌理念体系的运行。在这些活动中，品牌共同性的发掘及差异化定位与市场细分是非常重要的环节，也就是说，品牌创建活动需要得到市场的支持和响应，能够在市场测试环节得到想要的结果。

（2）品牌营销活动

在品牌营销活动中，主要是通过广告宣传、促销等方式来提高品牌的知名度、美誉度和忠诚度。在这个过程中，品牌管理部门和企业营销部门是品牌沟通与传播的主要部门，负责面向市场和行业进行双向传播，即向上游原材料、主要资源、信息等供应商传播企业品牌的优势和地位；同时向下游合作伙伴介绍品牌具体情况。关键的是，企业要向目标受众传播品牌的价值与理念、优势与机遇。在这些活动中，企业要增加品牌接触点，增强品牌体验感。

（3）品牌监管与扩展活动

在监管与扩展活动中，企业主要是对内做好品牌传播统一性、原则性、规范性的检验工作，对外做好品牌的商标注册、专利申请、包装设计，建立侵权防范与控制机制；同时也要观察行业发展动态，及时发现市场机会和风险，进行品牌发展方向和重点的调整。在监控方面，除了根据行业和市场动态做出品牌表现力评价外，企业还需要结合品牌旗下产品的生命周期来调整资源投入及品牌在企业发展中的位置。

2. 品牌产品层面的管理

为了简便分析，我们往往把产品、服务和体验统称为产品，即将服务和体验作为一种特殊的产品对待。因此，产品层面的管理是品牌管理的核心问题之一。

（1）品牌与产品名称关系管理

品牌依附于产品存在，同时在其基础上增加了新的含义。产品的项目、系列及组合是品牌的项目、系列及组合的实体化呈现，但是它们并不是一一对应关系；品牌是产品不同类别的个性化、抽象化或特征性的综合。在实践中，一个具体的品牌名称可以对应一个产品项目，一个产品系列，甚至是一个产品组合；但是相反的情形比较少，即市场上很少会出现一个具体产品项目选用不同品牌名称的情形，在产品系列和产品组合方面，这种现象更为少见。

（2）品牌与产品的基本属性关系管理

品牌与产品名称并非一一对应关系，品牌主要解释愿景、使命、价值、战略等可传承因素，以及企业精神文化层面的主张，强调历史文化和思想精神等层面的作用。与之不同的是，产品的项目、系列及组合则主要是一种基于物质因素的功能、材料或者技术的呈现，因而所揭示和反映的东西并不在一个层面上，或者并不属于完全对应的关系。做好品牌产品管理，事实上就是要让品牌管理超越产品管理，具有愿景引领、使命驱动、价值凝聚的作用，而又不脱离所依赖产品的基本功效。把与使用价值和价值形态相吻合的产品纳入同一个品牌名称下，并通过不同品牌名称来体现不同产品的差异，这是品牌产品管理的主要任务。

（3）品牌与产品的生命周期管理

品牌在产品层面的管理还需要符合生命周期管理的特点。品牌生命周期与产品生命周期不同，一般而言，品牌生命周期要长于产品生命周期。产品生命周期受生产资源条件、消费者接受程度、技术应用、环境保护等综合因素的影响，因而相对而言更新比较快，生命周期比较短；而品牌生命周期则与品牌背后的价值观念、品牌受众的广泛程度、品牌影响力及传承能力有关，因而生命周期较长。产品生命周期与品牌生命周期有时会出现重合，有时也会"错峰"而行，有时还会反向而行。因此在生命周期管理方面，延续产品生命周期与延续品牌生命周期所采用的方法和路径并不完全一致。品牌管理者需要把握两个生命周期的特点，有针对性地做好应对工作。例如，当产品生命周期临近结束而品牌影响力依然很强大时，企业就需要开发新产品来快速填补老产品竞争力下降所出现的市场空缺；而当品牌生命周期临近结束而产品依然在市场上表现强劲时，品牌管理者就需要为产品寻找新的品牌名称或者出路。在实际情况中，服装品牌的生命周期相对较短，而食品、医药品牌的生命周期则较长。

3. 品牌战略层面的管理

对于企业而言，根据战略所涉及的不同层面，可以采用以下 3 种方式来进行品牌战略管理。

（1）安索夫矩阵在品牌战略管理层面的应用

在品牌战略选择层面，企业可以将品牌和市场进行组合，组合形式大致为：已有品牌+已有市场，新品牌+已有市场，新品牌+新市场，已有品牌+新市场。这 4 种不同形式分别对应不同的品牌发展战略。品牌与市场的对应关系如图 2-3 所示。从中可以看出，按照两个不同维度，品牌战略分为了 4 种类型。

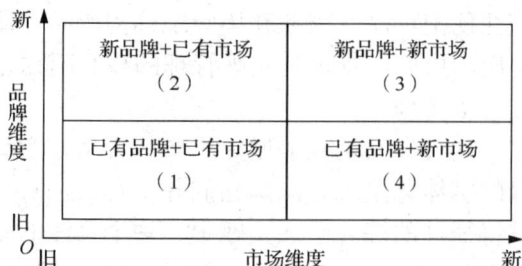

图 2-3　品牌与市场的对应关系

一般而言，第一种属于市场渗透战略，即在已有市场上继续加大已有品牌的营销力度，不断增加广告投入和加大其他方式的促销力度，让消费者尽可能多地消费这些已有品牌的产品，这时企业所面临的风险虽然并不是很大，但是可能因为执着于已有品牌经营，而错失品牌更新和产品创新的机会。第二种属于在已有市场上推出新品牌，以新颖的品牌名称、符号、标识、包装和产品等来吸引已有消费者的注意力，这些新增的品牌往往具有新技术优势或者迎合了市场的消费潮流，能够使消费者把注意力转移到这些新品牌上面，这时所面临的风险相对较小，除了能够提升市场占有率外，还能够保持品牌和产品创新的活力。第三种是一种风险比较高的品牌发展战略，通常并不是一种在实践中普遍推行或者可行的战略。在这种战略下，企业可能面临双重风险：一是新品牌经营风险，二是进入新市场的风险。因此，尽管这种战略也有成功机会，但是一旦失败就可能给企业造成巨大损失。这种品牌战略在初创企业中比较常见，经营管理成熟的企业一般很少采用这种风险极高的战略。第四种是品牌新市场开发战略。品牌在新市场面临的情形比在已有市场要复杂一些，企业既要重新认识和了解消费者，又要识别竞争者和整个市场环境，因此需要根据市场上消费者的消费态度和行为及整个消费文化和价值取向对已有品牌的营销策略进行一定程度的调整。在这种情形下，品牌战略主要面临的问题是市场开拓。

（2）通用电气公司矩阵

通用电气公司矩阵是一种十分有效的企业战略管理工具。在品牌管理方面，品牌管理者可以依据战略业务单位划分方法将企业品牌业务分为 4 种类型，如图 2-4 所示。

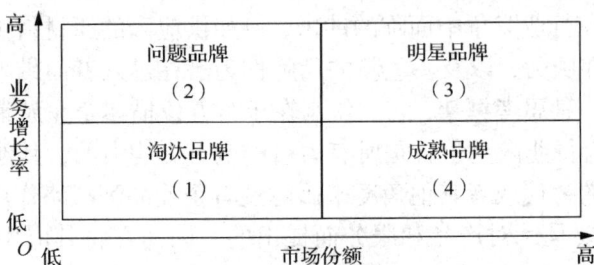

图 2-4　通用电气公司矩阵

品牌管理者在做品牌管理战略决策时，需要考虑的因素很多，有时并不仅限于图 2-4 所示的两个维度，因此在实际应用该矩阵时应注意。对现代企业的评价，除了市场份额和业务增长率外，还有其他重要的因素，如面向未来的发展空间及对整个行业、市场和社会的贡献等，都会影响到品牌和战略管理方向。这意味着品牌战略管理不能只考虑企业内部业务的需要，而应当从更广阔的视角去进行品牌战略层面的思考。例如，对于一家在国内外都具有广泛影响力的企业而言，品牌战略就需要考虑更多、更深层次的问题，与国民经济、社会发展等宏观层面问题结合在一起来思考品牌发展路径和方向。

当然，按照这个矩阵进行品牌业务划分，首先企业需要有可以划分的品牌业务单位，即品牌的项目、系列、组合比较多，能够进行划分且具有实际意义；其次这种划分可能需要考虑行业环境、市场环境的整体影响。如果企业处于一个大的经济增长周期内，经济形势处于繁荣阶段，那么几乎所有品牌业务单位都处于赢利或者扩展期，这时候划分品牌业务只是便于管理而已，对品牌资产增值和保值的实际影响并不是很大。相反，如果市场处于低迷时期，所有品牌业务单位都可能面临着市场压缩、行业萧条所带来的巨大冲击，因而进行品牌业务单位划分可能并不会从整体上提升企业和品牌的管理水平和获利能力。因此，应用这个矩阵及进行品牌业务单位划分，最好是在一种比较常规的环境下进行。

（3）波特模型

波特模型主要是从行业角度分析竞争环境及其主要构成因素。在这个模型中，企业品牌管理面对着不同的行业竞争者，具体情形如图 2-5 所示。

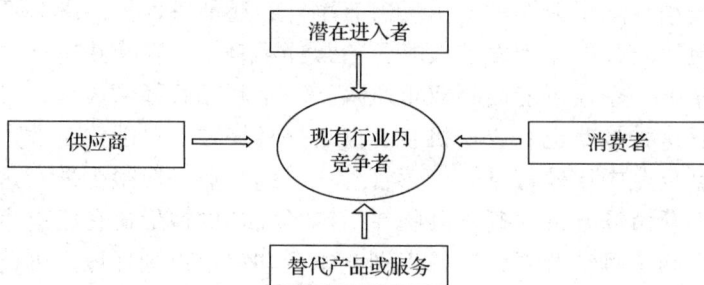

图 2-5　波特模型

模型中的 5 种力量分别为：现有行业内竞争者的竞争力、供应商的议价能力、消费者的议价能力、替代产品或服务的威胁、潜在进入者的威胁。

波特模型在品牌战略管理中可以从行业视角来观察企业现有品牌可能面临的各种挑战和风险。这种分析主要着眼于不同企业、不同产品、不同品牌之间的对位关系。企业品牌管理涉及各个品牌可能在行业竞争中面临的冲击，例如供应商的原材料供应、消费者对品牌的偏好、替代品牌的潜在威胁，以及一些新的品牌作为潜在进入者而带来的影响。整个模型是建立在竞争思维上的一种思考框架，它的作用在于全方位描述企业品牌战略管理需要考虑的内容。客观地讲，现有行业内竞争者是所有力量中最有影响力的，其他 4 种力量从价格或者市场份额及品牌作用的替代或者其他角度来影响现有企业品牌战略作用的发挥。

由于波特模型主要是针对产品和服务而提出的，因而在将其应用于品牌管理时，应当把品牌与产品结合在一起进行思考。例如，"供应商议价能力"和"消费者议价能力"这两项，主要是指产品原材料价格和消费者购买产品时的价格。品牌绩效层面的因素主要包括：主要原材料及其附加的特征，产品可靠性、持久性和服务能力，服务的效果、效率和共情性，款式和设计。这些品牌绩效层面的因素对品牌价格的形成具有一定程度的影响，但是也并不完全反映到品牌价格中。它们所反映的是企业在这个品牌项下的产品和服务在满足消费者功能需要方面的契合程度。品牌价格除了包括这些功能性因素所具有的议价能力外，还包括品牌在满足消费者心理和社会层面需要时的元素，例如使用者人群类型、购买和使用的情形、品牌个性和价值观念，以及品牌的历史、传承和体验。功能性因素和品牌形象都会从多个角度来影响品牌在行业竞争中的地位。

课堂小作业

根据上面正文中所介绍的 3 种品牌战略模型，请分析这 3 种战略模型所适应的具体场景，并以某一家企业为例，说明这些战略模型的具体应用过程及效果。

要求：列明自己的观点，分析不同战略模型的特点及适用场景，并写出 200 字左右的分析结论。

2.2.2　品牌管理过程的主要阶段

按照凯勒等学者的研究，品牌管理过程大致分为以下 4 个阶段。

1. 识别和确立品牌定位与价值

这是品牌管理过程的起步阶段。品牌进入行业或者市场，首先应当进行自身身份的确立，也就是要向行业和市场传递出品牌的清晰定位，即准备在消费者脑海中留下的印象。这个过程是一个自身身份的确立与消费者对品牌理解和形成形象记忆的过程。定位并不是一次就能够完成的，因而在这个阶段需要企业不断地进行品牌传播和沟通，不断地进行定位和再定位。这个阶段事实上是企业与消费者不断接触、了解的过程。

该阶段有 5 个关键概念：心智地图（指消费者脑海中的思考模式和思维过程逻辑）、参考性竞争框架（相对于竞争者的主要对照点）、共同点（也称为奇偶对称点）和差异点（不同的价值主张）、核心品牌联想（由品牌而引发的与其他客观事物的关联）以及品牌咒语（打开或者洞察消费者内心世界的凝练语句）。对于这些概念，应强调绘制消费者心智地图以加深企业对消费者的理解，主张从市场竞争角度来思考品牌的定位与价值，分析不同品牌之间的共同点和差异点，突出核心品牌联想以强化对品牌环境的认知，以及熟悉品牌咒语。这是进行品牌定位和价值确立的重要前提和必要步骤。

2. 计划和实施品牌营销方案

这个阶段是将品牌设计方案具体化并向行业和市场推广的过程。品牌营销方案涉及品牌全部营销活动的内容体系、价值体系及传播体系的构建。内容体系包括品牌营销活动的具体环节、主要环节、环节之间的衔接关系和内在逻辑关系，以及第一项活动的目的和意义。实施方案明确了品牌计划如何从思想深处或纸上转到现实世界中并成为影响行业和市场发展的一种力量。在品牌管理过程中，品牌营销方案实施单位的选择对执行品牌营销方案具有重要的影响。

3. 测量和解释品牌绩效

品牌绩效评价及评价结果对品牌管理的价值和意义，是测量与解释品牌绩效这一阶段需要注意的主要问题。为此，企业一方面要有品牌绩效测量的标准和方法，把不同品牌绩效观测出来；另一方面要准确、全面地解释这些观测结果的含义。除此之外，还应当指出测量结果和解释对品牌管理工作的启示，进而指明该项工作未来的路径。因此，在这个阶段企业需要建立标准、使用标准、发现成绩与问题及其成因。这些工作应当由不同部门通过相互制衡的机制来完成。

该阶段有 4 个关键概念：品牌价值链、品牌审计、品牌追踪和品牌资产管理系统。这个阶段的重点是从品牌给企业带来的价值、品牌价值的评价与追踪等角度来描述品牌管理过程，即对品牌活动进行考核与测量，同时从资产管理角度全面评价品牌的绩效与表现。显然，该阶段应当出现在已经完成市场营销活动之后的品牌管理环节中。

4．增加和维持品牌资产

增加和维持品牌资产是企业品牌管理活动的最终目的之一。品牌资产的增加主要体现在品质和数量两个方面。从财务角度观察，品牌资产是一组财务指标或数据；而从市场营销角度观察，品牌资产是以产品为依托的各种品牌的数量、质量和相互关系。品牌资产既可以是一个静态的表现，也可以是一个动态的数据。增加和维持这个资产的总量，或者优化这个资产的内部配置比例，既涉及品牌管理战略选择、营销策略安排，也与品牌生命周期有一定的关系。

该阶段有 4 个关键概念：品牌-产品矩阵、品牌筐子及等级、品牌扩张战略、品牌强化和激活。它们主要从品牌后续发展来强调品牌管理的重点内容，其中包括如何从品牌资产管理角度促进品牌保值增值，如何处理品牌与产品之间的对应关系，如何设置多个品牌管理中经常遇到的品牌一揽子计划及品牌之间的等级，以及如何处理品牌扩张战略的制定和品牌强化、激活等具体问题。

2.2.3　品牌管理过程与品牌化建设

品牌管理过程与品牌化建设并不是同一个概念。前者主要作为一个品牌管理基本概念，主要使用框架、过程式思维来把复杂的品牌管理活动及其内容进行系统化，进而分析品牌管理所需经过的阶段及不同阶段所需注意的事项。品牌化建设是一个动态的概念，它并不是一个框架，也很少进行阶段分析。凯勒在综合对比品牌资产和客户资产的不同之处后，基于它们的共同性提出了"以客户为基础的品牌资产模型"（Customer-Based Brand Equity，CBBE）。在该模型中，品牌化建设包括以下 4 个步骤：①识别品牌身份；②确立品牌含义；③进行品牌响应；④建立品牌关系。在这些步骤中，涉及品牌知识、品牌认知、品牌联想、品牌形象、品牌资产、品牌回忆、品牌识别、品牌共鸣、品牌价值、品牌关联、品牌偏好、品牌优势及消费者反应等一系列概念。这些概念在背后支撑着如图 2-6 所示的以客户为基础的品牌资产金字塔。

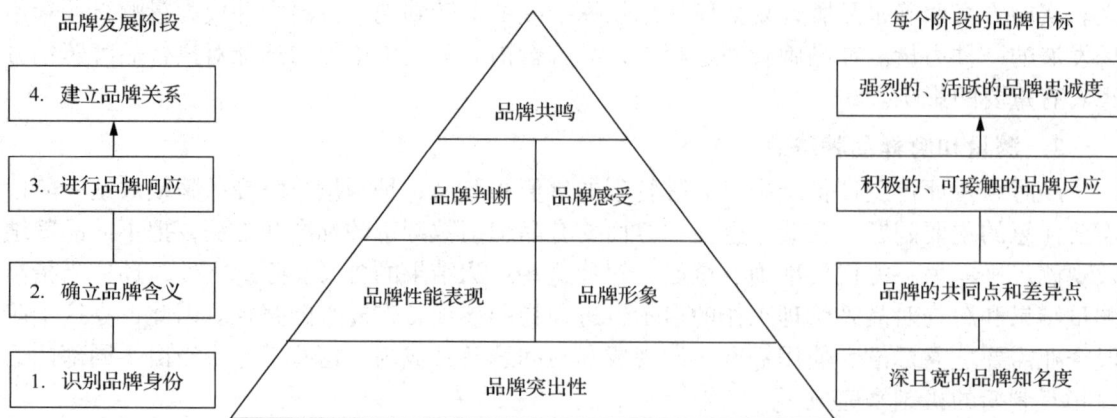

图 2-6　以客户为基础的品牌资产金字塔

图 2-6 列出了企业品牌管理的具体阶段（左）及每个阶段的品牌目标（右）。其大致含义是，企业建立强大的品牌，需要建立品牌意识的广度和深度，创建强大、有利和独特的

品牌联想，从而引发积极、可接触的品牌反应，并建立起强烈而活跃的品牌忠诚度。实现这 4 个步骤需要建立 6 个品牌基石：品牌突出性、品牌性能表现、品牌形象、品牌判断、品牌感受、品牌共鸣。强大的品牌在这 6 个方面都表现出色，因此完全执行了打造品牌的 4 个步骤。在这个模型中，当所有其他核心品牌价值完全与客户的需求、期望和欲望同步时，有价值的品牌基石就会产生品牌共鸣。换句话说，品牌共鸣反映了客户和品牌之间完全和谐的关系。真正的品牌共鸣是指与品牌建立密切关系的客户拥有高度忠诚度，并积极寻求与品牌互动的方式，与他人分享他们的体验。能够与客户产生共鸣的企业将获得许多好处，如更高的溢价。品牌影响力的真正衡量标准是客户对该品牌的想法、感受和行为。要实现品牌共鸣，就需要激发客户对品牌的正确认知和情感反应。这就需要建立品牌认同感，并在品牌表现和品牌形象方面创造正确的含义。一个具有正确身份和意义的品牌可以让客户相信它是相关的，是"我的产品"。强大的品牌会使客户对其产生强烈的依恋和热情，以至于他们成为品牌传播者，试图分享他们的信念并传播品牌信息。

课堂小思考

CBBE 模型的主要特征是什么？品牌资产和客户资产有何不同？请举例说明。

2.3　品牌组织结构设计与管理过程中的常见问题

在品牌管理过程中，涉及品牌组织结构设计与管理过程的常见问题比较多，它们会在不同程度上影响品牌管理的效率和效果。一般而言，品牌组织结构设计具有稳定性和长期性，涉及不同部门、企业合作单位的利益关系。相对而言，品牌管理过程中的问题通常需要通过灵活多样的方式予以解决。

2.3.1　品牌组织结构设计中的常见问题

品牌组织结构设计中的常见问题主要表现在以下几个方面。

1. 缺乏明确的品牌战略

组织结构设计应该与品牌战略相一致，但如果品牌战略不明确或不清晰，可能导致组织结构设计不合理。这主要是指企业管理部门或者品牌管理部门对品牌战略的理解不准确、不透彻，导致战略的制定没有科学性和针对性，即在逻辑上存在顺序和结构方面的问题，不同战略之间不能有效配合、相互支持，而是互相抵触，导致总体战略和局部战略的不协调、不一致，整体性和灵活性产生矛盾，导致品牌战略的效力大幅降低。

2. 部门职责不清晰

如果各部门的职责划分不明确，可能导致工作重叠或责任模糊，影响品牌管理和运营效率。这主要表现在企业可能没有专门的品牌管理部门，而是将品牌管理职责下放到各个职能部门，这时就会出现事无专管、互相推诿的现象。由于品牌管理是在企业发展到一定阶段后才会面临的问题，因而在一些中小企业中经常会出现上述问题。当然，在一些大型企业中，由于品牌管理部门与不同事业部门、职能部门的工作重点不同，当品牌管理问题出现时，也会出现职责不清晰的问题，即品牌管理线路变长后，出现职责交叉或者越位现象。

3. 沟通协调不畅通

品牌管理需要建立畅通的协调机制。如果组织结构中的沟通渠道不畅通或者协调机制不完善，将会导致信息传递不及时或决策滞后，影响品牌管理与运营的灵活性和响应能力。这主要表现在沟通渠道有限、沟通方式单一、沟通内容缺乏组织，以及沟通过程中受到外界环境噪声的影响。品牌管理组织制度设计成为沟通的障碍，而不同成员之间的沟通不畅通也会影响品牌管理组织中的沟通效率和效果。在品牌沟通过程中，品牌信息的编码、传输与解码，对沟通的效率与效果具有直接影响。单向信息传输与双向信息沟通的要求不一样。文本信息、图片信息、视频信息和互动式场景信息的差异性，以及由技术进步引起的信息载体和信息内容发生的巨大变化，对品牌管理组织结构设计提出了更高的要求。

4. 管理层级过多

传统行政组织往往会建有很多层级，一般通过建立多层次管理结构和由下而上逐级人数递减的人员管理方式来实现组织的有效运行。其把不同能力的管理者放在不同层次，然后通过授权来实现在每个层级"以少管多"的目的，但是由于管理层次过多，管理人员规模往往过大。随着互联网信息技术的普及，管理层次变得平层化和底层化，即层次和管理者都在变少，决策层与执行层的距离缩短，管理者能够充分了解一线工作人员的工作状况。这时，通过多层次设计方式来保持组织运行的高效性就会出现与时代不符的现象。在信息时代，过多的管理层级可能导致品牌管理决策过程冗长，品牌信息传递不畅，影响组织在品牌管理与决策过程中的灵活性和反应速度。这表现在缺乏跨部门协作机制，导致各部门之间的合作不够紧密，影响品牌整体的一致性和协同效应。

5. 人员配备与绩效评估不合理、不科学

组织结构设计应当根据品牌战略和业务需求来确定人员配备。人员配备主要是从品德和能力两个方面考虑合适人选。在品德方面，要选拔能够形成向心力的品牌管理者，以良好的品德来带领员工实现品牌管理的目标和任务；在能力方面，能力是指管理者对于品牌相关工作具有相应的知识和管理经验，不具备相应能力的人员不允许走上相关工作岗位。如果品牌管理机构的人员配备不合理，可能导致某些决策或执行部门人员过剩或不足，影响品牌管理与运营效果。如果组织结构设计中的绩效评估机制不科学或不公正，则可能会导致奖励与惩罚规定不符合逻辑并导致员工工作动力不足。

6. 缺乏品牌文化制度设计

在品牌组织结构设计中，企业应当充分考虑品牌文化建设。如果忽视了品牌文化建设的重要性，就可能导致品牌管理者与员工对品牌价值观的理解不一致，进而影响品牌形象的塑造。品牌文化体现在组织结构文化、规章制度文化、产品生产文化、对外合作文化等多个层面。品牌文化建设涉及企业创始人的愿景、企业的使命、企业的目标与任务、企业的核心价值观念等不同方面。在品牌文化体系中，品牌所传递的核心价值观念具有统领性，而品牌经营理论、思想和方法则处于中间层面，处于底层或者基础层次的是企业品牌发展过程中员工应当坚持的伦理行为准则。品牌文化建设一方面要传承历史精华，另一方面也要与时俱进。

　　举例说明品牌组织结构设计中存在的问题。大企业与中小企业的品牌组织结构设计有何不同，为什么？

2.3.2　品牌管理过程中的常见问题

　　品牌管理中常见的问题有很多种类型，有的属于一般性管理问题，即在非品牌管理类业务中经常会出现，例如计划、组织、指挥、协调和控制等环节中出现的功能性、职能性、结构性和人员性问题；有的则属于比较独特的管理问题，即仅在品牌管理类业务中出现，主要由品牌这一事物本身的特性而形成。我们研究的品牌管理问题，在类型上属于后者。品牌管理中问题的性质和类别不同，企业采取的解决方式也有所不同。

1. 品牌管理目标被短期利润和市场份额目标所替代

　　品牌管理目标在企业的整个目标体系中属于战略目标，在时间上属于中长期目标。一般而言，品牌管理目标往往与企业的市场份额目标紧密地联系在一起，但是又不同于后者。在功利性特别强的企业中，市场份额目标可能从属于利润最大化目标而成为企业在短期内获得巨额利润的动力之一，因此它可能与品牌管理目标所要求的中长期性有一些差异。但是，如果品牌管理目标完全脱离市场份额目标，那么品牌管理就会成为缺乏市场需求支持的一种管理现象。品牌管理目标要建立在一定的市场份额基础之上，但并不以市场份额最大化为导向。

　　通过制定较高价格或者在一定价格条件下获得最大的市场份额，通常是在短期之内获得最大经济收益的有效办法。例如，高定价方式中的撇脂定价或者低成本定价方式中的市场份额最大化定价，确实都能够在短期之内为企业带来大量的利润和现金流，甚至能够快速建立企业在市场中的稳固地位，将竞争者生存空间压缩在狭小范围内。但是，过高的定价或者过低的定价，都是一种应对市场竞争的短期行为，而不是从企业品牌发展角度考虑的行为，因而这些方法都会在一定程度上背离品牌管理目标。尽管品牌管理目标制定必须且应当考虑市场竞争情况，而且有时也确实需要考虑一些短期经济利润，但是，从企业长期发展来看，正确的品牌管理目标一定是建立在企业自身的发展轨迹和运行规律基础之上的。

　　品牌管理目标通常由企业创始人所设定，它并不体现市场环境变化，往往与企业设立的使命、美好愿望和根本目的紧密地联系在一起。在这个由创始人所设定的品牌管理目标中，由于个人所处现实条件和认识能力的局限性，并不可能把一个品牌在其生命周期中所可能经历的市场环境变化都准确地做出预见和判断，因而也就不可能对价格或者市场份额等做出具体要求。因此，企业往往倾向于用一些抽象或者模糊的词语来表述品牌管理目标，即如果要把企业建设和发展成为一个品牌企业，就必须明确在经营和管理方面应坚守的原则和道德标准，以及企业发展在接近理想形态时应当具有的特征。这些原则、标准和特征显然不是短期的利润目标和市场份额目标所能够代替的。

　　综上所述，企业品牌管理目标不同于企业短期利润目标，它既不是利润最大化，也不是市场份额最大化，因而那些对品牌管理目标从利润最大化角度进行解释，或者从成为行业中规模最大的企业角度进行解释，事实上都是一种认识上的误区。作为企业管理者，尤其是高层管理者，在品牌管理方面的首要责任是传承企业的根本目的、使命、美好愿望，而不是不断地改变企业品牌管理目标。

2. 品牌管理被简单地理解为产品商标和企业形象管理

商标是把不同品牌加以区分的重要工具。在品牌有形构成要素中，商标是其中最为重要的要素之一。这也是许多组织重视商标管理的重要原因所在。但是，商标只是从形式上尤其是从法律上区分不同品牌，它并不能够更多地从其他层面对品牌应有的内容给予解释。许多企业在处理品牌管理方面的问题时，首先想到的是加强商标及其相关知识产权的保护，而且在这些方面大量地投入时间和精力。有的企业甚至认为，只要商标的市场地位稳固，品牌地位就会变得牢固，并因此在商标设计和商标使用权限的争夺中花费巨资。这个方面的实际例子很多，即企业非常重视外在区分度，而不重视内在品质培养。外在的、形式上的差异通常很容易引起消费者的注意，而内在品质的培养则需要耗费较长的时间。因此，功利型企业特别容易进入把品牌管理理解为商标管理这样的误区，并因此使品牌缺乏内涵与深度。

与上述问题相似的就是把企业品牌管理理解为企业形象管理。一般而言，品牌形象包括企业形象，企业形象又包括产品和服务的品牌形象。这二者相互促进、相互依存。企业形象通常以企业中的人、财、物等具体形式而展现出来，它更加重视当期的、现场的、对外的效果，例如员工的精神面貌和工作姿态、企业工作场景的布置和厂区环境的建设，以及企业所生产产品样品的展示等。而品牌形象与之不同，它更多的是通过直接的、对比的、内在的感受来影响消费者的情感和认知。如果消费者并没有实际购买和使用企业的产品，那么产品所代表的品牌形象就很难在消费者心目中形成，消费者此时即使对该品牌有一定的表象认识，也并不能够十分肯定地认为这个品牌就是能够满足其消费需求的。因此，在消费者的购买选择中，比较理性的判断应当建立在以企业形象为辅助来进一步认识品牌形象这个基础上，而不应当只重视企业形象而忽视品牌的真正内涵。正是由于现实环境中经常出现把企业形象等同于品牌形象这一问题，因而不少功利型企业利用了这种认知误区而大量地投资于企业形象建设。

企业形象建设在性质和功能上属于品牌外在表现，而品牌形象的真正内涵在于产品所传递的信念、价值、文化与情感。有时，企业形象与品牌形象在时空上是分离的，但是这并不影响品牌形象建设。例如，波音公司的企业形象主要展现场所在美国西雅图，而该公司品牌形象在多数时候通过波音飞机的性能和质量展现出来。有时，企业形象与品牌形象在时空上又是一体的，即品牌形象以企业形象为载体。例如，沃尔玛作为全球零售商巨头，它的品牌形象与每一家实体店的企业形象高度地融合在一起。对于企业形象与品牌形象分离的企业而言，品牌管理的重点应当放在产品和服务上，而不应放在企业的总部建设或者生产设施展示上。对于企业形象与品牌形象在时空上能够融合的企业而言，品牌管理的重点在于融合体的场景建设和人员的技能和服务水平。在此，有必要区分生产型企业和服务型企业这两种在性质上略有不同的品牌管理主体。一般而言，以产品为品牌管理主要对象的企业，商标、包装、销售渠道是品牌管理的重点；而以服务为品牌管理主要对象的企业，由于对体验场景有一定的要求，且企业实体与提供的服务融合程度较高，因而应当把企业形象建设作为品牌管理的重要内容之一。

3. 广告宣传中的大量投入和品牌多元化经营中存在的问题

广告对于企业和产品的宣传而言，是一种重要的渠道。对于广告与品牌之间的因果关系理论界至今未有定论。有的研究认为，企业是因为先有强大的广告效应，而后建立了品牌形象；也有研究认为，企业是因为先有品牌效应，而后广告才起着带动市场消费的作用。但是，不管怎样，广告与品牌之间这种直接的呼应关系，确实影响了企业的管理和决策，即是否应当在广告中投入大量的经费，进而确立企业和产品在市场中的品牌优势地位。在实践中，通过大量投入广告费用进而实现销售量迅速增长并确立企业和产品品牌形象的例子确实有不少，尤其是在市场刚刚形成时，这种做法总是能够起到特别好的效果。因为，消费者在不成熟或者处于发育期的市场中所能获得的企业和产品信息是相对有限的，那些善于利用广告的企业就成为消费者关注的对象，并被认为广告宣传中所提供的信息是真实的，而且企业在行业中的地位是比较高的。

但是，广告费用的持续增加及市场竞争的不断加剧，使这种通用的促销工具的费用和门槛越来越高。同时，由于消费者对广告的认识更加趋于理性，因而对这种宣传方式的排斥与抵触心理也在增强。在这种形势下，一般性投入或者普通广告并不能够为企业带来理想的回报与收益，因而企业必须在广告投入、艺人代言和媒体选择等方面加大力度，并逐渐形成了大量投入广告这样一种习惯性的宣传模式，而且把广告宣传与品牌管理直接画等号，致使品牌管理陷入又一个新的误区。显然，品牌管理不能简单地等同于广告管理。但是，品牌管理中的一些内容和形式需要通过广告来传播。在处理品牌管理与广告管理这二者之间的关系时，应当把品牌管理的内涵进行划分，即分为需要进行广告管理的部分和不需要进行广告管理的部分。相对应地，对于需要进行广告管理的品牌元素，应当大量投入资金进行宣传，尤其是针对那些体现在产品的形式、功能、效果上的独特性，应当通过广告这种大众媒介迅速地向消费者进行传播；而那些不需要进行广告管理的品牌元素，则应当通过其他途径来提升其品质与内涵。

品牌多元化经营也是困扰企业的主要问题之一。品牌管理是否一定要走向品牌的多元化经营，这在理论上是有争议的。单一化品牌与多元化品牌，在管理形式和内容上差异较大。但是，企业在发展过程中，随着经营规模的不断增大，似乎必然会走向多元化经营的境地。一些跨国公司的发展过程也证明了这种趋势的现实可能性。品牌多元化经营不仅向品牌管理者提出了挑战，也使企业在发展中逐渐与创建之初所确立的品牌管理思想与理念脱节。品牌多元化经营所导致的品牌形象模糊，以及不同品牌之间的相互替代与排斥，都在影响着企业经营管理的实际效果。因此，品牌多元化经营在给企业带来更多市场选择机会的同时，也客观上增加了企业品牌管理的难度与风险。

品牌实训

我国 A 股上市公司品牌管理组织结构分析

实训材料：
随着我国市场经济的不断发展，A 股上市公司对品牌管理的重视程度越来越高。

不少企业成立了品牌事业部来专门负责品牌管理业务。尤其是一些具有海外业务的企业，品牌事业部的地位和作用更加明显。但是在不同行业中，品牌事业部的结构并不一致，有的差异十分明显。例如，产品同质化程度高的行业中，品牌影响力更多是体现在市场层面上，即产品所销售的地区和贸易量；而在产品差异化程度高的行业中，突出品牌的作用和地位就是企业的一项重要工作。一般而言，品牌管理者及品牌业务单位在企业中的地位，在一定意义上说明了企业对品牌管理的重视程度。

请以2000—2023年的A股数据为基础，说明家电企业（列举3家企业）和能源企业（列举3家企业）中的品牌管理组织结构形态。以表格和图形的方式来呈现分析过程。

实训任务：

（1）你认为这些样本企业的品牌管理组织结构各自有何特点？

（2）撰写一份1000字左右（含图表和占用字符）的报告《企业品牌管理组织结构对比——以A股上市公司为例》。

（3）这些样本企业的品牌管理组织结构应当如何优化？

复习思考题

一、名词解释
品牌管理组织　品牌管理过程　以客户为基础的品牌资产模型（CBBE）

二、简答题
1. 简述品牌管理的基本含义。
2. 简述品牌管理者的层次及其相互关系。
3. 如何解决品牌管理中出现的问题？各个不同层次管理者的作用是什么？
4. 试举例分析一家国内著名企业的品牌管理做法，并与同行业其他品牌企业进行对比。

三、论述题
1. 试述优化企业品牌管理组织结构设计所面临的主要问题及对策。
2. 试述品牌管理过程中的常见问题及解决方法。

四、设计与分析题
题目： 选择一家国内知名餐饮企业，为其设计一套优化品牌管理组织结构的可行方案。

要求：（1）对该企业目前品牌组织结构进行描述；

（2）揭示该企业品牌组织结构中隐含的问题；

（3）提出品牌管理组织结构优化的可行方案；

（4）总字数不少于2000字。

第3章
品牌影响因素的表现形式与品牌利益

本章主要知识点

- 品牌影响因素
- 可察觉的品牌影响因素
- 不可察觉的品牌影响因素
- 品牌影响因素的细类划分及表现形式
- 品牌利益

案例导入　四季酒店的品牌经营管理

四季酒店的品牌经营管理在全球享有盛誉。这家企业由伊萨多·夏普（Isadore Sharp）于1961年创办，总部设在风景优美的加拿大多伦多市。在60多年的发展历程中，四季酒店不断推动酒店业务的国际化经营，品牌管理水平持续提升。

从品牌管理角度来分析，这家酒店的成功秘诀可以归纳为两个方面：一是处理好了可察觉品牌影响因素的显性化展示；二是解决好了不可察觉品牌影响因素的管理问题。

在可察觉品牌影响因素方面，四季酒店实行高度定制化服务来展现品牌的功能利益。他们深入了解宾客的各种需求，并通过定制化服务提升服务效果。例如，四季酒店是世界范围内首家提供欧式礼宾服务、全天候房内用餐和健康菜单的酒店。他们首创的一些服务内容和形式，如沐浴设施、浴袍、吹风机等日后逐渐成为行业标准。又如，为了让宾客有干净整洁的住宿环境，他们每日提供两次客房整理服务，提供1小时熨衣服务以及全天4小时干洗服务。这些服务项目和内容都是站在宾客角度认真设计和精密安排的，因而从功能利益方面充分地展现了品牌的差异化特征。

在不可察觉品牌影响因素方面，四季酒店十分关注宾客睡眠质量，通过打造"完美睡眠"这一品牌标识，将宾客关怀深入细致、全面完整地表现出来。酒店业是旅游产业的重要组成部分，在吃、住、行、游、购、娱6个环节中，住宿是非常重要的一环，如果宾客没有得到高质量的睡眠和休息，其他环节活动的体验质量就会相应下降。四季酒店很好地解决了这一问题。他们提出的服务承诺是"完美睡眠"。这一服务环节中，床铺、隔音、照明、饮食等环节被纳入整体设计范围之内。例如，每间房间的隔音效果经过严格检测，整个房间的结构设计和所有建筑材料都确保宾客在没有噪声和污染的环境中充分放松和休息。这些影响因素中，有许多是宾客难以观察到的，其中包括优质的后勤保障服务和卓有成效的品牌管理支持系统。（资料来源：四季酒店官网。）

思考题：四季酒店是如何协调可察觉品牌影响因素与不可察觉品牌影响因素之间的关系的？酒店的前台服务与后台管理对品牌价值的提升分别发挥怎样的作用？

品牌影响因素及其表现形式是品牌管理的重要内容，它们对品牌所表达的利益形成重要支撑。不同消费者由于对品牌的需求不同，因而对品牌影响因素的观察角度和程度也有所差异。

3.1 品牌影响因素

品牌影响因素是指在内容和形式上对品牌实质和结构产生影响的各种变量。品牌影响因素有些是有形的，例如品牌所依赖的产品及其原材料、款式、形状；有些是无形的，例如品牌所包含的历史、文化、故事和价值观念。

3.1.1 品牌影响因素的两大类别

一个品牌是否能够得到消费者、社会大众和竞争者的认同，受多种因素的综合影响，这些因素统称为品牌影响因素。在这些因素中，不同因素所发挥的作用及表现形式并不相同，有的重要一些，有的处于次要地位，有的则不太显著。根据可观察性进行划分，品牌影响因素分为可察觉的品牌影响因素和不可察觉的品牌影响因素两大类。它们不仅在类别上有一定区分，而且在表现形式上也有所差异。

1. 可察觉的品牌影响因素

在实际生活中，消费者所接触的大多数品牌的影响因素都是可以察觉的，即属于显性的物质实体和客观现象，便于消费者在不同品牌之间进行对比，进而形成有客观依据的理性购买决策。一般而言，消费者的购买选择与判断都是建立在对可察觉品牌影响因素的对比与评价基础之上的，而企业向消费者展示的品牌形象也主要围绕着那些能够被察觉到的品牌影响因素进行设计。不同品牌的可察觉影响因素差异很大，而且同一种影响因素在不同品牌中的重要性和地位可能也会有所区别。一般认为，消费者是通过自身的感官来感知、通过心理来体会品牌影响因素的作用形式及其效果。

例如，当消费者在一家五星级酒店用餐时，他能够通过自己的视觉、听觉、嗅觉、味觉、触觉五种感觉活动和内心世界来充分体会这家酒店的品牌影响因素的作用和效果，并与其他五星级酒店的品牌影响因素进行区分。正是由于消费者有了解品牌影响因素的内在需求，因而现实中不少高档酒店在大堂装饰材料的质地与颜色、公共区域的音乐播放、房间的香水喷洒、餐厅菜肴与茶水的味道及房间被单柔软性等可供选择的方面都会做出相应安排。当然，除了视觉、听觉、嗅觉、味觉、触觉这些直观感受外，消费者也能够对品牌形成心理反应，而且这种反应的强烈程度往往比其他感觉因素更为复杂、持久和难以描述。

2. 不可察觉的品牌影响因素

不可察觉的品牌影响因素，属于非显性的或者难以被消费者观察到的品牌影响因素，它们通常隐藏在品牌实体的内部甚至最深处，不容易被轻易观察到。这些因素是品牌发挥作用与功效的必要条件。事实上，任何一个品牌只要参与市场竞争，就必然会重视不可察觉的品牌影响因素。这主要是由于，一方面这些不可观察到的品牌影响因素有时就是品牌发挥核心竞争力的关键，需要尽可能保密以防止被竞争者发现或者掌握；另一方面当品牌真正发挥作用与功效时，总是会有一些影响因素无法显性化，即在现有技术条件下无法完整有效地呈现在消费者面前。

关于不可察觉的品牌影响因素，实际生活中例子有很多。例如，当消费者购买一台办公计算机时，这台计算机所使用的一些元器件尤其是芯片由于集成于机身内部，消费者是无法直接感觉到这些部件存在的，而这些元器件的品质及其工作原理恰恰是核心技术所在。这些核心技术成为影响品牌发挥作用与功效的重要因素。又如，一家航空公司尽管提供了优质服务，但是它的一些职能部门的人员活动与工作安排，即后台管理与运营，消费者是很难直接接触到的，如后台服务中的配餐、行李转运、机票订购、卫生间用具购买等。再如，当一位消费者通过电商平台订餐时，他可能会把时间花在产品的种类、味道和价格选择上，而很少去思考用以保证快餐质量的生产企业的原材料进货渠道和饭菜加工制作过程。除非消费者特别在意并留意这些环节的活动，它们通常是无法察觉或不容易被察觉到的。

3. 品牌影响因素之间的协调

一般而言，品牌管理者总是会充分利用品牌影响因素之间的区分度，在品牌管理中把可察觉品牌影响因素与不可察觉品牌影响因素之间的匹配关系和逻辑关系处理好。如果一家企业的大多数品牌影响因素都是可察觉的，那么其品牌经营管理所面对的压力就会特别大，因为消费者和社会大众随时会注意到这些因素性质的变化，并与其他企业的同类品牌进行对比，或者与这家企业过去的经营状态或者所做的承诺进行对比。也就是说，这家企业是在消费者和社会大众的"广泛关注与监督"之下开展品牌经营管理活动的。

（1）行业和企业类型与品牌影响因素之间的关系

在激烈的市场竞争中，一些窗口型（即服务型）行业和企业的品牌经营管理活动就会面临较大的压力和挑战；同样，一些直接与消费者见面和接触的行业和企业，消费者群体和社会大众对它们的品牌经营管理的要求通常也会比较高。但是，客观事物的发展往往是辩证的。正是由于此类行业和企业的许多品牌影响因素直接"曝光"给消费者和社会大众，因而它们也就有了创造品牌体验的客观机会、场景及内在动力，并可以通过开展体验营销来提升竞争力和拓展生存空间。

上述分析表明，正确识别品牌影响因素及其可察觉部分和不可察觉部分，对企业品牌建设具有十分重要的意义。

课堂小思考

为什么可察觉的品牌影响因素比不可察觉的品牌影响因素对窗口型行业的品牌形象的影响更大？请写出 5 点理由。

如果企业希望自己的品牌形象能够充分地展示在消费者面前，那么它就应当使消费者尽可能地接触品牌影响因素。以德国一家著名汽车生产企业为例，为了让消费者放心购车并充分展示其品牌产品的质量性能，这家企业不仅把汽车的内部装饰和所用材料以图片和文字说明方式直接提供给潜在消费者，供他们购买时作为参考依据，而且把发动机及其他重要部件内部构造以横截面照片形式展示出来。这样，汽车购买者就可以直观地了解汽车内部发动机工作原理及其技术领先之处，以及线路布置及走向的整齐性和安全性。又如，现今许多餐饮企业都设有可观察的生产加工场景，像制作烤鸭时，消费者能够亲眼观察到烤鸭烘烤的整个过程及师傅在切削鸭肉过程中的厨艺水准。实体店这样做的目的是让消费者感受到生产安全性及食品卫生与质量情况，以此来打消消费者心中可能存在的对产品质量和服务过程的各种疑虑。

但是，如果企业采取的是线上营销方式来推广品牌产品，如通过电商平台进行品牌促销活动，那么这些品牌体验环节就会有所不同，甚至可能会存在一定程度的缺失现象，即可察觉品牌影响因素有所减少，相应地增加了价格优势与渠道便捷性。虽然这些方面的品牌感知性在一定程度上填补了体验环节的空白，但是从品牌影响因素的可察觉性角度分析，事实上这是隐藏了一些重要且必须展示给消费者的品牌影响因素。消费者可能会面临品牌信息不对称的问题，从而做出退货行为。因此，对于电商平台这样的营销渠道，强调品牌影响因素显性化至关重要。当然，电商平台也在这方面进行了积极尝试。有的营销渠道以品牌代言人及传播者的个人形象或地位为显性化影响因素来增强消费者购买信心，如直播带货中的主播的作用，就是把不可察觉品牌影响因素通过个人影响力来实现可察觉化。所有这些类似的活动，都是在把不可能或不易被观察到的品牌影响因素显性化，以此来吸引更多的消费者加入购买队伍。

（2）利用品牌影响因素营销传播时应避免的误区

在利用品牌影响因素进行营销传播时，企业应当避免进入以下误区。

① 故意夸大不可察觉品牌影响因素的实际功效

由于一些品牌影响因素不可察觉，因此一些不道德的企业会倾向于使用夸大宣传方法来劝诱消费者购买其产品和服务。特别是一些含有化学成分的产品，如化妆品、保健品和药品，其所包含的品牌影响因素不容易被直接观察到，所发挥的功效也可能不便于进行直接观察和现场体验，只能通过实验室成分分析法来测试或长期使用才能了解，因而其品牌功效很容易被企业夸大宣传。

② 对可察觉品牌影响因素的不利之处做掩饰性处理

包装也是品牌的重要组成部分。对于品牌影响因素比较容易被识别的一些品牌，有的企业往往通过包装将能够被直接观察到的不利影响因素做掩饰性处理，即进行包装掩盖。这事实上涉及了虚假包装和虚假销售的问题。例如，为了掩藏产品用料简单、制作工艺水平较低，甚至产品存在质量问题等明显特征，有的企业把此类产品的外包装做得特别精美，且不容易开封。过度包装和过度封装，事实上影响了消费者对品牌产品功能和效用的直接了解和观察。

③ 过分渲染不可察觉品牌影响因素的附加价值

由于品牌影响因素中不可观察部分往往需要权威机构的认证才能获得相关证明和资

质,于是这些证明和资质成为一些企业过分渲染品牌产品特殊性或差异性的营销宣传材料。例如,一些保健品生产企业会在产品中添加一些不可观察的稀缺营养成分,大力宣传其保健效果。有的甚至通过明星代言或者请专家评价的方法来开展促销活动,这事实上涉及了营销伦理问题。又如,肉类产品中强调的"绿色鸡肉""绿色羊肉""绿色牛肉""散养鸡肉",禽蛋类产品中的"绿色鸡蛋""环保鸭蛋",水果类产品中的"绿色水果",都应当经过专门机构认证才能进行类似的品牌宣传,而缺乏相应材料支撑或者过分解读,就会误导消费者和社会大众。由于消费者无法观察到这些品牌产品的生产过程,因而其附加值的大小往往会引发争议。

　　针对上述问题,企业在品牌影响因素呈现方面,应当正确处理可观察部分与不可观察部分之间的关系,具体处理方法如图 3-1 所示。对于消费者需要观察且能够被观察到的品牌影响因素,企业应当尽量满足消费者这方面的需求。对于消费者不需要观察且难以直接观察到的品牌影响因素,企业应当尽量不做显性化处理,这样可以节约成本。对于消费者需要观察而现有生产技术条件下无法满足这种要求时,企业应当予以说明,避免做出过度承诺。对于消费者不需要观察且无法做显性化处理的品牌影响因素,企业无须进行与此相关的宣传。

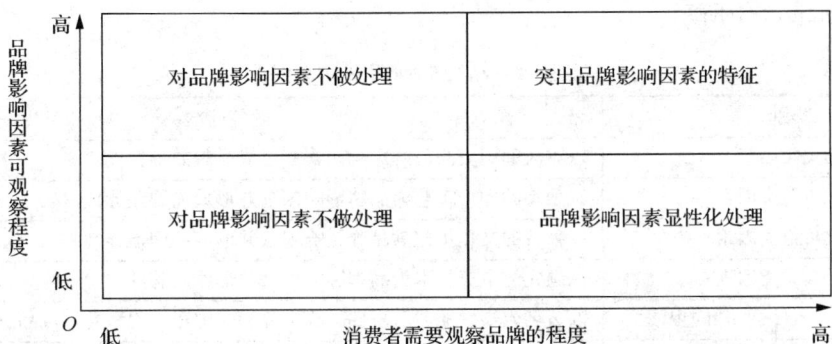

图 3-1　处理品牌影响因素可观察程度与消费者需要观察品牌的程度之间的关系的方法

　　需要引起重视的是,在品牌管理实践中,企业容易混淆产品与品牌的概念与边界,将产品影响因素显性化等同于品牌影响因素显性化,进而在品牌传播过程中过于强调产品影响因素及特性,而使一些关键的品牌影响因素不能得到有效的宣传和推广。例如,对于一家品牌企业而言,其核心产品可能是其立足于市场的根本,但是有时这个核心产品并不能代表这个品牌企业的全部。正如品牌核心要素与产品核心要素是两个完全不同的概念一样,品牌影响因素与产品影响因素并不是对等关系。

　　以一家家电生产型企业为例,它可能有许多产品项目,因此形成了不同的产品线,这些产品及产品线的核心要素是所使用的关键技术、工艺和材料;而这家企业的品牌是指它是谁,它有着怎样的特点,它所倡导的经营管理理念是什么,以及它在人们心目中的地位怎样等。但是,如果把这家企业作为一个完整的品牌对象来加以观察,那么它在行业和市场中的真正影响力也许并非来自它所生产的高技术、高质量的产品,而是来自它的悠久历史和人们与其共同成长所经历的社会变迁形成的一种特殊情感。因此从这个意义上讲,产品只是维系这家生产型企业与消费者之间关系的纽带,而不是完整意义上的品牌影响因素。

3.1.2　品牌影响因素的 9 个细类

　　从上面的分析中，我们可以认识到企业品牌影响因素集合的复杂性。产品只是其中一个影响因素或者说一个比较重要的因素。那么除此之外还有哪些因素与产品因素一起共同影响着企业的整体品牌？这是品牌管理研究领域需要探索的主要问题之一。

　　在世界品牌市场上，有些品牌是由于其悠久的历史而彰显其价值的，也有一些品牌是由于与特殊事件的密切关联而被人们所珍视的，还有一些品牌是由于区域或者地域的独特性而存在的。大致归纳起来，对品牌实际含义及内容和精髓构成影响的因素可以分为以下 9 个细类，如表 3-1 所示。

表 3-1　品牌影响因素细类划分

类别	划分标准
历史类因素	以悠久的历史为品牌影响因素并形成品牌差异性
加工工艺类因素	以独特的加工工艺为品牌影响因素并形成品牌差异性
文化价值类因素	以独特的文化价值为品牌影响因素并形成品牌差异性
生产技术类因素	以领先的生产技术为品牌影响因素并形成品牌的差异性
人物、地名、事件、故事类因素	以著名人物、地名、事件、故事等为品牌影响因素并形成品牌差异性
自然景观和人文景观因素	以独特的自然景观和人文景观为品牌影响因素并形成品牌差异性
精神信念因素	以人类追求的精神信念为品牌影响因素并形成品牌差异性
优势地位影响因素	以行业优势地位为品牌影响因素并形成品牌差异性
其他影响因素	如人口结构和收入变化等

　　关于品牌影响因素，在品牌化经营管理过程中，企业除了受其影响之外，也有一定的主观能动性，能够把这些因素的影响引导到正确的方向上。具体到不同的品牌，品牌影响因素可能是完全不同的，因此在分析品牌影响因素及进行相互比较时，有必要对这些品牌影响因素的类型依据表 3-1 进行划分。其意义在于：一是明确某一具体品牌在自身发展及参与市场竞争中的影响因素类型，进而为其后续发展提供正确的方向指引；二是便于从其他同类品牌中借鉴品牌经营管理的经验和技巧。

　　表 3-1 所列 9 个细类的品牌影响因素，有时以单个形式出现，有时以两个或多个的形式共同出现。在现实世界中，越是发展历史悠久、经营区域较大、经营产品系列较多的品牌，其品牌影响因素细类越多；而那些经营规模相对有限，只满足某一特定区域（或者领域）消费者需求的品牌，其影响因素细类通常较少。品牌竞争力强大与否，与品牌影响因素细类的多样性有一定关系，但是这并不意味着品牌影响因素细类越多越好。细类过多，通常会涉及多影响因素交织在一起的复杂经营管理问题。

因此，所有 9 个细类影响因素都发挥作用的情形比较理想化，其构成情形如图 3-2 所示。其中，品牌所秉承的精神信念居于中心地位，发挥着凝聚团队战斗力的巨大作用。但是，在现实品牌世界中，这种理想的情形在所有企业中所占的比例较低，一些大型的旅游企业集团尤其是跨国公司可能会有与此相似的品牌影响因素细类构成情形，而一般的生产加工制造企业，尤其是中小企业，会由于一些影响因素细类缺失，而不可能成为覆盖所有细类因素影响的品牌企业。

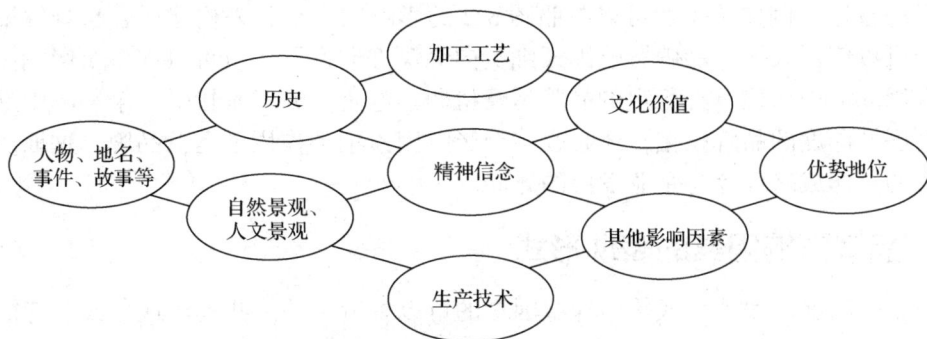

图 3-2　品牌影响因素 9 个细类构成情形

在现实世界中，企业的品牌影响因素在不少情形下呈现出如图 3-3 所示的特征。这是一个比较典型的品牌影响因素细类结构。在一些生产加工制造企业中，这种品牌影响因素类别结构经常出现，例如，一些企业不仅有独特的生产加工工艺，而且有行业领先的生产技术，同时它们还强调诚信经营、不断进取、追求卓越的精神信念，这些因素时刻影响着品牌的发育、成长直至成熟。作为品牌自身的"基因"（内因），或者外界施加的"刺激物"（外因），它们从内到外，全面影响着品牌的生命力和战斗力。

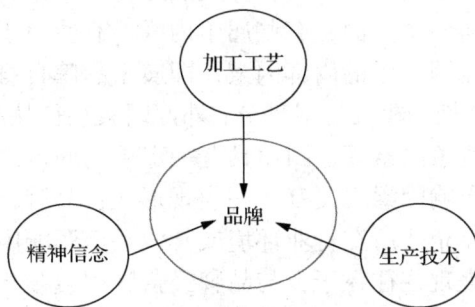

图 3-3　典型的品牌影响因素 3 个细类构成

📖 **课堂小思考**

在中华老字号企业品牌集合中，许多品牌企业属于餐饮、医药行业，在产生、成长、成熟的过程中经历了多种因素的影响。这些因素大致归纳为 3 个细类：独特的加工工艺（加工工艺类因素）、专有的生产技术和秘方（生产技术类因素）、倡导诸如"诚信经营""仁德"等精神信念（精神信念类因素）。在你所了解的所有企业中，有哪些企业的品牌影响因素细类与上述细类相一致？

现实环境中，许多企业的品牌影响因素细类可能只有一个或者两个。但是，即便这些企业的品牌影响因素比较单一，也并不会从根本上影响它们的市场竞争力。例如，在近年来发展十分迅速的手机行业中，有不少品牌就依靠行业优势地位（主要表现为恰当地选择了进入市场的时机，进而获得了稳定的市场份额）吸引了大批顾客。

品牌影响因素细类划分是十分有效的品牌管理分析手段，它能够帮助企业在激烈的市场竞争中正确地认识企业优势并客观地分析竞争者品牌实力，进而帮助企业在行业中站稳脚跟，行稳致远。例如，企业可以参照图 3-2 的影响因素细类来构建适合自身发展的品牌框架，既可以依托某一个品牌影响因素细类向纵深方向发展，也可以在多个影响因素细类的综合作用环境中构建一种稳定的品牌运营机制。但是，究竟是接受一个影响因素细类的影响进而展开深度的品牌挖掘，还是在多个影响因素细类作用下运营品牌，这取决于企业品牌发展的总体战略设计与企业发展的方向。

3.1.3　品牌影响因素的表现形式

品牌影响因素的表现形式是指这些因素的可以观测到的一些具体现象或者特征。

品牌影响因素的呈现，事实上是品牌向消费者群体乃至社会大众表现出的具体的、可直接感知的形式。表现形式是影响因素的基本属性、特征、价值及相关信息的向外展示形式。如果没有表现形式，品牌影响因素这一客观存在就会缺乏具体的特征和特点，因而很难对其进行分析和研究。因此，品牌影响因素通过一定的形式表现出来，从根本上讲，有利于品牌形象的传播。

1. 品牌影响因素表现形式的具体内涵

品牌影响因素表现形式，是指一个具体的品牌，不论是企业自身品牌还是其管理的产品品牌或其他类型的品牌，在其产生、成长和成熟过程中所面对的各种影响因素的具体表现。由于品牌影响因素来自多个方面，有些属于内因，有些属于外因，因而这些因素的表现形式差异较大。品牌影响因素中的内部因素，即属于品牌自身的因素，往往会内化于品牌之中，成为品牌特质和性格的重要组成部分；外部因素往往从品牌外部作用于品牌本身，包括企业的因素、行业的竞争因素等，因而具有一定程度的显性化特征。

在现实世界中，品牌影响因素主要有 3 种表现形式：品牌自身影响因素的特征、品牌生产企业影响因素的特征、企业所在行业环境或其他环境影响因素的特征。以企业对品牌的影响为例，影响因素的表现往往在于：与品牌经营管理直接相关的生产规模大小，市场份额高低，在行业中的垄断程度，业绩排名情况，产品的价格高低、质量水平、类别多少，经营场所特色，经营管理风格，管理模式，具体技术应用，业务工作流程，传统活动及仪式，具体管理方法，组织结构的独特性等。

品牌影响因素表现形式是多种品牌影响因素在规模、层次、结构、方向、重要性等维度上的综合性聚集效果和效应。在品牌经营管理实践中，各个影响因素往往不是单一地对品牌产生影响，而是综合在一起发挥作用，因而它们的表现形式具有一定程度的关联性，在效果上相互影响、互相重叠、此消彼长，表现出复杂性和动态性。对于品牌管理者而言，定性或定量地区分这些因素的具体表现形式往往十分困难。有些品牌影响因素表现形式比较直观，因而能够被消费者群体乃至社会大众直观观察到；也有一些则相对复杂，甚至较为模糊和抽象，因而需要通过逻辑分析才能够发现其中的规律。

例如，以"历史"这个品牌影响因素为核心的品牌，其表现形式多种多样。例如，讲述企业自身的创业史，就是一种十分流行的品牌影响因素表现形式。这种"讲故事"形式对推广品牌具有特别的效果，会直接提升品牌形象的生动性及品牌联想的丰富性。由于每一个品牌都会有或长或短的成长史，因而善于把企业历史表述出来，而且具有生动、有趣、感人等特性，就可以打动消费者的心。尤其是当这些历史影响因素中包含人们所共同认可的价值观念与精神信念时，它的影响力就会更大。也有一些企业，除了讲述自身发展史，还把其发展轨迹与民族、国家命运甚至全人类命运结合在一起，这样就更增加了这份历史的厚重感、感染力与庄严感。因此，把品牌影响因素中的"历史"影响因素，以信息集合或信息集成的方式展现在消费者面前，是比较典型的品牌影响因素表现形式。

课堂小思考

在我国白酒行业，国家在计划经济时期实行高度集中统一的管理体制，把一些小酒厂合并成为同一家企业，在统一企业名称下使用单一或少数品牌进行经营管理活动。但是，在向市场经济转型时期，此类企业又逐渐实行承包制、股份制等改革举措，分成不同的企业，自负盈亏、独立核算、自主地开展经营活动。但是这些新企业都沿用了计划经济时期的单一或少数品牌名称，因而在品牌名称归属权问题上出现了纷争。在这种情形下，各个新企业对计划经济时期共有品牌发展历史的不同表述，以及对这些品牌名称的最终归属问题的理解不一致，是出现品牌冲突的根源。在你所了解的白酒品牌中，有哪些品牌与上面描述的情况相似？它们有何特点？

同样，以"文化"品牌影响因素为核心的品牌，其品牌影响因素表现形式往往精彩纷呈、多种多样。例如，把企业经营管理风格与企业家所倡导的某种文化结合起来，这比企业家独创的经营思想与管理理念，更容易被企业员工、广大消费者和社会大众所接受。企业除了主动寻找文化素材来表现其品牌影响因素之外，也可以利用所在国家、地区和民族的文化特色来解释自身及其产品的特色。这是一种十分有效的品牌影响因素表现形式。此时，品牌的发展因为"文化"这个影响因素就不会成为无源之水、无根之木。如果企业在发展过程中已经有了一些文化积淀，那么企业家就应当把这些已有的文化积淀用消费者可接受的方式展现出来。

2. 品牌影响因素与表现形式的对应关系

通过上面的分析，我们可以将品牌影响因素细类与表现形式进行一一对应，这样有助于把对表现形式的分析具体化，并增强其可操作性。品牌影响因素细类的表现形式如表 3-2 所示。

根据表 3-2，假设有两家餐饮企业，它们的品牌影响因素都属于"历史"这一细类，即都通过强调各自的发展史来赢得消费者信赖，那么它们的品牌影响因素表现形式差异主要体现在对自身发展史的特点描述上。"历史"作为品牌影响因素，本身也是一种稀缺资源，对品牌发展具有不可替代的作用。因此在各行各业的发展中，为了彰显品牌的传承性、延续性和历久弥新的品质，出自"同一门户"的不同品牌相互争夺"正宗品牌"这一核心资源的现象屡见不鲜。

表 3-2　品牌影响因素细类的表现形式

品牌影响因素细类	表现形式		
	初级形式	中级形式	高级形式
历史	企业自身发展史的特点	与民族发展史结合	与国家发展史结合
文化价值	企业自身文化的特点	与民族文化的融合	国家、地区文化的体现
加工工艺	传统工艺的特色	一流的技术人员	一流的生产作业环境
生产技术	传统配方（秘制）	高品质、高水准	新技术、新方法
精神信念	诚信：价格信息透明	服务：保证退货、维修	责任：强调社会公益
人物、地名、事件、故事等	传奇人物	著名人物	历史人物
自然景观、人文景观	较好的自然风景	独特的自然风景	自然与人文的结合
优势地位	垄断、专营、特供	市场份额、排名、销售额	高价格、领先技术
其他影响因素	—	—	—

　　假定某一行业（如手机行业）中各个品牌的影响因素都属于同一细类（如生产技术类），那么这些品牌影响因素是如何表现的呢？这其实是一个很有针对性的问题。例如，手机行业中的品牌较多，但是那些处于市场领先地位的品牌多以生产技术独特性而获得竞争优势，这些技术优势就是具体影响品牌的因素，如芯片制造技术及手机应用系统。但是，不论这些品牌受何种技术影响，这些影响因素都会被归入生产技术细类，进而区别于其他行业的品牌影响因素类别。就手机行业各个品牌影响因素的表现形式而言，主要区别可能表现在信息下载、传输速度、图片信息清晰度和存取功能便捷性等方面。

　　又如，一家汽车生产企业的品牌影响因素为加工工艺，这个因素的表现形式则可以有多种。精益求精的设计方案与制造流程是一种表现形式；独特的加工方法和创新生产方式是另一种表现形式。假设行业内某个生产环节的一般加工工序为 100 个步骤，而这家汽车生产企业能够达到 200 个，且每一个步骤都比其他企业的做法更加精确细致、安全可靠和经济高效，该企业甚至可以将这种加工方法以独特的名称进行命名，使其成为企业的质量要求和基本标准，并以"精益求精""独特性""创新性"作为品牌口号或者品牌精髓而具体地表现出来，这就是其表现形式的独特之处。

　　再如，如果一家银行能够给其带来积极影响的因素是"诚信、服务、责任"经营理念，那么这个影响因素就应当属于"精神信念"细类，即该银行受此经营理念的积极影响而形成了有别于其他竞争性品牌的差异化竞争优势。在具体业务中，这个品牌影响因素在表现形式上会有很多具体内容，如在"诚信"方面，这家银行能够维护客户利益，做到信息公开透明，诚实守信地履行合同，遵守法律法规，反对洗钱，做到诚信宣传以免误导客户，严格保守客户金融资产秘密，同时也能够积极地履行社会责任。

　　品牌影响因素表现形式虽然没有统一的模板，但是它们都会围绕着影响因素的根本属性而发生改变。以奢侈品行业为例，这个行业内汇集了许多世界著名品牌，每一款品牌的影响因素及表现形式并不完全相同，因而这些品牌所展现的利益和功效差异也较大。但是这些品牌有一点是相同的，那就是它们的产品价格都比较高，甚至一般不会走低端经营路线。究其原因，主要在于奢侈品的品牌影响因素之一是"加工工艺"的复杂性和独特性，而表现这种品牌影响因素的有效形式之一，就是高档商店的优质服务和所对应产品系列的高价格。复杂、独特的加工工艺往往标志着高品质，而高品质必然对应高价格，这就是价格作为品牌影响因素表现形式的典型例子。

3.2　品牌利益

从市场营销角度来看，消费者购买的主要是品牌带来的实际利益，而不会过于考虑或在意品牌影响因素或这些因素的表现形式。因此强调利益的重要性和独特性是企业面向市场开展品牌管理活动的根本出发点。一方面，企业从事品牌管理是为了获得利益，如利润、市场竞争力、行业地位、品牌效应等；另一方面，消费者购买和消费品牌产品也是为了获得利益，如获得工作、学习和生活方面的便利。

3.2.1　品牌物质利益

品牌是"形"与"实"的统一体。其中，"形"指的是品牌的具体特征；"实"指的是品牌的基本属性。这个统一体作为客观存在的事物，其主要价值就在于具有物质层面的利益（即物质利益）。物质利益是指购买和消费品牌的过程中能够给消费者带来的实实在在的好处。因此，物质利益是品牌"形"与"实"结合后形成的可以感知和观测的真实价值和功效。从实用主义角度分析，品牌能够给消费者带来的最为基础的价值和功效就是物质利益。物质利益也是品牌具体特征与品牌基本属性有效结合的最为直接的价值和功效的体现。在实际生活中，品牌物质利益往往是消费者最为看重的一个方面，同时也是企业进行品牌宣传的重点内容。对于品牌而言，物质利益的区分比较容易实现，因而能够寻找到差异化路径和方法，使品牌定位和品牌形象更加坚实和牢固。

1. 品牌影响因素对品牌物质利益的作用机制

品牌物质利益既是建立在品牌影响因素及其表现形式之上的一种客观存在，同时也是消费者对这种客观存在的一种主观感觉或感受，通常情形下以品牌具有的基本属性和性能及特征表现出来，与品牌影响因素及其表现形式密切相关，但是它又与单纯的产品所带来的物质利益，如基本属性和性能及特征有所不同。例如，普通产品、中高档产品和奢侈品在具体功能和属性上具有明显的不同，而这些差异往往需要通过品牌之间的区分来加以体现。也就是说，由于这些产品在不同品牌名称中分别对应不同的功能和属性，因而对消费者而言才有在物质利益上获得程度不同的感觉和判断。因此在品牌管理实践中，应当从企业和消费者两个不同视角来分析这种利益。理论上，物质利益附着于品牌影响因素及其表现形式，它与此二者之间的关系如图 3-4 所示。

图 3-4 所示是以品牌为中心的"品牌影响因素及其表现形式→品牌→品牌物质利益"的作用机制。从品牌影响因素及其表现形式与品牌物质利益之间的关系来看，前者是对品牌产生与发展具有影响作用的一些客观力量，即属于客观存在，它们作用于品牌，既从品牌的内部也从外部影响品牌的生长与发育，对品牌的性格形成和竞争力塑造具有作用；而后者是由品牌向消费者提供的物质利益，其质量好与坏，除了由企业决定外，也受消费者的主观感知能力影响。一般来讲，物质利益由两个部分构成：①不需要消费者主观感受而存在的物质利益，即具有客观性的部分；②需要消费者主观感受来评价的物质利益，即具

有主观性的部分。因此，如果把这三者之间的关系综合在一起来分析，品牌影响因素对品牌物质利益的作用便是一种以品牌为中心或介质，品牌影响因素及其表现形式间接作用于品牌物质利益传递的过程。

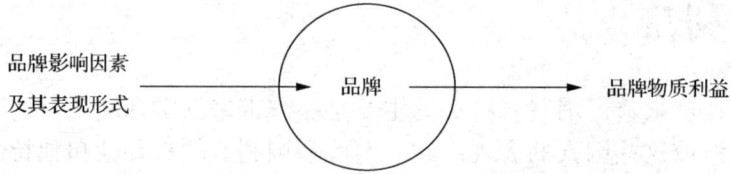

品牌影响因素
及其表现形式　　　　　→　　品牌　　→　　品牌物质利益

图 3-4　品牌影响因素及其表现形式与品牌物质利益的关系

在品牌物质利益方面，客观存在的功能和属性利益要素越强，表明品牌所反映的消费人群特征与社会构成越不明显；主观评价的功能和属性利益要素越强，则说明品牌的消费人群和社会构成越明显，即品牌功能与属性受消费者心理感知的影响越大。一般而言，品牌影响因素对消费者的影响越是停留于品牌的表层，越是表明这些因素是相对独立于品牌本身的外在影响因素，即外因；越是作用于品牌的内核，就越能表明这些因素对品牌的基因或者内核产生了影响，即内因。品牌物质利益的获取既受品牌影响因素及其表现形式的综合作用影响，也受品牌本身的"基因"或者根本性质影响。

2. 品牌物质利益的纽带作用

关于品牌物质利益，它事实上是指在经受品牌影响因素及其表现形式的综合作用之后，品牌本身出现在消费者面前时，企业认为它应当或者能够给消费者带来的使用价值，或者消费者认为品牌本身应当具有或者实际感受到的使用价值。因此，品牌物质利益是连接企业与消费者的桥梁。为简便起见，我们通常把物质利益以使用价值的形式来进行抽象的表述，而在大多数实际情形中，功能利益是品牌物质利益的主要方面。

（1）品牌物质利益的"承诺—兑现"机制

如果一个品牌所宣传或承诺的物质利益与消费者实际感受到的不一致，那么消费者就会排斥该品牌。在企业对品牌物质利益进行宣传和承诺时，品牌影响因素及其表现形式曾经或正在发生的作用，具有辅助性支持效果。对于消费者而言，品牌物质利益是他们真正关心的内容，而品牌影响因素及其表现形式所产生的作用，只是帮助消费者从心理、行为等方面来验证品牌属性与特征的真实性。品牌物质利益的"承诺—兑现"机制如图 3-5 所示。

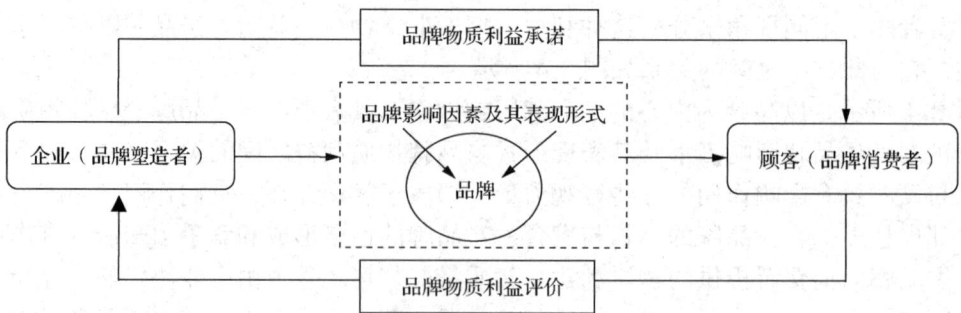

图 3-5　品牌物质利益的"承诺—兑现"机制

　　需要注意的是，在维系生产企业或经销商或其他组织与市场购买者的关系方面，品牌物质利益所发挥的作用与产品在维持市场各类关系时所发挥的作用并没有本质区别。但是，品牌物质利益与产品功能利益并不是同一个层次的事物。一般而言，品牌物质利益比较抽象，而产品功能利益比较具体。例如，作为奢侈品的高档白酒，与一般白酒相比，它们给消费者带来的利益差异较大。这主要表现在一般白酒的功能利益主要体现在饮用方面，而高档白酒的物质利益主要是印有品牌名称和符号的瓶装的交换价值和收藏价值。又如，为什么功效相同的产品，一些消费者会选择品牌产品而不会选择一般产品？这其实就是因为品牌产品具有一般产品所不具有的物质利益。在正常情况下，一般产品所具有的功能利益，品牌产品可能都具有，而为了获得额外的物质利益，消费者便选择了品牌产品。再如，消费者对于品牌企业生产的药品感觉使用更安全、更放心，因而他们往往放弃价格便宜的具有同样效果的一般药品。

　　图 3-6 说明了品牌物质利益与产品功能利益的区别。图中圆圈面积大小表示利益的大小。从对比情况来看，品牌物质利益大于产品功能利益。

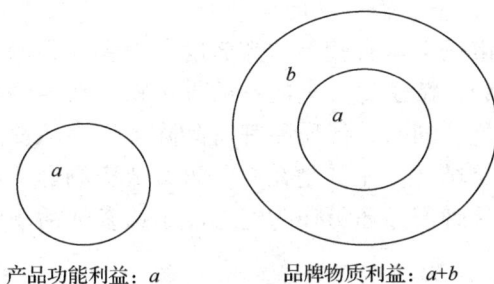

产品功能利益：a　　　　　品牌物质利益：$a+b$

图 3-6　品牌物质利益与产品功能利益的区别

　　除了品牌物质利益与产品功能利益具有大小区分外，即使都是品牌产品，但由于档次不同，所带来的物质利益也有明显区分。一般而言，作为高品质的品牌产品，它能给消费者带来的物质利益在感觉上往往大于中等品质或低品质的品牌产品。

课堂小讨论

　　以一家日化产品生产企业为例，说明其品牌物质利益与产品功能利益的区别。

（2）优质品牌与普通品牌物质利益的比较

优质品牌的物质利益大于普通品牌的物质利益，归纳起来应当有以下 3 种情形。

① 优质品牌具有体现产品质量的属性。

一般而言，在品牌标记中都会包括相应的质量信息，不同质量对应不同的价格，因而不同价位的品牌代表着不同的产品质量。在实际生活中，人们自然地认为优质品牌会不同于普通品牌，尤其是在产品质量方面，因此在经济条件允许的情况下通常会选择优质品牌的产品。特别是对产品质量有着特别要求甚至苛刻要求的消费者，他们通常愿意花更多的价钱来买更高品质的品牌产品，而不愿意图便宜买普通品牌产品。在消费者类型方面，这类消费者应当属于"质量偏好型消费者"。如果一家经营优质品牌的生产企业，其品牌影响因素主要是"生产技术"和"加工工艺"这两个类别，那么这家企业在开拓客户资源方面就应当充分挖掘"质量偏好型消费者"的市场需求，并保证产品质量，在营销管理观念上应当坚持"产品观念"。

② 优质品牌具有代表行业的功能属性。

日常生活中，人们在谈论某一个具体行业时，总会联想到一个或者几个较有代表性的品牌，此时品牌就具有了代表行业的属性。优质品牌的发展态势通常是行业发展风向标，强势品牌产品的大量出现，有可能表明品牌所在行业正处于繁荣时期；而如果市场中的多数品牌产品出现集体衰落的现象，则可能预示着这些品牌所在行业的衰落和萧条。例如，人们在研究家电行业时，总会联想到这个行业里面位居前列的一些著名品牌：海尔、格力、美的等。这些品牌在某种意义上成为该行业发展水平和技术能力的代表。这些位居前列的品牌的营销推广与宣传，有时也能带动整个行业发展，进而促进同行业中其他品牌的发展。在各行各业中，具有重要影响力的品牌领导者通常会吸引市场上消费者的广泛关注。

③ 优质品牌产品具有价值交换的功能属性。

优质品牌产品由于在市场上具有较高的知名度、美誉度和消费者忠诚度，因而成为人们愿意交易的对象，即成为经济学意义上的一般等价物，在某些特定交易环境中能够替代货币而承担交易介质的功能。同时，优质品牌产品除了作为消费品在家庭生活中使用外，也可能会被广泛地用于社交场合。尤其是在一些重大节庆场合，优质品牌产品往往成为赞助物或者捐赠物，且这些品牌产品还可作为纪念品送给参加活动的人员，从而具有储藏、保值和再转手的功能属性。

3.2.2 品牌情感及其利益

分析情感利益，首先要理解什么是情感。一般而言，情感类别比较多，内容也很复杂。人既是理性的，也是感性的。当消费者对品牌的情感达到一定程度或处于难以控制的阶段时，就会出现情绪化甚至激烈的情感表现。

1. 品牌情感的性质

品牌情感具有基础性、指向性和持久性。在所有品牌情感中，人们倡导积极的情感，即喜悦、幸福、满足等情感。品牌情感中也有消极情感，包括悲伤、愤怒、焦虑、恐惧等。处于中间状态的情感称为中性情感，即既不积极也不消极，通常表现为品牌对客观事物的冷漠、平静、无所谓等情感。

（1）基于关系对象的品牌情感类型

针对不同的关系对象，品牌情感的表达方式有所差别。例如，品牌表达的爱情是指与爱情相关的爱恋、思念和渴望等；友情是指朋友之间的友善、信任、支持、关心等；亲情是指品牌所体现的家庭关系中的亲密、依赖、关爱、牵挂等；社会情感则是指品牌所反映的人或物与社会大众之间的关系状态，包括羞耻、尴尬、羡慕、嫉妒、愤恨等；品牌自我情感是指人自身的状态，包括自恋、自尊、自信、自卑、自责等。

（2）品牌情感的多向性和复杂性

品牌情感的多向性通常是指品牌情感可以沿着上述维度进行发展；品牌情感的复杂性

是指这些维度上的情感会"串线"，即交织在一起，进而形成"剪不断，理还乱"的情感状态。在复杂、多维的情感世界中，品牌情感又会分化为基本情感（喜悦、悲伤、愤怒、恐惧、惊讶等）和高级情感（爱、恨、嫉妒、羞耻、内疚等）。一般认为，品牌情感由低到高的发展，受社会价值观念、道德等因素的综合影响。

尽管品牌情感是一种复杂且多维的社会经济现象，但是它有一定的变化规律，并能够通过一些工具进行测量。一般而言，除了对正向（积极的）和负向（消极的）情感进行区分外，还可以从情感的强弱程度、持续时间和作用方向上对品牌情感进行划分。例如，在作用方向上品牌情感又可以分为内向的情感（如害羞）和外向的情感（如自信）。品牌情感的一般测量工具及对应的测量方式包括：分析报告，直接记录和分析品牌作为刺激物所承载的具体信息；品牌激发心理指标，测量消费者对品牌刺激的心理反应；品牌激发行为指标，观察消费者对品牌刺激的行为表现；等等。

（3）品牌情感的作用

首先，品牌情感有利于品牌消费决策，将不同情感对应不同的品牌价值主张，有利于从多个层面来满足不同消费者的需要；品牌情感的细分也有利于消费者个体决策，满足个性化消费需求。其次，品牌情感的广泛传播有助于激发市场情绪。消费者对品牌的深厚情感有助于企业品牌化建设。最后，品牌情感有利于发现诱发这种情感的前置变量，进而通过改变认知、价值观、经历、环境等因素，提高员工忠诚度，增强团队合作效果，提升领导力和消费者关系管理效率。

2．品牌情感利益的主要方面

（1）品牌认同感

品牌认同感是消费者对品牌本身的价值观念和经营理念表现出的一种认可态度。消费者总是购买和消费符合自己价值观念和认知水平的品牌产品。在认同的条件下，消费者与品牌建立了情感联系。品牌认同感是消费者对品牌产生其他感性认识的基础与前提，消费者对某个品牌的认同感可以带来个人情感上的满足感和归属感，从而认同该品牌的文化，建立起牢固的情感联系。例如，许多消费者对海尔、华为具有强烈的品牌认同感，原因在于前者的智能家电设计符合科技赋能、个性化设计潮流，而后者的创新精神和高品质形象能够激发起人们的民族自豪感。此外，品牌认同也源于品牌理念与消费者生活方式或个人形象的一致性。例如，绿色环保是时代主题，品牌倡导的环保理念能够引起众多消费者的共鸣，如品牌电动汽车的畅销，就体现了人们对企业价值导向的认同。

（2）品牌信任感

品牌可以通过提供高质量的产品和服务，以及品牌价值主张的正向性和情感性，获取消费者的信任。消费者信任度可通过问卷调查的方法进行测量，主要了解消费者对品牌声誉的评价及消费者与品牌之间的关联度，进而分析其对品牌的忠诚度。品牌信任感是一种情感上的表达，它使消费者愿意选择和推荐该品牌。这些情感利益有助于品牌与消费者建立深层次的情感联系。例如，"中华老字号"中的许多餐饮品牌，以它们可靠的品牌质量和不同时代所体现的精神追求作为与消费者维系情感的纽带，并因此赢得了消费者的信任、忠诚和满意。

（3）品牌归属感

品牌可以把消费者纳入一个稳定的社会群体或者消费群体中，使其在社会结构中找到稳定感和归属感。例如，现在流行于网络平台和社交媒体平台的各种品牌社区，已成为消费者之间因品牌而建立关系与友谊的桥梁。在这些虚拟空间中，消费者能够通过品牌来寻找真实的自我，同时给他人在品牌选择方面提供建议和帮助。这在一些实体店铺场景中也会出现。这种归属感能够让消费者发现有相同兴趣偏好的同一消费群体，因而找到一个"落脚的地方"，或者是能够把源于内心和思想深处的对品牌的理解以及对世界的理解，放在一个相对安全的地方。

（4）品牌满足感

品牌可以给消费者提供多样化的满足感，例如舒适感、愉悦感、成就感和幸福感。品牌项目、品牌系列、品牌组合等不同品牌产品的呈现，都能够给消费者在购物时提供不同程度的满足感。随着时间的变化，这些与品牌接触和互动的过程成为一种有趣的体验、一种美好的记忆。品牌满足感就是这种体验与记忆的一种沉淀。不同层次的情感需要，应当由不同的品牌来满足。例如，一些高端酒店品牌可以给消费者带来放松的感觉；中档酒店品牌可以给消费者带来温馨舒适的感觉；低档酒店品牌可以给消费者带来经济实惠的感觉。但是，不论酒店的档次如何，品牌都能够一定程度地满足消费者的情感需要。

（5）品牌共鸣感

品牌情感是一种源自消费者内心的体会，这种体会越是与品牌所传递的情感一致，就越能够达到引起共鸣的效果。不同消费者在使用同一品牌时也可以通过共享情感体验而实现共鸣。例如，企业通过广告、营销活动等宣传品牌，能够把品牌包含的情感信息传递给消费者，进而使消费者感到被理解和关心。在情感共鸣的环境中，品牌可以通过与消费者分享共同的情感体验来建立联系。这种联系可以通过品牌故事、广告宣传、社交媒体互动等方式来建立。

（6）品牌责任感

企业可以通过品牌产品或品牌来积极履行社会责任。社会责任是一个内涵丰富的话题，环境保护、救弱助残、关心下一代、打击假冒伪劣等都属于履行社会责任的活动。品牌情感中所包含的正义感和责任意识，有助于传递出对社会的责任感，从而赢得社会大众的好感和支持。企业作为社会公民，履行责任是道德层面向上发展的内在要求，也是社会大众的期望。树立良好的品牌形象有利于企业发展，企业可以从品牌经营所获得的收益中拿出一部分用于支持教育、文化、卫生事业，保护自然环境和生态环境，减少污染，发展绿色经济。品牌情感中包含的责任感越强，越能够引起消费者对品牌的关注和喜爱。

3.2.3　品牌象征价值

1. 品牌具有展示文化的象征价值

品牌总是与特定的文化联系在一起，越是与文化紧密结合的品牌，其价值越是牢固。以"中华老字号"品牌为例，这些品牌都与中华优秀文化紧密地结合在一起，从不同角度来展现中华优秀文化的精髓和多样性，因而它们能够历久弥新。以"汾酒"为例，这个品牌除了展现中华优秀文化中的酒文化外，还对诗词文化进行了展现，同时品牌文化也与晋商文化有一定的关系。因此，山西人总是以汾酒待客，并引以为豪，甚至能就相关品牌讲出许多故事。

2. 品牌具有体现身份的象征价值

品牌在一些人群结构化特征较为明显的社会中具有体现使用者身份的象征价值，即什么地位的人可能会用什么样的品牌，什么品牌可能会代表着什么样的社会地位。事实上，一些价格昂贵的奢侈品往往有着特定的消费人群，而且这些品牌能够显示这些消费人群的集体特征。

3. 品牌具有展示个性的象征价值

品牌使用在某种程度上体现了消费者的一种特殊习惯，因此品牌总是与消费者的个性联系在一起。在市场经济高度发达的今天，强调品牌个性与消费者个性的一致性成为品牌经营管理的主要内容。有的品牌以"年轻活泼"为个性，主要消费者是年轻人群；有的品牌则以"成熟稳重"为个性，主要消费者是中年人或者老年人。以服装品牌为例，牛仔裤所展现的个性主要是"奔放""活力""野性""冒险"，因而年轻人比较喜欢与之相关的品牌；而西服所展现的个性主要是"庄重""严肃""正规""礼貌""正统""守时"，因而想表现成熟稳重的人多喜欢此种款式的品牌。但是，由于所用颜色和具体设计风格的差异，即使是西服品牌，有时也会表现出"年轻活泼"的特点。

4. 品牌具有展现财富的象征价值

由于市场上品牌产品覆盖范围十分广泛，因而有必要进行层级划分。品牌通常是由低端品牌发展到一般品牌、中档品牌，再发展到高档品牌，甚至发展到顶尖品牌，呈逐级发展态势。因此，品牌处于品牌金字塔中的层级越高，越能体现价值，因而具有展现使用者和购买者的个人财富的作用。例如，世界上有专门制造超级豪华车的企业，这些企业通常在接收订单后，根据购买者个人所提出的具体要求来进行"量身定制"，最后再打上品牌的商标符号交货。

5. 品牌具有体现诚信的象征价值

消费者为什么总是倾向于购买品牌产品呢？答案很简单：这是由品牌中包含的诚信元素所决定的。品牌按照消费者的知晓程度可以分为一般品牌、知名品牌和著名品牌 3 种类型，知名程度越高的品牌，越应当具有较高的诚信水平，否则就会出现名不副实的现象，甚至有可能涉嫌商业欺诈。消费者之所以倾向于购买品牌产品，主要原因在于品牌能够提供质量保证，品牌企业更注重自身及其产品的形象，一般不会失信于消费者。

6. 品牌具有展现时代精神的象征价值

同一类产品中，每个具体的品牌所体现的时代精神可能存在差异。以服装品牌为例，传统服装中不同款式所体现的时代特征并不相同，如中式服装既有展现唐朝特点的唐装，也有明清时期流行的服装。在展现时代特征方面，这些专门生产不同时代服饰的品牌企业各有特点。又如，在实木家具这个行业中，有着不同的品牌产品，既有仿古制品，又有现代制品。一些企业喜欢用榆木制作明清时期比较流行的款式，并成为市场中的流行品牌。再如，书画等艺术类品牌所展现的时代特征更加明显。

品牌实训

品牌影响元素及其表现形式

实训材料：

表 3-3 是关于品牌影响因素及其表现形式的对位分析训练表。表中的 3 个品牌分别属于不同行业：家电制造行业、旅游行业和服装生产行业。请你根据本章所学内容，分别找出这 3 家企业作为品牌的可察觉的品牌影响因素、不可察觉的品牌影响因素以及所有这些影响因素的表现形式，并认真填写表中的空格。

表 3-3　品牌影响因素及其表现形式的对位分析训练表

品牌名称	所在行业	品牌影响因素			备注
		可察觉的	不可察觉的	表现形式	
格力电器	家电制造	（1）			
		（2）			
		（3）			
		……			
泰山旅游	旅游	（1）			
		（2）			
		（3）			
		……			
七匹狼	服装生产	（1）			
		（2）			
		（3）			
		……			

实训任务：

（1）阐述这些品牌主要受哪些因素的影响以及这些因素是怎样表现的。

（2）以表 3-3 为基础，撰写一份 2 000 字左右（含图表和占用字符）的分析报告。

复习思考题

一、名词解释

品牌影响因素　可察觉的品牌影响因素　不可察觉的品牌影响因素　品牌影响因素的表现形式　品牌利益

二、简答题

1. 简述品牌影响因素的含义。

2. 品牌影响因素包括哪些类型？它们各自的作用是什么？

3. 简述品牌物质利益的含义，并举例说明。

4. 举例说明品牌情感利益与品牌象征价值。

三、论述题

1. 试述品牌可察觉影响因素与不可察觉影响因素之间的内在关系。

2. 试述品牌影响因素与其表现形式之间的相互协调。

四、设计与分析题

题目：选择一家国内知名旅游企业，运用本章所学理论知识分析其品牌影响因素与各因素表现形式之间的一致性问题。

要求：（1）对该企业目前的品牌经营状况进行简述；

　　　（2）列出该企业主要品牌影响因素的类别；

　　　（3）分析品牌影响因素的具体表现形式；

　　　（4）总字数不少于 2 000 字。

第4章
品牌识别与品牌形象

本章主要知识点

- 品牌识别的概念
- 阿克品牌识别系统
- 卡普费雷尔六棱镜模型
- 品牌形象的概念
- 品牌形象的主要内容

案例导入　肯德基的品牌识别与品牌形象

　　肯德基是一家全球快餐品牌，拥有数十年的成功和创新历史。这一切都始于一位名叫哈兰·山德士（Harland Sanders）的厨师，他在80多年前创造了一个让人"舔手指"的秘密配方，并在他厨房的门后写下了这份秘密香料的清单。今天，肯德基仍然遵循他的成功秘方，在全球150多个国家和地区开设了30 000多家餐厅。

　　1890年，哈兰·山德士出生于美国印第安纳州的亨利维尔。他早年在南部各州四处奔波，做过轮船驾驶员、铁路消防员和农民。1930年，40岁的他在肯塔基州科尔宾买了一家路边汽车旅馆，开始供应南方风味鸡肉。1939年，他用11种香料完善了独特的秘方，该秘方至今仍在使用。1950年，他第一次穿上标志性的白色西装，从那时起，他每次在公共场合都穿一件白色西装。1952年，全球首家肯德基炸鸡特许经营店在犹他州盐湖城附近开业。1957年，原始桶装鸡出现，"一桶鸡肉，你会想到肯德基"开始流行，现已享誉全球。

　　山德士的价值观念是该公司重要的品牌识别。这些观念至今仍然非常活跃，在公司的食物、员工、服务和餐厅中得到生动体现。公司有3个非常简单的规定：做最好的自己、有所作为、玩得愉快。这是公司品牌的核心识别。

　　该公司的品牌形象包括3个重要的方面：员工形象、产品和服务形象与企业社会责任。在员工形象方面，公司特别强调员工要对食物充满热情，并应以此为荣；员工应该以最好的状态来工作，并像对待朋友一样对待每一位客人，确保每位客人都满意地离开。在产品和服务方面，强调食物总是令人垂涎欲滴；无论是对举世闻名的标志性食谱的改编，还是以创新的方式提供炸鸡，公司所做的一切都必须是独一无二的；强调使用天然、优质的材料，并提供各类便利设施，让客人感到舒适和宾至如归，从餐桌设计到餐厅的音乐，公司创造了一个友好而活泼的地方，让客人想留下来享受与朋友或家人在一起的时光。在企业社会责任方面，公司激发员工对抗不平等的潜力；在食物方面，获得优质食品证书，公司以骄傲和快乐的心态宣传炸鸡，从农场到"舔手指"，每一个环节都正确，致力于减少对环境的影响。（资料来源：根据肯德基官网资料整理。）

思考题： 肯德基品牌识别与品牌形象是如何保持一致的？

品牌识别与品牌形象是企业在品牌建设中特别重视的 2 个方面。品牌识别是企业对品牌身份的一种赋予或者界定，它是由企业着力塑造的对象。品牌形象是指品牌在消费者脑海中的呈现。品牌识别与品牌形象是从不同视角观察品牌的结果，但是二者之间的关系反映了品牌这一客观事物的内在矛盾。原则上，品牌识别与品牌形象应当保持一致。

4.1　品牌识别

品牌识别事实上是对品牌身份的一种赋予或界定，因而它与品牌元素的构成类别有着紧密的关系。品牌元素决定了品牌识别的特征，如果没有品牌元素，品牌识别就无从谈起，因此，品牌元素类别的划分，为更好地进行品牌识别提供了有效工具。但是，有时尽管品牌的名称不同，但是它们的内在元素类别却相同，此时就需要通过品牌识别来体现这种差异。特别是当品牌之间差别很细微时，品牌识别的作用就更加明显。事实上，企业通常更加关注自身品牌与其他品牌之间的差异，即总是设法通过某种差异使消费者能够十分容易地把自己的品牌挑选出来。品牌识别在层次上比品牌元素更接近于品牌表层，因而有利于企业及消费者对品牌的实质进行把握。

4.1.1　品牌识别理论与模型

西尔维·拉福雷（Sylvie Laforet）认为，品牌识别的范围应该是广泛的而不是狭隘的，品牌创造应该获得内部和外部的关注。他指出，广泛的品牌识别有助于战略家考虑不同的品牌元素和模式，以帮助澄清、丰富和区分品牌身份。品牌标识能够为消费者提供有价值的建议，与消费者建立联系，让他们借助于品牌来表达和丰富内心情感，实现自我表现的利益与诉求。品牌识别可以通过品牌定位、品牌建设计划和品牌跟踪来实现。其中，品牌标识设计作用尤其重要，它能为品牌标识添加丰富性、质感和清晰度。拥有一个清晰和详细的品牌身份之后，品牌识别的实施任务转向"品牌定位—品牌形象—价值主张"这一领域，并将积极信息传达给目标受众。

1. 阿克品牌识别系统

在理论方面，关于品牌识别的研究成果比较多。其中，比较有代表性的是阿克提出的品牌识别系统，如图 4-1 所示。在该模型中，阿克将品牌识别分为核心识别和延伸识别两个部分，并将品牌识别分别从以下 4 个不同的角度来观察和研究，并对这 4 个角度的品牌识别特征进行了细化。

① 品牌作为产品，即把品牌从产品的角度来理解，明确它应当包括哪些具体的内容。具体而言，品牌识别可能从产品范围、产品属性、质量和价值、用途、使用者和原产地等

具体方面来寻找。这种品牌识别方式事实上使品牌识别与产品特征更为接近,因而把品牌元素通过具体事物形态表现出来。

② 品牌作为组织,即把品牌从组织的角度来理解,明确它应当具有怎样的属性和特点。组织属性(如企业的创新能力)、当地化或者全球化等特征,都能够成为品牌识别的重要来源。

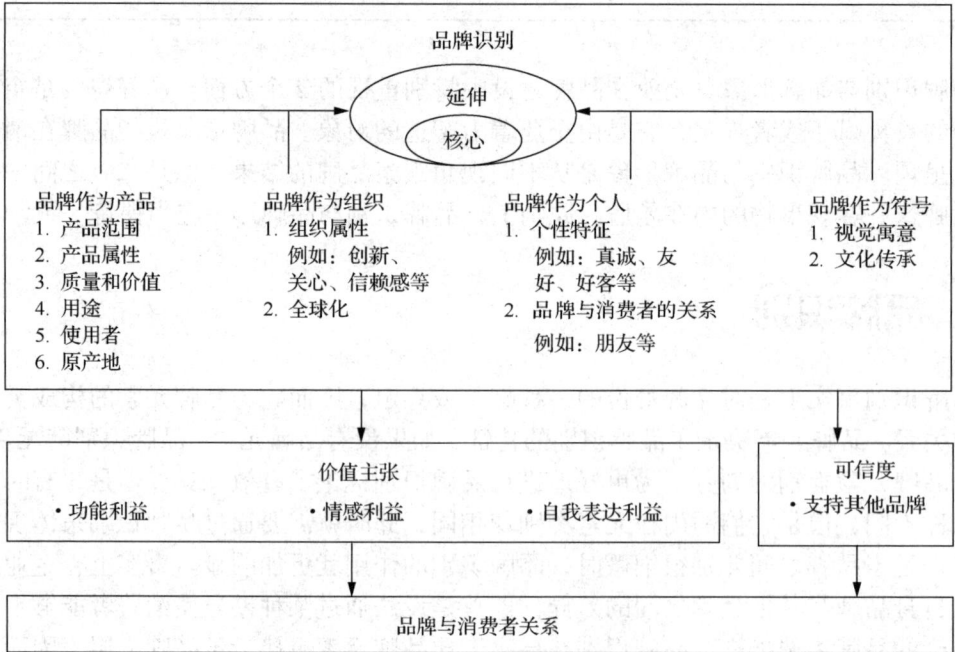

图 4-1　阿克品牌识别系统

③ 品牌作为个人,即把品牌比作一个人,明确它应当具有怎样的人格特质(如是否具有真诚、友好、好客、诚实、敬业、守时等个性特征),以及品牌与消费者之间的关系如何(如是否是朋友等)。

④ 品牌作为符号,即把品牌从符号和象征意义上理解,明确它应当具有怎样的属性和特点。尤其是在视觉寓意和文化传承方面,这种符号的属性比其他维度的属性更具持久性和保存价值。

除了以上 4 个方面的内容外,理解阿克品牌识别系统还应当着重注意以下两个方面的内容。

(1)品牌识别不同于品牌元素和品牌影响因素

品牌识别尽管能够对不同品牌直接进行有效区分,但是它并不是品牌元素,也不是品牌形式。品牌元素和形式着重研究剔除产品内涵及形式的狭义品牌,而品牌识别则着重研究包含产品内涵及形式在内的广义品牌。

狭义品牌与广义品牌的主要区别在于,前者不涉及产品的具体形式和内容,即能够独立于具体产品形式和内容而存在,而后者包括了产品的具体形式和内容,总是依托于某一个或某一类具体产品而存在。不可否认,在目前已有的关于品牌的研究成果中,相当一部分是基于产品的内容与形式来研究品牌的,导致"品牌管理"与"产品管理"两个概念经常被混淆,不加区分。

品牌是一种无形资产，以名称、标记、符号、包装、音乐、口号等具体形式而存在。这些具体形式，有时也被称为品牌识别的组成元素，但是它们与品牌影响元素并非同一个概念，也与品牌资产元素（包括品牌意识、品牌忠诚、品牌声誉、品牌联想、其他资产）不同。在集合概念中，品牌元素是总体，品牌识别是子集。而品牌资产元素往往由品牌识别（企业传递的战略意图）与品牌形象（消费者和社会大众感知）相互作用而形成。品牌资产中既有品牌识别价值，也有品牌形象价值。

一般而言，品牌识别的具体元素，背后都有实体产品或者无形服务与之对应。在实践中，企业习惯于研究这些单纯的名称、标记、符号、包装等的属性，而很少从更宽泛的角度来分析品牌影响元素的作用。品牌识别作为品牌资产，存在于企业的设计与构思中，既有历史沉淀，也有时代精神，同时也存在于社会大众的记忆中。例如，企业在电视上不断地进行广告投放，总是想把品牌的名称、标记、符号、包装、音乐、口号等传播给社会大众，在他们的心目中树立起产品、组织、个人、符号等不同层面的品牌形象。因此，品牌识别是由产品、组织、个人和符号这些方面组成的一种客观存在。

阿克认为，品牌识别表明了企业希望品牌代表的东西，就是通过一系列形象化的构思与设计，用名称、标识、符号、包装等来传递企业的战略意图。这些意图不是单纯的产品或者服务就能够表达出来，而是要通过品牌的名称、标识、符号、包装来进行传递。一般而言，这些意图中往往包含企业向消费者做出的承诺，以及承诺的实现路径和方式，例如企业在面向未来的竞争中所采取的业务战略以及与之相应的投资方向。

（2）品牌识别系统中包括价值主张和品牌与消费者之间的关系

如图 4-1 所示，阿克品牌识别系统把品牌的功能利益、情感利益和自我表达利益通过消费者视角与品牌识别所传递的"价值主张"（企业视角）进行了连接，并最终发展到"品牌与消费者关系"这样一个关系营销层面。其实际意义在于，提醒企业在塑造品牌识别时，必须从企业和消费者两个角度来进行思考，而品牌识别的最高境界是通过关系营销来捕获消费者价值。模型中的"可信度"是指品牌识别在支持其他品牌发展时的背书功能，这表明品牌的扩张能力和对外合作能力。

阿克品牌识别系统把品牌元素显性化，从产品、组织、个人、符号 4 个角度描述了品牌在不同应用场景中的具体识别特征。在一些结构复杂的品牌中，这些角度所涵盖的具体元素都会存在，并能够解释品牌究竟是什么，以及品牌所表达的真正含义。品牌在这 4 个角度的特征呈现，具体到不同行业的企业中会有所差异。一般而言，这 4 个角度所呈现的品牌识别特征，彼此之间具有一定的独立性。它们通过向竞争者和消费者传递不同的品牌识别信号，进而表明品牌身份，共同构成一个完整的品牌识别系统。

但是，在识别品牌时，一定要把品牌与产品的概念加以区分。由于所选择的分析视角不同，因而品牌分析与产品分析的方法及结果有所区别。此外，在阿克品牌识别系统中，"价值主张""可信度""品牌与消费者关系"是品牌分析有别于产品分析的关键。

课堂小讨论

阿克品牌识别系统中品牌识别和价值主张、可信度、品牌与消费者关系的内在关系是什么？请举例说明。

要求：以 4 人为小组展开讨论，并将讨论结果与其他小组交流。

2. 卡普费雷尔六棱镜模型

法国学者卡普费雷尔（Kapferer）是品牌识别理论的重要奠基人。他认为，品牌是一个人接触一家企业时，由它的产品和服务所导致的消费者所有情感、观察和经验的总和。这个定义与美国市场营销协会对品牌的定义是不同的。美国市场营销协会将品牌定义为，品牌是名称、术语、设计、符号或者这些元素的结合，表明一个卖家的货品或服务区别于其他卖家。这两个定义的不同之处在于，前者更加强调消费者接触品牌所产生的情感、观察和经验等心理及生理方面的变化，即从消费者视角来观察品牌的特征；而后者则主要是将品牌作为一种区分不同货品和服务的识别标志，即从品牌拥有方（即企业）的视角来审视品牌身份特征。

卡普费雷尔认为，品牌识别表达了可察觉的和不可察觉的品牌具体要求，即那些能够成就品牌的一些元素；如果没有这些元素，品牌就将成为其他事物。品牌识别源自品牌的根部，不断发展，且具有传承性。在一些具体的价值和利益领域，每一个能够赋予品牌独特的权威性和合理性的事物，都对企业的品牌识别有所帮助。因此，在品牌经营管理实践中，企业需要对这些事物进行重点培育。

卡普费雷尔六棱镜模型如图4-2所示。

卡普费雷尔从"内部化与外表化""发送者与接收者"两个维度构建了一个品牌识别模型，也称为"六棱镜模型"。由于棱镜具有折射光线、分离不同颜色的作用，因而在此处也有品牌经过"折射"而呈现出6个识别特征的寓意。与阿克品牌识别系统不同的是，卡普费雷尔六棱镜模型中共有6个要素：3个内部化要素、3个外表化要素。而阿克品牌识别系统的要素共有12个。

卡普费雷尔六棱镜模型6个要素的具体含义如下。

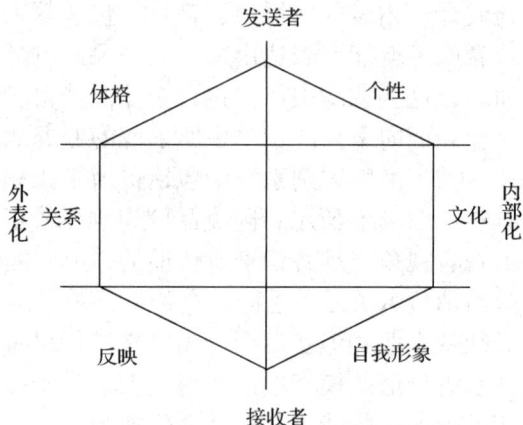

图4-2 卡普费雷尔六棱镜模型

（1）体格

体格属于品牌的外形之一，也称为形态，即品牌在身份特征上"长成什么样子"或者"像什么"。例如，可口可乐经典的带有"旋转舞姿"感觉的瓶子形状。体格往往构成品牌的原型，并作为标志性产品来展现品牌的质量。世界上一些著名的品牌往往喜欢保留最初的品牌体格特征，这些特征成为识别品牌的主要特征之一。

（2）个性

个性要素是指如果把品牌理解为一个人的话，它应当拥有的一种性格特质。一般而言，个性包括了性格和态度两个主要方面。卡普费雷尔认为，品牌个性是自1970年以来品牌广告中主要的关注点，并认为阿克品牌个性测试方法沿用了传统广告机构做法，导致品牌个性在理解上的一些认知偏差。而拉福雷认为，品牌个性被视为增加品牌参与度和品牌依恋的一个有价值的因素，就像人们与他人联系和绑定一样。品牌人格领域的大部分工作基于人类人格的理论，并使用类似的人格属性和因素测量。

（3）文化

文化要素是指从全面的角度来看待品牌的组织及其产品，即品牌的产生地以及所代表的价值。品牌不仅是一种具体文化的代表，同时也是一种能够有利于沟通的工具。此处的文化是指满足品牌追求的一系列价值，这种价值在奢侈品营销方面表现尤其突出。同时，文化也能体现出差异性。品牌标识的设计体现文化并从中汲取灵感。例如，德国文化用于奔驰品牌的设计，而"中华老字号"中的"同仁堂""全聚德"等品牌，在设计方面参考了中华优秀传统文化。

（4）关系

关系要素强调的是品牌与消费者之间关联的强度。它也能代表人类精神世界中的信仰和联想。在服务行业中，品牌作为一种关系的特征体现得更加明显，如银行、保险机构，它们与客户之间的关系十分重要。当然，几乎每一个企业在品牌识别方面都会特别在意关系要素。例如，海尔提出"真诚到永远"的口号。不同品牌在与消费者的关系定位上，采用了不同的关系类型。例如，有的是强调"温情"与"关爱"，把消费者作为被体贴、被呵护的对象；有的则强调彼此"理解"和"尊重"，强调品牌与消费者之间的合作与共赢。

（5）反映

反映要素是指被认为是品牌的使用者的消费者。例如，在化妆品品牌中，高档品牌、中档品牌、低档品牌分别对应不同的消费者。这一要素的形成，除了与收入水平相关外，在同一个档次的品牌中，往往还受个人偏好、企业宣传等因素的影响。因此，反映是品牌所折射出来的一种社会现象，是由品牌本身发出的一种信号。在这种品牌折射场景中，消费者怎样看待企业品牌本身的含义以及别人对品牌的态度，是影响其消费决策的重要因素。

（6）自我形象

品牌是消费者自我形象的体现。有的消费者购买品牌往往是为了展示自己的形象、身份、收入、地位、兴趣偏好和个性等特点。从消费者对品牌的行为和态度，企业可以发现消费者对其本人的态度。因此，企业在推出品牌时，除了需要明确品牌本身是什么外，还要向目标人群进行有针对性的推荐，这样才能明确品牌是在何种前提下得到消费者的认同，并与他们建立牢固关系的。品牌越是接近于消费者对自我形象的感知，就越能为企业带来更多的销售收入，同时也会让消费者越快乐。

课堂小思考

（1）卡普费雷尔六棱镜模型中的内部化和外表化有何关系？请举例说明。

（2）卡普费雷尔六棱镜模型中的发送者和接收者在品牌识别中扮演着何种角色？

除了通过品牌识别与消费者产生共鸣外，在品牌化建设过程中，企业还必须把竞争因素考虑在内，通过品牌识别与竞争对手区分开来，并随着时间的推移不断调整和优化品牌识别。品牌名称、标记、符号、包装等识别元素，都应当适应市场竞争环境而做出必要改变。有时，品牌标记也可以进行颜色或者内容的更换。品牌音乐、包装更是应当

从利于竞争角度进行重新设计，这样一方面能够使消费者很好地理解和体验，进而有助于建立信任；另一方面，有助于品牌从激烈的竞争中脱颖而出，树立起一个强大的品牌形象。

4.1.2 品牌识别的选择

在选择品牌识别时，品牌管理者需要充分考虑影响企业发展的因素，并经过以下步骤来完成相应的任务。

1.　定义品牌的宗旨和价值观念

品牌识别中包含品牌的宗旨和价值观念。不论是名称、标记、符号、包装，都需要承载一定的宗旨和价值观念，而不只是为了好记或者好看。因此，清晰地定义品牌的宗旨以及价值观念，有利于品牌识别的选择，并使之与企业的品牌要求相一致。在品牌宗旨以及价值观念中，企业应当阐明品牌具体代表什么以及它的目标是什么。一般而言，企业可以从自身的发展、对社会的贡献、对行业的帮助以及对消费者的作用这些方面来阐明品牌的宗旨和价值观念。由于品牌传播以外向性为主，其宗旨和价值观念的接收对象主要是消费者和社会大众，因而凝结于品牌识别诸多形式之中的宗旨和价值观念，需要针对目标受众提出，而不主要针对企业员工。在各种关于宗旨和价值观念与品牌识别表达形式的结合方案中，应选择易被消费者和社会大众接受的方案。因此，品牌识别的选择要符合企业"愿景—使命—目标—战略"驱动机制。

2.　了解目标受众

品牌识别的选择要研究并了解目标受众的偏好、需求和愿望。品牌管理者要对目标市场人群的特点有基本的把握。在各种可选的品牌识别方案中，品牌管理者要选择受目标市场欢迎的方案，以便引起市场共鸣并吸引消费者注意力。对消费者在品牌名称、标记、符号、包装等方面的偏好的了解，尤其是对特定文化情境下消费者对品牌标识的特殊要求的掌握，需要品牌管理者进行市场调查，分析目标市场受众的消费需求、品牌使用习惯以及在名称、标记、符号、包装等方面的共性认识。随着品牌标识的文化、技术和艺术属性越来越强，以及多样化、个性化消费潮流兴起，品牌识别的选择要区分地域和目标人群，甚至细化到营销渠道和消费场景，真正做到"因需而设，应景而变，随心而动"。

3.　进行竞争分析

品牌识别的选择必须保持竞争意识与竞争态度。品牌管理者应当研究竞争对手的品牌识别特征，从中寻找共同性，并明确差异性。首先要获得行业、市场认同，进而获得所在行业或地区的消费者和社会大众对品牌的接纳；其次要打造品牌的差异点，在竞争中找到定位点，给消费者留下印象。建立共同性是为了在品牌化建设过程中"搭顺风车"，而寻找差异性则是为了提升品牌核心竞争力，在吸引目标受众的同时，将自身品牌与竞争者品牌区分开来。品牌识别差异化是品牌定位的关键所在，但是差异化依托于共同性。深入了解品牌识别在这些内容上的具体要求并加以满足，不仅能够引起消费者共鸣，也便于企业制定品牌战略，实现其商业目标。

4. 培养品牌个性

品牌个性化是现代市场经济中企业发展的基本趋势之一。品牌识别中包含品牌个性。没有个性的品牌很难在市场中长期存在下去。个性是品牌传承性和生命力的主要表征之一。实践中品牌个性往往采用人的个性来加以刻画，具体步骤包括：第一，给普通产品取名；第二，以具体文字或图案打造品牌标记；第三，以具有抽象意义的符号来进一步深化品牌的含义；第四，对品牌进行包装；第五，设计品牌口号；第六，让品牌"唱出"自己的歌曲。经过上述这些步骤，普通的品牌就会被赋予人一样的活力，进而具有与人类似的个性特征，成为消费者可以感知的、具有感情色彩和象征意义的工作、学习和生活中的伙伴。

5. 创建品牌信息

品牌信息所包括的内容非常丰富，既有品牌名称由来、各种品牌标志图案，也有不同时期品牌口号的提法，还包括品牌故事、品牌定位理论与方法以及各种品牌荣誉及资质，品牌价值观念和具体承诺等。在品牌信息系统中，企业所有的品牌信息都应当包括在内，参与品牌构思与设计的人员信息也应包括在内。最为重要的信息是与品牌名称与标志相吻合的独特价值主张。信息创建工作除了包括收集信息外，还包括设计品牌接触点，使品牌信息传播在不同媒体之间保持一致性。这涉及网站、社交媒体、包装和广告。一致性有助于提升品牌知名度和信任度。在品牌信息系统中，企业产出的信息与消费者反馈的信息要进行对照，检查信息系统运行是否完整、有效。品牌信息除了向外扩散外，还应当向内传达，得到企业员工的支持，使员工队伍与品牌识别的关系更加紧密。

6. 测试和完善

在测试环节，企业品牌管理部门可以面向目标受众进行小范围抽样测试，观察品牌识别在样本人群中的反应。主要评价指标是品牌识别的美观性、可回忆性以及与同类品牌的区分度。如果发现品牌识别并没有清晰地反映企业想要传递的信息，或者样本人群对品牌识别有错误的理解，那么企业就应当重新设计品牌识别。在小样本测试成功的基础上，企业要进行大样本测试，选择更多的目标市场人群进行品牌识别有效性测试。其间，除了在实体店开展测试外，还应当利用企业网站、电商平台、社交媒体等渠道开展测试。品牌管理者要持续监控和评估企业推出的品牌标识的影响力，以确保它能有效地与目标受众产生共鸣。测试完成之后，企业正式把附有品牌识别的产品和服务项目推向市场。需要注意的是，品牌识别不是一次性决策活动，而是一个持续的改进过程。随着企业业务发展和市场不断变化，品牌识别可能会不断完善。

课堂小讨论

以世界著名品牌可口可乐、通用电气、IBM、微软为例说明哪些是这些品牌的核心识别，哪些是它们的延伸识别？这两种识别之间有何关系？

要求：（1）以 4 人小组为单位进行讨论。

（2）在 A4 纸上画出上述不同品牌的对比关系。

4.2 品牌形象

品牌形象通常被定义为"消费者对一个品牌的感觉",而且以"在消费者记忆中的品牌联想(关联物)"作为测度。品牌形象塑造的关键在于建立强势的品牌形象并通过品牌沟通来传递这些形象。从品牌形象的定义中可以发现:品牌形象存在于消费者心目中,消费者的判断对品牌形象有着重要影响力。这个定义似乎与我们日常生活中所讲的"品牌形象"有一定区别,因为一般而言,企业总是强调通过自身的努力来塑造品牌形象,而很少提及消费者的判断。因此,实践中的管理方法与理论上的概念界定之间存在着一定的差距,这也是一些企业在品牌形象塑造方面容易出现方向性偏差的主要原因之一。

4.2.1 品牌形象的构成

拉福雷认为,品牌形象包括两个维度:功能性和符号性。一方面,消费者在努力地通过拥有和使用产品而靠近产品的品牌形象;另一方面,营销者也在努力地去理解反映消费者行为的符号标识,即产品的使用者和拥有者认可的非语言沟通信息。按照著名心理学家弗洛伊德的观点,人们的自我和超我在较大程度上控制着他们期望他人对自己的个性和形象所形成的认识。品牌形象也是如此。品牌形象存在于消费者脑海之中,是消费者给出每一个品牌的具体形象。因此,了解消费者的消费心理与行为习性以及消费者本人关于品牌的态度和看法就显得十分重要。

对于消费者而言,品牌不仅具有功能,在他们与他人交往中还具有符号性象征作用,是一种十分有效的交流与流通工具。品牌形象一方面取决于品牌所有者的态度,即企业如何投资和进行品牌设计,品牌形象是否重要,如何进行呈现;另一方面取决于消费者如何看待品牌与其自身消费的关系,如何对待周围人群与品牌之间的关系。每一位消费者在对待一个具体品牌时,除了要考虑自身感受外,还要考虑他人对品牌的态度。因此,品牌形象不能简单地理解为品牌本身与消费者互动的结果,它其实是消费者在对一个品牌广泛认知基础上形成的判断与印象。

1. 品牌形象的主要方面

一般而言,品牌类型不同,品牌形象呈现的主要方面就有所区别。在人们日常接触最为广泛的产品品牌中,品牌形象主要从以下 3 个方面来进行描述。

(1)产品自身形象

这主要包括产品的质量、价格、性能、属性、价值、利益等内容。需要注意的是,这里主要是指消费者对这些内容的具体感受,并因此而形成了产品自身的形象,而并不是指这些产品本身在生产过程或者销售过程中针对消费者所强调的功能、属性和利益。例如,一款笔记本计算机,生产企业在生产过程中强调"高端品质",在销售过程中强调"物超所值",但是当这件产品摆在消费者面前时,消费者的具体感受可能与这些表述并不一致,可能觉得这款品牌产品在质量上只是"中档水平",在价格和性能方面属于"性价比一般",因此并不能让消费者满意。又如,强调"美味可口""一流服务"几乎是所有餐饮企业对外宣传的品牌形象,但是,当消费者真正品尝后,可能发现所谓的"美味可口"仅仅是企业的营销宣传话术而已。

（2）产品提供者形象

产品提供者形象主要是指产品的生产企业或者经销商的形象。具体而言，产品提供者形象包括这些企业在行业中的发展历史、地位、资产规模、市场份额、增长潜力、竞争力、科研水平、人员结构、管理能力、企业文化、社会责任履行等内容。产品提供者形象是品牌形象的一个重要方面。有时，消费者在做出购买决策时，更加关注"一件品牌产品是由谁生产或提供的"这样的问题，而对这件品牌产品本身的品质并不关注。有时，消费者由于关注产品提供者形象，进而对其产品产生兴趣；也有一些时候，消费者由于关注产品本身形象，然后才开始了解产品提供者形象。企业作为产品提供者，在塑造自身形象时，一定不能脱离提升产品形象这个核心。例如，在广告不断轰炸消费者的当代社会，消费者往往先知道产品提供者（即卖方），而后才开始了解产品本身。

（3）产品使用者形象

在现实生活中，同一个品牌名称下的产品在市场上往往会有许多消费者购买和使用。对于准备购买或者已经购买这个品牌产品的消费者而言，他们有时更关注"哪些人群在使用这款品牌"。这事实上属于消费心理学中的"从众效应"。在消费者心目中，有时候"谁在使用"会比"我在使用"更加重要。企业也会着重强调品牌产品所对应的消费者人群特征，如将年龄、收入、受教育程度、职业等人口统计学标志成为营销宣传的重点。此时，消费者就可以对照这些人群特征而做出购买决策。产品使用者形象对品牌形象塑造至关重要。高档品牌产品的使用者，往往是具有一定经济基础的消费者人群；而中低档品牌产品，往往对应中低收入消费者人群。除了收入能够划分产品使用者形象外，消费者年龄、受教育程度以及文化偏好等因素也会影响品牌形象。

对于上述这种在社会中比较流行的认识，品牌研究专家进行了深入探讨。例如，贝尔在把品牌形象分为公司形象、用户形象和产品或服务形象 3 个方面时，还对这 3 个要素进行了细分，从"硬性"属性和"软性"属性两个角度来进一步研究品牌形象（见图 4-3），前者是对品牌有形部分或功能属性的认知，而后者反映品牌的情感利益。

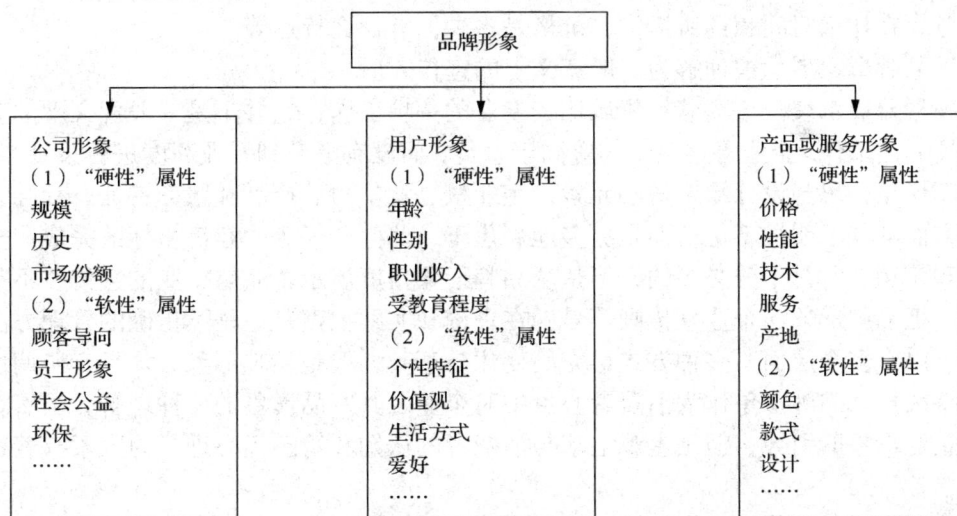

图 4-3　贝尔品牌形象模型

> **课堂小讨论**
>
> 以某一家电企业为例，说明贝尔品牌形象模型中的 3 种不同形象，并指出这些形象之间的内在关系。
>
> **要求：** 以 4 人小组为单位进行讨论，在 A4 纸上分别列出该企业品牌 3 种形象的"硬性"属性和"软性"属性，并在课堂上进行展示和讲解。

2. 品牌形象展示中出现的主要问题

消费者怎样看待一家企业及其品牌，这与这家企业如何看待自己及其品牌完全是两个不同的视角，因而所产生的结果也并不一致。在塑造品牌形象时，企业管理者总是喜欢按照自己的理解来为企业及其产品设计形象，旨在向消费者和社会大众展示其认为应当展示的内容。客观地讲，这个过程由企业所触发，属于品牌形象设计与构思环节，并没有参考市场的反馈。在品牌信息传播过程中，与品牌形象相关的设计与构思究竟有多少能够被消费者和社会大众所接受和理解，是很难说的。市场的真实感知与接受状况取决于消费者人群和社会大众的认知和理解水平。如果在品牌形象展示与消费者接受二者之间不能形成共鸣，那将无法塑造品牌形象。有时甚至适得其反，让消费者产生抵触情绪。在二者匹配方面，经常出现以下 3 个方面的问题。

（1）品牌形象展示等同于向主管部门汇报工作

有的企业总是喜欢向上级部门汇报工作动态，因而企业网站形象展示主页基本上是一种向上级汇报工作业绩的风格，即取得了怎样的业绩，获得了多少奖项，进行了哪些日常工作，工作部门之间的分工是怎样的，日常业务流程是怎样的，企业内部共有多少人员和多少个部门，它们的岗位设置及工作职能是什么等。这种形象展示事实上是以"企业"为中心的形象传播方式，接受对象是"上级部门"，因而与消费者（或社会大众）的实际需求和兴趣有较大出入。消费者和社会大众真正感兴趣的是，这家企业究竟在提供什么样的产品和服务，在什么时间和场所提供，价格是多少，有什么特点等。

（2）品牌形象展示被理解为一般意义上的宣传

品牌形象展示属于市场营销领域比较专业的一项工作，它并不是一般意义上的宣传工作。实践中，有不少企业将这项工作等同于宣传，而没有上升到专业高度进行设计与构思，导致品牌形象构思与设计缺乏核心元素，企业核心竞争力、产品和服务特征、社会责任及承诺等方面的展示明显不足，而是更多地聚焦于一些生产任务、经济指标的完成。全方位地宣传和营销企业是十分必要的，但是从品牌形象角度展示企业与企业的宣传并不是同一个概念。把品牌形象与企业宣传画等号，在理论和实践上都是一种不正确的管理方法。企业宣传可以有多个层面、多种方式，充满变化与革新，但是品牌形象必须具有协调性、一致性和持久性。品牌形象作为消费者心目中对企业及其产品形象的一种理解，虽然客观上依托于企业形象的引导，但是主观上却与消费者的认知和情感等心理行为因素有着密切的关系。

（3）品牌形象评价过于依赖第三方机构

实践中还有一个问题困扰着企业对自身品牌形象的经营管理。在企业发展过程中，其资产质量、市场份额、产品特点、技术应用情况以及文化和人员构成等，都会成为市场中其他主体关注的焦点。获得并评价这类信息，形成基于品牌影响力的竞争力排行，这是一些市场研究机构利用企业家关注自己地位这一心理而获得利润的有效方法。因此，一些第三方机构往往会利用甚至制造品牌形象在企业与消费者之间不匹配这一矛盾，而从中赚取利润。比较常见的做法是，一些咨询机构、评估组织或者研究中心对企业品牌形象进行行业排名，利用资产规模、利润率、营业收入、销售量、市场份额等财务和经济性指标来解释品牌形象，而较少涉及消费者对这些企业的心理认知和行为意向，因而使品牌形象评价并不具有真正的代表性。

正是由于企业在品牌形象理解方面容易出现上述问题，其在品牌管理实践中经常进入误区，出现"三个不清楚"，即对品牌形象本身是什么不清楚、向哪些人群展示不清楚、对可靠的判断机构和判断标准不清楚。这些问题的存在，既不利于企业的发展，也不利于品牌的提升，对整个行业和市场也没有益处。为此，必须对品牌形象评价维度进行明确，使品牌形象的比较有一个可以共同参考的尺度和标准。

3. 品牌形象的评价维度

品牌形象评价维度主要包括 3 个方面：知名度、美誉度和忠诚度。在品牌管理实践中，也会有一些与这些词相近的概念被提出，如品牌反映度、品牌注意度、品牌美丽度、品牌传播度、品牌追随度，它们与这 3 个基本评价维度在内容和范围上基本是重叠的。因此，从根本上掌握知名度、美誉度和忠诚度的含义，企业就能够对品牌形象的发展轨迹和取向有基本的判断。

（1）品牌形象评价的 3 个主要维度

① 品牌知名度

品牌知名度是指品牌在社会大众中的知晓程度，即潜在购买者认识或记忆起某一品牌的可能性。在习惯上，人们往往把知名度与"名气""名声"联系在一起。品牌知名度通常是指建立在品牌认知基础上的"品牌再认"和"品牌回想"，以及将品牌认知分为不同层次（分别为"第一提及认知度""未提示认知度""提示认知度""无认知度"）的度量。"品牌知名度"与"品牌意识"在汉语中是两个词义比较接近的概念，但是严格地讲，品牌知名度比品牌意识在品牌管理实践中应用的频率更高，而品牌意识则更加学术化。

在品牌知名度的建立方面，强势投放广告和建立积极的公共关系虽然是快速有效的方法，但是过度地投入广告而不分场景，也会使企业的品牌形象出现大众化倾向。长期巨额地投入广告也会影响企业其他活动的开展。在短期回报与长期投资之间如果处理不当，频繁的广告提示反而会在品牌知名度上升的同时而使品牌美誉度和忠诚度下降。

因此，品牌知名度应当建立在企业及其产品和服务的核心竞争力上，以提升产品和服务质量为基础，而不是一味地通过广告来吸引消费者注意力。在提升产品和服务质量方面，尤其要强化和突出差别化竞争优势。知名度不等于美誉度、忠诚度。知名度的作用仅在于建立、维持和增强消费者对品牌的认知、识别与回忆。一般而言，在相同品质和服务条件下，知名品牌比起不知名品牌更容易获得消费者关注。获得一定的知名度，对企业及其产品和服务的品牌形象建立，尤其是新产品品牌形象建立，具有重要的作用。有研究表明，消费者在信息获取和保留中，具有"先入为主"特征，即首先获得的信息会占用脑海中的记忆空间，进而会阻止甚至排斥后续信息的进入。

基于品牌知名度进行品牌选择的有效方法之一是建立品牌认知集合，如图 4-4 所示。

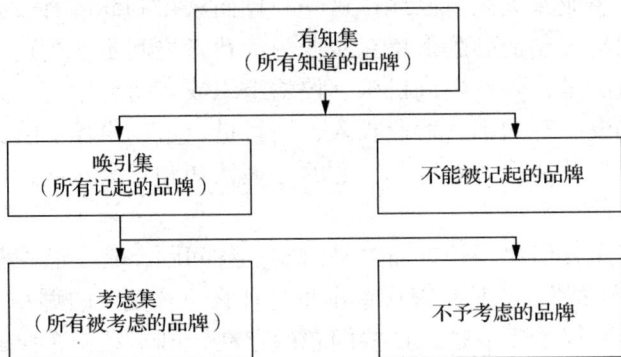

图 4-4　品牌认知集合

在图 4-4 中，有知集是指消费者接触过的所有品牌的集合，即知道的品牌的总和。但是，随着时间的流逝，有的品牌已经从消费者的记忆中消失。因此，唤引集是指能够被记起来的品牌的集合。而考虑集是指真正能够进入消费者购买决策范围内的品牌集合。一般而言，在消费决策中，不能被记起的品牌无法进入唤引集；唤引集中的不予考虑的品牌，对最终消费决策不产生影响作用。

② 品牌美誉度

品牌美誉度是指品牌获得消费者和社会大众的信任、支持和称赞的程度。例如，某款家电品牌在大型电商平台上所收获的消费者点赞数，以及所获得的粉丝数量及好评率，就可以理解为该品牌的美誉。在国际市场上，一家成功的企业，其品牌美誉度通常由 4 个方面构成：企业品牌美誉度、产品或服务品牌美誉度、个人品牌美誉度和所在国家品牌美誉度，即对企业的赞誉、对特定产品或服务的赞誉、对个人（如企业领导）的赞誉以及对企业所在国家的赞誉。

品牌美誉度可以来自品牌的某一个方面，也可以针对整体品牌。品牌美誉度在市场营销调研中使用频率较高，例如对一款品牌可以用"品质卓越""品质较好""品质一般""品质较差""品质低劣"等 5 个档次进行质量评价，同时也可以结合其具体定价进行性能和价值的综合评定。美誉度也被称为"口碑"和"声誉"，是品牌形象 3 个主要维度中最为重要的一个维度，是推广品牌形象（让品牌变得知名和著名）和获得消费者忠诚的重要前提。

③ 品牌忠诚度

品牌忠诚度是评价消费者对品牌产品喜爱和依赖程度的重要指标之一。由于消费者内心活动通常很难测量，因而消费者口头表达的忠诚通常需要行为忠诚来验证。消费者实际购买品牌的频次、比率以及是否积极地传播品牌信息，是评价其品牌忠诚度的有效方法。此外，消费者在做出购买决策过程中的排他性以及对品牌形成的情感依赖程度，也是品牌忠诚度的测量指标。

例如，在激烈竞争的白酒市场上，如果消费者总是选择某品牌，而且把其消费行为与生活情趣联系在一起，经常回想与品牌之间的情感及故事，并对其他品牌的广告宣传无动于衷甚至抵触，那就意味着这位消费者对该品牌具有较高的忠诚度。

课堂小例子　　　　　　**消费产品类别与品牌忠诚度评价**

　　在现实生活中，消费者总是习惯于饮用某一款品牌酒的情形很多，毕竟味道和口感是非常容易引起个人感知变化的因素。不同消费者忠诚于不同的白酒品牌，例如，有的喜欢茅台，有的喜欢汾酒，也有消费者特别喜欢五粮液等品牌。

　　但是，在大多数其他类别的产品中，这种品牌消费黏性并不是很强，例如非饮食类产品，品牌消费黏性就有一定程度的减弱。尤其是服装品牌，流行风格、款式以及明星代言起着重要的引导作用。在不具有排他性的品牌销售中，根据消费者购买一类产品的总数量以及各个品牌所占比例来评价品牌忠诚度，就是有效的评价方法。

　　在这种评价方法下，依据品牌忠诚度，可以把消费者划分为怀疑者、观望者、顾客、支持者、鼓吹者和合作伙伴等类型。

　　思考题：白酒品牌与服装品牌在忠诚度方面有何不同，为什么？

（2）品牌形象评价的二维模型

　　一般而言，作为评价品牌形象的 3 个维度，品牌知名度、品牌美誉度和品牌忠诚度可以通过两两组合的方式来构建品牌形象评价模型，即"品牌知名度-美誉度模型""品牌美誉度-忠诚度模型""品牌知名度-忠诚度模型"，这些模型能够分析不同变量对品牌形象的影响力度，从而帮助企业发现品牌管理薄弱环节。以"品牌知名度-美誉度模型"为例，其主要内容如图 4-5 所示。

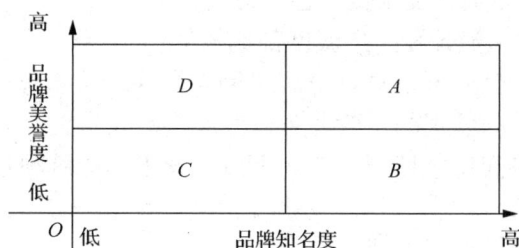

图 4-5　品牌知名度-美誉度模型

　　在图 4-5 中，根据知名度和美誉度两项指标，品牌认知总体集合被分为 *A*、*B*、*C*、*D* 4个区域。

A 区域：表示知名度和美誉度都高的品牌。

B 区域：表示知名度高而美誉度低的品牌。

C 区域：表示知名度和美誉度都低的品牌。

D 区域：表示知名度低而美誉度高的品牌。

　　上述 4 个区域的划分与波士顿矩阵相类似，只是此处被划分的对象是企业的各个品牌或者消费者诸多备选品牌。也有一些研究将此分析方法与产品生命周期相结合，提出具体的品牌管理战略。其大致思路是，*A* 区域品牌对应的产品处于成熟期，*B* 区域品牌对应的产品处于衰退期，*C* 区域品牌对应的产品处于市场导入期，*D* 区域品牌对应的产品处于成长期。还有一种观点认为，知名度是美誉度的基础，即如果没有消费者的认知，品牌的良好形象是建立不起来的。这种观点强调了知名度的重要性，同时主张积极进行市场宣传活动，先努力开拓市场，之后再逐步建立良好形象。

（3）品牌形象评价的三维模型

把知名度、美誉度和忠诚度 3 个维度同时用于一个模型中，这样得出的品牌形象评价结果就更直观。"品牌知名度-美誉度-忠诚度"三维模型如图 4-6 所示。

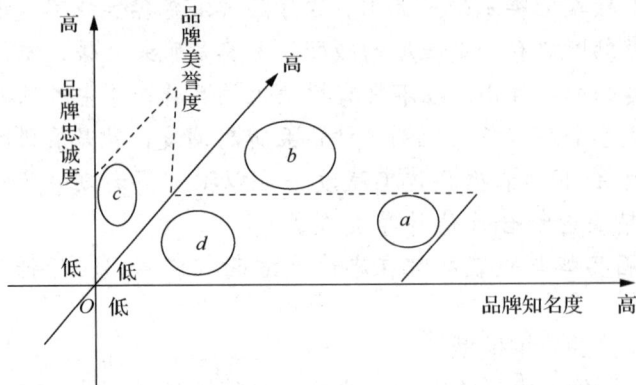

图 4-6 "品牌知名度-美誉度-忠诚度"三维模型

在图 4-6 中，a、b、c、d 表示 4 个不同的品牌区域。

a 区域：品牌知名度高、美誉度高、忠诚度低。

b 区域：品牌占领区域较大，知名度和忠诚度处于中下水平，具有很高的美誉度。

c 区域：品牌知名度和美誉度很低，但忠诚度很高。

d 区域：品牌知名度、美誉度、忠诚度都比较低。

在三维模型基础上，企业可以对自身品牌形象及其产品和服务形象进行判断，分析所面临的主要问题并找准品牌管理的主营业务以及应重点投资的品牌对象。通过对比不同品牌所面临的具体行业形势和竞争环境，企业可以发现不同品牌项目的提升领域和具体发展方向，进而采取相应行动。

（4）品牌形象评价的延伸与拓展

在三维模型基础上，如果加入时间轴，就可以构成四维空间，即动态空间。这样，企业可以对比不同时间周期的品牌形象变化，进而寻找引起这种变化的主要原因，并对变化趋势做出大致判断。尽管在通常情形下用图示方法描述这种模型比较困难，但是在信息技术迅速发展的今天，企业可以把三维模型做动态化处理，沿着时间轴移动三维模型各个变量轴，并对各个品牌在不同时间段所处区域位置的变化进行跟踪，以连线方式来描述每一个品牌在 4 个维度上的变化情况。

① 拟人化方法的使用

关于品牌形象评价，目前理论界已经探索出了许多有价值的模型，在定性测量和定量分析方面都取得了较好的效果。例如，不少企业使用拟人化方法来描述品牌形象，使品牌具有人格特征，进而实现品牌形象与人物形象直接关联，从影视艺人中寻找品牌形象代言人，或者通过先进的数字技术设计出数字人形象来塑造品牌形象；也有一些企业喜欢使用动物、植物、自然景象来描述品牌形象，甚至把大自然中的一些常见现象或者奇特现象与品牌形象进行关联，以此来激发品牌联想力。

② 虚拟技术的使用

新技术的不断推出，尤其是虚拟技术的广泛应用，使之前许多不能直接呈现的品牌特征得以呈现，品牌形象也以更加丰富的形式出现在人们的面前。虚拟与现实的结合，不仅丰富了品牌识别，也丰富了品牌形象。品牌形象随着这个世界的日益发展而不断地引入新内容。例如，对于同样一件产品，其品牌形象在创立之时给人的感觉和在当今给人的感觉肯定是不同的，因为消费者群体发生了变化。原来消费者群体的收入和地位在发生变化，其数量和结构也在变化，而新消费者群体不断地扩大，在社会经济生活中扮演着更加重要的角色。因此，品牌形象中能够被人们记住的元素只有不断地强化并被赋予时代精神，才能在当代消费者脑海中留下深刻印记。

③ 品牌形象的传承

技术并不是万能的，有时品牌联想并不随着技术改变而发生变化。这些联想在品牌形象形成过程中具有传承性，它所传递的精神和价值通常具有持久性。例如，品牌联想中的仁慈、生动、智慧、勇敢是一种向上的精神力量，具有传承性；而一些物质层面的装饰华丽、高雅、丰富等品牌联想则具有时代局限性，往往不能传承。品牌联想越是向着精神信念靠近，就越会远离物质束缚，进而具有联想的空间和延续性。

④ 品牌精神元素的融入

在品牌识别与品牌形象两个不同范畴中，融入精神层面元素是必不可少的步骤。新技术条件下，利用数字人或者卡通人物来塑造品牌形象，有利于增强品牌传播力。尤其是在"Z世代"成为社会消费主体后，新技术革命带来了连接虚拟世界与现实世界的消费平台，如电商平台和各种直播平台。通过数字技术和虚拟场景，把品牌产品展现在消费者面前，不仅省去了专门制作广告和进行实体店展销的费用，同时利用平台的交互性，能够把品牌物质内容和精神理念生动地传递出去。交互性也便于品牌社区的沟通与交流，对品牌识别与品牌形象之间的衔接起到桥梁和纽带作用。在品牌形象塑造方面，传统主流媒体平台广告的作用正在减弱，而社交媒体广告的作用越来越重要。

> **课堂小思考**
>
> 任选国内同一行业内的3家知名企业，按照图4-6所示的模型对比它们的品牌形象。
>
> **要求：**（1）在A4纸上画出草图，确定每个企业整体形象的大致位置。
> （2）分析三者之间的差异并寻找原因。

4.2.2 品牌形象的塑造

品牌形象塑造是一项复杂的系统工程。由于品牌形象影响因素很多，除了前面提到的公司形象、用户形象以及产品和服务形象，消费者对这些影响因素的理解与分析也十分重要。消费者自身的认知、情绪、情感、审美水平以及环境中其他因素的干扰与影响，也会对品牌形象的形成产生直接或间接的作用。

1. 品牌形象塑造的作用

品牌形象塑造对企业而言非常重要，其主要作用表现在以下几个方面。

（1）有利于增强企业核心竞争力

品牌形象塑造能够帮助企业从多个维度来重新认识自己，并了解竞争者状况和目标消费者群体的感知，促使企业在激烈的市场竞争中脱颖而出，扩大品牌影响力和感染力。

（2）有助于赢得消费者信任和忠诚

品牌形象塑造能够把复杂的技术细节、生产工艺和服务要求通过简化的图案、文字进行信息综合和提炼，让消费者容易接受和理解，进而赢得其信任并建立起情感连接。

（3）能够提高产品或服务的感知价值

产品或服务的差异点往往是很难准确地记忆和叙述的。通过品牌形象塑造，产品或服务汇集在品牌名称和符号下，并以品牌元素加以呈现，这加大和扩大了产品或服务的感知价值深度和范围。形象感知良好的品牌往往被认为具有更高的品质和价值，消费者更愿意为其支付高价格。

（4）有利于吸引人才和合作伙伴

品牌形象塑造能够吸引更多的技术人才和管理人才加入品牌建设与管理过程中，同时也能够吸引更多的企业和单位通过品牌合作方式来共同塑造品牌形象，谋求共同发展。积极的品牌形象是企业对内、对外宣传的一张名片，它比普通广告更具说服力和传播力。

2. 品牌形象塑造需要考虑的主要问题

品牌形象塑造主要从面向对象、管理体制与运行机制、主要活动内容等方面来思考所面对的具体问题。

（1）面向对象问题

企业需要明确不同职能部门或业务单位所面对的目标群体与社会大众对品牌形象的感知，明确这些部门或单位向目标群体和社会大众所应展示的具体形象特点，并在品牌形象统一展示与不同侧面形象分别展示之间寻找平衡点。例如，由于历史原因，一些品牌形象已经在消费者和社会大众心目中固化，重塑品牌形象就要认真考虑面临的各种风险和挑战。

（2）管理体制与运行机制问题

在品牌形象塑造中，企业需要在集权与分权之间找到责、权、利三者之间的平衡点。品牌形象塑造的管理权限和利益归属应当在企业不同层次及横向部门中划分清楚。例如，在大型企业集团中，品牌形象塑造涉及共有品牌和单独使用品牌之间的管理权限及利益归属，企业要在运行机制上明确品牌形象塑造具体流程和绩效评价机制。

（3）主要活动内容问题

企业需要明确品牌形象塑造的指导思想、目的和宗旨，同时也要清楚主要是想塑造哪一项或哪几项业务，以及如何塑造的问题。塑造什么，怎么塑造，如何与竞争对手品牌形象相区分，如何延续本企业品牌长期以来的特征和优势，这些都要通过营销活动来实现。

3. 品牌形象塑造的步骤

品牌形象塑造共分为以下 4 个步骤。

（1）明确品牌定位

确定品牌的核心价值观念和目标受众，明确品牌的独特性和竞争优势。企业需要进行细分市场、确定目标市场和分析竞争对手，以了解目标受众的需求和竞争对手的优势，进而寻找品牌差异点。品牌定位过程是一个由浅入深、由表及里的过程。

（2）建立品牌形象

通过品牌名称、标志、符号、包装、口号、音乐等元素来传达品牌的核心价值观念和个性。这些元素应该与目标受众的价值观念和个人偏好相符合，以便于引起他们的情感共鸣和心理认同。从一般意义上的品牌识别"三要素"（名称、标志和口号）发展到"多要素"，这是品牌形象建立过程中的必经之路。

（3）传播品牌故事

借助品牌故事往往能够把品牌形象塑造得生动、形象。在现实生活中，几乎所有影响力非凡的国际企业都有一则生动感人的品牌故事。在这些故事中，有的记载创始人艰辛与执着的探索历程，有的叙述企业发展中的有趣事件，有的展现了面向未来的科幻类畅想。不同形式的品牌故事拉近了企业与消费者的距离。

（4）共建品牌或建立品牌联盟

与合作伙伴共建品牌或者建立品牌联盟是一种行之有效的品牌形象塑造方法。这可以通过赞助活动、合作推广、跨界合作等方式来实现。例如，计算机和控制系统的知名生产企业为同样知名的影剧院提供音响设备和信号传输系统。一般而言，品牌影响力比较接近的"平行联盟"比较常见，处于产业上下游的实力相近的企业之间的品牌合作也比较多。建立在共赢基础上的这些合作，可以实现资源共享，进而扩大品牌知名度和影响力。

品牌实训

品牌识别与品牌形象的匹配性分析

实训材料：

表 4-1 是一个关于品牌识别与品牌形象匹配性分析的训练表。表中的企业根据要求进行选择。

表 4-1　品牌识别与品牌形象匹配性分析训练表

企业名称（任选我国 A 股上市企业中同一行业的 3 家企业）	品牌识别	品牌形象	匹配性打分（1~5 分，1 分代表完全不匹配，5 分代表完全匹配）	备注
甲企业	（1）	（1）		
	（2）	（2）		
	（3）	（3）		
	……	……		
乙企业	（1）	（1）		
	（2）	（2）		
	（3）	（3）		
	……	……		
丙企业	（1）	（1）		
	（2）	（2）		
	（3）	（3）		
	……	……		

请在网上查找所选企业的品牌经营情况，并认真填表。

实训任务：

（1）详细列出所选企业的品牌识别与品牌形象。

（2）撰写一份 2 000 字左右（含图表和占用字符）的分析报告。

复习思考题

一、名词解释

品牌识别　品牌形象　阿克品牌识别系统　卡普费雷尔六棱镜模型　贝尔品牌形象模型

二、简答题

1. 简述品牌识别的含义。

2. 阿克品牌识别系统的主要内容有哪些？请结合品牌管理实际加以说明。

3. 卡普费雷尔六棱镜模型的主要内容是什么？试结合实际加以说明。

4. 简述贝尔品牌形象模型的主要内容，并结合实际加以说明。

5. 品牌形象评价主要从哪些方面进行，为什么？

6. 品牌形象展示中需要注意哪些具体问题？试举例说明。

三、论述题

1. 试述品牌识别与品牌形象之间的内在关系。

2. 试述品牌形象各构成要素之间的关系。

四、设计与分析题

题目：选择一家国内知名餐饮企业，运用本章"案例导入"的写作方法，撰写一份 1 000 字以上的企业品牌识别与品牌形象介绍。

要求：（1）对该企业历史进行简要叙述；

（2）列出该企业的品牌核心识别及延伸识别；

（3）用贝尔品牌形象模型说明该企业的品牌形象。

第5章
品牌构成要素设计

微课导学

本章主要知识点

- 品牌理念设计
- 品牌理念层次
- 品牌名称设计
- 品牌标识的种类
- 品牌包装和音乐设计

案例导入　发掘品牌名称中的美感

"喜之郎""金六福""娃哈哈""美的""福临门"，这些品牌中都有中华优秀传统文化元素的体现，而且与日常生活紧密地结合在一起，在语言意境方面有着较强的美感和韵律。

在字词含义方面，一些国际品牌的中文名称也较好地融入了中华文化元素，例如"海飞丝"让人联想到海风吹动的发丝，品牌名称传达出优美意境，动中有静，不仅具有很好的象征含义，而且能够引起消费者的品牌联想，因而很容易吸引人们的注意力，也容易被消费者记住。

在中华优秀传统文化中，品牌名称设计的具体方法多从人物姓氏笔画命名原则扩展而来。女子取名读《诗经》（语言意境优美），男子取名阅《楚辞》（文风华丽），是比较流行的说法。受此影响，品牌名称的性别特征愈加明显，取自这些古典作品的实例也越来越多。

思考题：在你接触的品牌中，你认为哪些品牌名称具有本例所讲的美感和韵律？

品牌设计是品牌管理的重要内容之一，它包括无形要素与有形要素的设计。无形要素是指不可察觉的要素，即整个感官系统（由视觉、听觉、嗅觉、味觉、触觉等5种感觉组成）所不能够察觉到的要素。有形要素也称为可察觉要素，是指能够通过感官系统感觉到存在的要素。一个完整的品牌，通常是由一定数量和比例的无形要素和有形要素构成的组合体。一般而言，在品牌结构中，无形要素包括品牌理念和品牌价值观念等元素；有形要素包括品牌名称、标志、符号、包装、口号、音乐等元素。

5.1 品牌无形要素设计

在概念上，品牌无形要素是指构成品牌实际意义且主要存在于品牌精神信念、制度规范与文化传承层面的元素。这些元素虽然是一种客观存在，但是在一般情形下又无法被人体感官所感觉到，因此其通常通过概念或者逻辑上的系统化、条理化实现。品牌无形要素设计具体包括品牌理念设计与品牌核心价值设计。

5.1.1 品牌理念设计

品牌理念是指关于品牌经营与管理的观点、看法、主张和想法。它一般由品牌建立者提出并在品牌市场推广中不断完善，最后经过实践的检验而确立下来。在内容划分上，品牌理念包括品牌经营理念、品牌管理理念和品牌自身所传递的理念。品牌理念是制定品牌战略、品牌计划和品牌管理目标的基本依据。一般而言，有什么样的品牌理念，就会有什么样的品牌战略、品牌计划和品牌管理目标。品牌理念一经确立，不会轻易改变，科学的品牌理念有利于唤起社会大众意识，得到消费者的广泛认可，体现出品牌及其产品和服务的独特价值。品牌理念也是表明一个品牌能够从激烈的市场竞争中脱颖而出的重要指标之一。

1. 品牌理念的重要作用

品牌理念设计是企业及其产品和服务品牌形象建设的重要环节。不论是品牌经营，还是品牌管理，或者是以品牌作为交易对象，都必须有科学的理念作为引导，否则这些活动可能无法有效地进行。

（1）导向作用

在事物发展路径上，理念是重要的先导。思想和观念引导着品牌经营管理活动中的每一个具体行为。例如，当作为交易对象以具体的产品和服务为形式出现时，品牌所承载或传递的理念对其后续发展具有重要的影响作用。品牌理念的一致性与持久性，有利于消费者进行品牌识别、加固品牌形象。品牌理念有时甚至比品牌本身的实际功效更能够引起消费者的关注。

（2）激励作用

品牌理念中的思想、观念和语言，是正向的激励因子，对员工而言是向上的精神动力，不仅有利于员工个性培养，有助于团队精神塑造，还能加深员工对生产工艺和服务内涵的理解。品牌理念有助于企业全体员工深度感悟品牌的精神和追求。作为企业文化元素，品牌理念也是企业信念和信仰的重要组成部分，它能够使企业不陷入纯粹的物质追求，而是服务于社会并彰显自身价值。

（3）凝聚作用

品牌理念能普遍作用于企业各个层次的员工，同时它能对企业产品或服务的消费者及社会大众发挥道德伦理影响力。科学、健康的品牌理念能够源源不断地把来自各个社会群体的人们聚集在一起，让他们支持、宣传和维护品牌并愿意为品牌理念的传承和扩展做贡献。在实践中，品牌理念与品牌实体的一致性决定了品牌理念凝聚力的强弱和持久性。

（4）稳定作用

品牌理念一般不会轻易改变。企业应当以品牌理念为引领来开展经营管理工作，而不是让品牌理念跟随管理者风格而变化。品牌理念是企业的灵魂，对维持企业经营管理风格的一致性、长期性具有重要支撑作用。经常更改品牌理念的企业，一般不会长久地发展下去。当然，在现有品牌理念已经不足以稳定企业时，可以考虑更新品牌理念以适应环境变化。

（5）区分作用

品牌理念通常出现在企业官方网站首页上，是企业品牌识别的重要标志之一。有时，消费者可以通过品牌理念来区分不同的企业。一般而言，成功的企业由于对自身的发展经验和教训有着深刻的总结与体会，对市场变化、行业发展、消费者态度以及竞争者策略有着系统的理解，因而能够总结出与众不同且对精神世界与物质世界有着强大影响力的品牌理念。这些企业以此来区分自己与竞争对手，消费者也因此而能够深刻地理解其品牌经营管理原则。

（6）显示作用

企业不能脱离社会而存在。品牌理念是企业文化的内核，是社会、经济、文化环境的间接体现。企业作为环境的组成部分，其品牌理念是社会发展与进步的显示器与风向标。例如，当大多数企业的品牌理念中充斥"利润""市场""经济""收入"等词时，那么这时企业群体还处于追逐利润和收益阶段。

课堂小思考

请以接触过的某个著名品牌为例，举出其品牌理念在企业发展中的主要作用。品牌理念主要是针对竞争者提出，还是主要针对员工而提出，或是主要是呈现给消费者和社会大众的？为什么？

2. 品牌理念设计的主要内容

（1）品牌理念金字塔

一般认为，品牌理念包含 3 个层次：愿景、使命和目标，思想、理论和观念，伦理行为准则。不同层次的受众规模并不相同，因而品牌理念形成了"金字塔"结构（见图 5-1），层级越往上，品牌理念影响范围越小，因而多是抽象的语义概括；层级越往下，品牌理念影响范围越大，内容操作性越强。

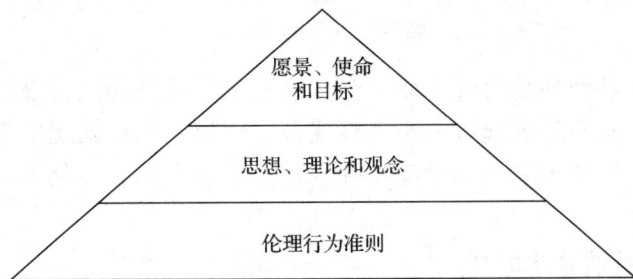

图 5-1　品牌理念金字塔

① 愿景、使命和目标

愿景、使命和目标位于品牌理念金字塔最上层，它们主要指导企业高层管理者，约束并敦促他们在品牌经营管理方向上不能发生偏差，不背离品牌经营的使命和宗旨。同时，这个层次的品牌理念也应当为中层和基层管理者所理解，有时甚至为了企业品牌形象宣传应当让消费者和社会大众所了解。顶层设计科学、合理、具有战略思维、富有创造力，企业品牌经营管理的路径就会通畅。愿景、使命和目标是整个品牌理念体的核心，对金字塔下面层次的理念具有统领作用。

② 思想、理论和观念

思想、理论和观念属于中间层次的品牌理念，是上层品牌理念的理论基础，通常停留于知识体系层面上，便于管理者和员工学习和接受。同时，它也有利于把高层简要的设计理念丰富化和具体化，进而形成体系化支撑力。在受众上，该层次主要面向企业中层管理者，但是也应当让基层管理者了解和掌握。企业应当立足自身实际，选择合适的品牌思想、理论和观念。

③ 伦理行为准则

伦理行为准则处于金字塔底层，它直接作用于业务操作层面。品牌理念在这个层面完全具体化，使整个品牌理念体系具有可操作性和生命力，让管理者和普通员工在工作中都拥有具体的参照标准。成功的企业一般都能够把这个最基础的层次设计好，进而使品牌理念具有真正意义上的驱动力。

（2）核心理念、辅助理念和扩展理念

按照各个组成要素重要性及其关系划分，品牌理念从内到外由 3 个部分构成：核心理念、辅助理念和扩展理念，如图 5-2 所示。

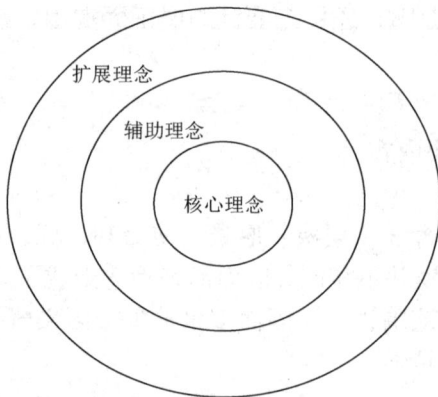

图 5-2　品牌理念构成

品牌核心理念是品牌的精要和实质，既是区别于其他品牌的关键，也是品牌传承的重要内容。辅助理念对核心理念起进一步解释或补充作用，来更加明确和具体地表达品牌所要着重传递的内容。扩展理念是品牌随着社会、经济、技术、文化等变化而不断延伸和发展而来的产物。

3. 品牌理念设计的基本原则

品牌理念设计应当与品牌内涵相一致并坚持以下 6 项原则。

（1）统一性

从顶层设计到底层设计，各个层次的理念应当具有统一性，即主旨明确、方向一致、路径清晰、逻辑严谨。不同层次的理念不能彼此割裂，而应当有主线贯穿其中，使各个层次理念紧密地联系在一起，形成相互支撑的整体。

（2）差异性

品牌理念设计体现出差异性，能够使消费者对品牌有清晰的印象，进而形成品牌优势。强化差异性，主要是突出品牌理念的独特之处，而不是要离经叛道、生编硬造或哗众取宠。

（3）适应性

品牌理念设计应当与企业员工及社会大众认知能力相适应，与经济、社会、技术、文化等环境相适应。理念有效性主要体现在适应性上。品牌理念应当与企业地位和能力相符，品牌理念设计应脚踏实地。

（4）融合性

品牌理念设计应尽可能把企业家个人思想与企业领导团体首创精神融合在一起。在强调把企业家个人思想融入集体智慧的同时，要将企业创办者的品牌理念不断发展，使理念精髓得以传承和发扬光大。

（5）简洁性

品牌理念各个元素之间的关系应当设计得简洁、清晰。复杂的元素、层次和结构不利于品牌理念传递。品牌理念设计要尽量使用通俗易懂的表达方式，而不是故弄玄虚。简洁性强调品牌理念设计在内容和形式上的亲和力。

（6）科学性

品牌理念设计应当遵循基本规律，把握企业员工和消费者的需求，将元素、层次和结构设计建立在客观基础之上，体现科学性。坚决杜绝主观主义和形而上学倾向。深刻揭示品牌理念"是什么""为什么"等问题。

课堂小思考

假如你和你的小组成员是一家拥有 10 家子公司的食品加工集团公司的品牌咨询策划师，你们准备为总公司和下属 10 家全资子公司设计品牌理念，且需要把集团现有的 6 个品牌（按产品划分）和 3 个销售市场（按地区划分）都考虑在内，你们打算怎样做？

要求：设计出重点业务领域的品牌理念并在课堂上展示。

4. 品牌理念设计的主要方法

品牌理念设计的主要方法有历史追溯法、管理咨询法和领导意见法。

（1）历史追溯法

历史追溯法主要是通过追溯过去来定位现在并展望未来的方法。设计者围绕企业不同发展阶段的愿景、使命、目标、思想、理论、观念以及伦理行为准则总结和提炼出企业品牌理念。该方法的局限性在于易受传统力量约束，可能导致品牌理念层级、元素、结构与时代精神不符。能否汲取传统品牌理念精华、去其糟粕，关乎品牌理念设计的成败。

（2）管理咨询法

管理咨询法主要面向企业管理层，尤其是高层管理者，提出与品牌理念相关的各类问题。首先，通过头脑风暴法或其他方法了解企业各个管理层对品牌理念的理解与期望。其次，设计者把整理好的材料向员工发放，征求员工意见和建议。再次，以市场调研方法调查普通消费者态度，评价企业品牌理念是否得到广大消费者的认同。最后，设计者把从企业和市场中掌握的各种信息进行深度开发与加工，邀请品牌专家参与决策，或者听取品牌咨询机构的意见，进一步完善品牌理念。

（3）领导意见法

领导意见法主要围绕企业主要负责人（如董事长或总经理）的意见而展开。该方法简便易行。具体设计步骤：首先，直接与企业主要负责人接触或者掌握其不同场合的讲话或发言来获得品牌理念相关信息；其次，将企业主要负责人的观念、意见和建议上升到信念、理论、思想和观念高度并系统化、体系化，使之成为可推广理念；最后，将这种理念用行政管理手段逐级下达，层层落实，检验其有效性，并在实践中不断听取企业员工建议，反馈消费者对品牌理念的看法与态度，经企业主要负责人同意后进行修改。该方法通常适用于中小企业或集权型管理风格企业。

5. 品牌理念设计应避免的问题

在企业整体业务范围中，品牌理念设计属于精神文化层面的工作。由于品牌理念具有无形性和实际效果间接性特点，因而在设计过程中容易出现偏差。品牌理念设计应避免出现以下问题。

（1）华而不实

推陈出新是一种管理潮流。对新理念的推崇甚至不加选择地运用，是现代企业品牌管理的通病。片面地追求品牌理念新颖性，通常会导致品牌管理工作华而不实。如果品牌新理念不能延续传统理念，那么传统理念就有丢失的可能，对于发展历史悠久的企业，这种设计可能会带来灾难性后果。

（2）理念偏差

在品牌理念设计中，并不是所有品牌的经营理念都需要融入现代元素。特别是一些强调传统特色和配方的品牌，理念定位不应当脱离传统特征。例如，一些地方风味餐饮企业和某些中医药企业，在其产品和服务的品牌理念中强调传统特征比突出现代元素效果会更好一些。这些品牌背后的产品和服务涉及消费安全性，经过长期使用才确立了品牌地位。因此，基于历史沉淀的传统理念更具影响力。

（3）面面俱到

品牌理念不应把企业、产品和服务涉及的所有内容都包括进去。过于琐碎、涉及领域过于狭小、具体的理念设计，实际指导作用就会减弱，起不到凝聚人心和体现差异的作用。品牌理念设计并非专门针对操作层面，它更强调理解与思考方式。品牌理念要有一定的思想高度，反映一定的审美认知水平。在表达方式上，品牌理念应当具有独特性并被广大社会大众所接受。

（4）背离潮流

在品牌理念设计中，有的企业喜欢使用一些陈旧的语言和文字表达方式，甚至专门引经据典，以期增加理念的文化深度和厚度，但是实际效果往往很差。品牌理念如果不能被企业员工和广大消费者理解和接受，其应用和推广价值就必然不高。一方面，陈旧的语言和文字表达方式缺乏当代精神文化元素；另一方面，理解难度高也无形中增加了品牌与其消费者人群之间的心理距离。

6. 品牌理念设计的主要维度

品牌理念设计主要包括以下 6 个维度。任选其中一个、两个或多个作为设计对象，都是一种具体设计方式。被选中的维度是品牌理念设计所应围绕的中心和支柱。具体到一家企业，其选择维度的标准和依据应当是自身发展史、所在行业发展状况以及市场竞争状况。

（1）以企业目标为导向

企业目标能够凝聚人心，使人们对企业充满信心。以企业目标为导向的品牌理念，能够告诉人们企业的未来是怎样的，以及它能够给员工和消费者带来什么。没有什么能够比远大的目标更能吸引员工和消费者的注意力。目标是承诺和希望，它体现企业的信仰、信念和决心，是企业发展宏伟蓝图的展现。大多数企业的品牌理念设计都会融入目标，以增强品牌的凝聚力和号召力。

（2）以企业精神为导向

品牌是连接企业和消费者的桥梁和纽带，反映企业员工的精神面貌和工作状态。创新、进取、团结、合作、友好、诚信、忠诚、执着、有毅力、坚韧等精神信念是品牌理念设计的重要元素。这些品牌理念设计元素有助于向消费者和社会大众传递企业员工奋发向上的态度，从而达到理念制胜的效果。在一些场景下，品牌理念比普通宣传工具更有效。

（3）以消费者需求为导向

以消费者需求为导向的品牌理念设计，强调产品工艺、服务质量以及对消费者的关爱，因而实际效果往往较好。在方法上，将品牌理念与消费者价值观念进行对接，以确立品牌在消费者心目中的地位。例如，对品牌实际功效的拟人化宣传就是这种理念设计方法的具体呈现。

（4）以市场竞争为导向

从企业对待竞争者的态度中，人们能够判断出其品牌理念的伦理道德境界。企业越是在竞争中显得大度与宽容，其品牌理念影响力就越大；相反，企业越是采取严酷甚至不道德的手段，其品牌理念影响力就越小。符合法规的竞争方式应当得到鼓励和认可，而不符合法规的行为会受到谴责。在品牌理念设计中，符合竞争法规的元素能够促进企业健康发展和行业竞争力提升。

（5）以产品质量为导向

优质品牌的质量往往与技术和工艺密切相关，同时也与资金投入和员工工作态度有关。以产品质量为导向的品牌理念设计，要求企业在生产技术、资金投入、管理水平和员工工作态度等方面体现出品牌的特点。这些方面的具体化、制度化反映企业对质量的执着追求。例如，大多数企业的品牌理念强调一流的生产技术、管理水平、生产设施和员工队伍，实质上是从战略高度体现对产品质量的重视。

（6）以社会责任为导向

社会责任是品牌理念的重要组成部分。以社会责任为导向的品牌理念设计，能够增强企业与社会之间的情感，促进社会公共福利提升，带动社会风气好转，同时有助于提升企业品牌形象。例如，不少企业的营销宣传喜欢把普通业务工作作为一项事业来对待，而不是作为一种利润创造活动。这种观念上的转变不仅提升了企业品牌理念层次，同时也使企业能够更好地融入当地社会。

课堂小例子　　　　　品牌理念支柱与品牌理念

英国作者理查德·莫斯利（Richard Mosley）在其著作《雇主品牌管理》中分析了世界著名企业的品牌理念。他认为，品牌理念定位需要定义清晰且令人信服，并引用了安托万·德·圣-埃克苏佩里（Antoine De Saint-Exupéry）的话——如果你想造一艘船，不要鼓动人们去捡木头……要教他们去向往浩瀚无垠的大海。表5-1是这本著作关于品牌理念支柱与品牌理念的对应关系示例。

表5-1　品牌理念支柱与品牌理念的对应关系示例

企业名称	品牌理念支柱	品牌理念
亚马逊	创新	努力工作，玩得开心，创造历史
戴姆勒	客户	与您一起塑造未来
大都会人寿	客户	让它变得重要
娱乐与体育电视网（ESPN）	团队合作	我们一起胜利
微软	自主性	来吧，照你原样来，做你喜欢做的事
洲际酒店集团	自主性	释放自我的空间
苹果	创新	想象一下你能在这里做什么
德意志银行	创新	敏捷思维
安永	学习	成长和繁荣的地方
联合利华	进展	由你创造的事业
沃尔玛	以消费者为中心	为人们省钱，让他们过上更好的生活
乐高集团	以消费者为中心	激励和培养未来的建设者
谷歌	以消费者为中心	组织世界信息并使其普遍可访问和有用

思考题：根据表5-1的对应关系，为你所熟悉的国内知名品牌设计品牌理念支柱与品牌理念。

5.1.2　品牌核心价值设计

品牌核心价值是一组抽象的能够描述品牌最基本、最重要特征的产品属性或利益的组合。它是品牌识别的重要组成部分和品牌内在价值的深刻反映，以品牌的利益与个性为表现形式，是品牌竞争力和竞争优势的源泉。品牌核心价值设计是品牌设计的重要内容之一。品牌设计不应停留于理念层面，必须为消费者带来实际价值。只有这样，品牌才能够在激烈的市场竞争中站稳脚跟。

1. 品牌核心价值设计的定义

品牌核心价值设计需在品牌理念设计的基础上进行，它是品牌理念设计的具体化。品牌核心价值设计介于品牌理念设计与品牌有形要素设计之间，它是品牌理念向品牌有形要素过渡的主要依据。

在不同社会经济文化环境条件下，品牌核心价值设计的内容有所区别，从深层次理念设计，逐步向着表层核心价值设计发展，直至形成以具体形式展现的产品和服务，这是品牌从抽象理念向具体实物发展的基本轨迹。

准确地理解这个定义，应当把握以下 3 点。

（1）品牌核心价值设计是品牌长期存在的基础

在品牌全部价值要素中，品牌核心价值的地位十分重要，它是品牌之间相互区别的关键标志。如果没有品牌核心价值设计，一个品牌就会很容易地被竞争品牌超越，甚至其市场地位也会轻易地被替代品取代。因此，品牌核心价值设计事实上回答了"在满足消费者利益方面品牌究竟有哪些与众不同之处""品牌为什么能够长期存在"等问题。

（2）品牌核心价值设计以消费者需要为基础

品牌核心价值设计是企业通过产品和服务与消费者共享价值观念的过程。在核心价值设计中，企业会不断地研究消费倾向以及市场变化趋势，并希望自己品牌所提出或所代表的核心价值观念能够被市场广泛接受。对于一些规模较大的企业，由于旗下品牌数目较大，因而品牌核心价值设计不应套用企业统一品牌核心价值，而应当对子品牌或更低层次品牌的核心价值进行再设计。

（3）品牌核心价值设计以产品价值挖掘为主

从理念设计到核心价值设计，这是品牌经营管理的一次重要跨越。品牌理念必须与消费观念直接对接，而连接点就是产品的核心价值。产品的具体价值在哪里？它们有哪些价值是其他品牌所不具备的？哪些价值比竞争性品牌更强大？这样的思考就是产品价值挖掘，即从更深层次寻找品牌的价值和意义，并进行针对性设计与构思。

2. 品牌核心价值设计的主要维度

一般认为，品牌核心价值设计的主要维度有 3 个：功能价值设计、情感价值设计和象征价值设计。

（1）功能价值设计

一般而言，品牌功能价值设计越是不可替代，则品牌核心价值越是牢固。品牌功能价值设计主要是指从品牌产品使用价值层面进行构思与创作，品牌产品使用价值即这些产品在具体使用过程中应当呈现出的功效。例如，作为一款品牌洗衣机，它就应当具有把衣服洗得干净的功效。如果在这个方面的功效表现得特别突出，那就证明该品牌是该类产品中的优秀品牌，因而品牌功能价值设计就要体现出这种优秀品牌的独特之处，即功能价值的品牌联想能够在消费者脑海中呈现出来。

（2）情感价值设计

情感价值设计是指针对消费者在购买和使用品牌产品过程中所产生的直接情感和间接满足感的一种构思与创作，其中包括企业针对消费者由品牌引发的情感依赖和精神寄托的推测。品牌情感价值设计围绕学习、工作和生活等不同场景，专注于人们与品牌的情感联系。一般而言，品牌情感价值设计体现在 3 个层次上：个人与他人之间情感关系的设计，主题是亲情、友情、爱情；个人与自我之间情感关系的设计，主题是记忆和怀旧；个人与自然和社会的关系设计，主题是归属和热爱。

（3）象征价值设计

象征价值设计主要是指以品牌消费者的个性和形象为中心的构思与创作。一般而言，品牌形象与消费者个性设计的一致性越强，品牌象征价值就越大。消费者向社会大众展现个性，在心理学看来主要是为了强化自我形象，在社会学看来主要是为了寻找社会认同感，即追求行为习惯上的一致性。为了满足这些消费需要，不少企业都在品牌核心价值设计中努力挖掘品牌象征价值。

5.2 品牌有形要素设计

品牌有形要素设计是品牌最为重要的构成部分之一，其设计效果直接决定品牌整体设计的成败。在前面章节中已经提及品牌不同于产品，但是品牌又和产品有着密切关系。事实上，品牌作为一种独立存在体，它必须使一些抽象的理念与价值具体化和显性化，这个过程就是有形要素设计。如果一个品牌的构成中没有有形要素，那么这个品牌的影响力就会受到严重制约。

5.2.1 品牌名称设计

品牌名称是最为重要的品牌有形要素。品牌名称设计（品牌命名）是品牌管理最为重要的环节之一。

1. 品牌名称设计的基本原则

一般而言，品牌名称设计应当坚持以下 3 项原则。

（1）行业一致性原则

品牌名称设计应当体现品牌所在行业的特点。符合行业属性的品牌名称，能够使消费者从中了解品牌的具体行业。与个人命名一样，品牌名称设计应当体现"名"与"姓"之间内涵与外延的一致性及语义相符性。对产品品牌而言，行业属性决定了其命名词汇可选范围与可想象空间。形象地比喻，行业就是某个具体品牌产品的"姓"。

课堂小例子　　　　　品牌名称与行业的一致性

餐饮业品牌命名常用汉字有香、味、火、锅、肉、菜、烧、饼、家、客、品、吃、喝、醉、茶、饭、面、米、酒、水、聚等。这些字及与其他文字的合成词与行业具有一致性，在消费者认知中容易将其与餐饮业相联系，因而便于记忆与识别。例如，"十里香""山城火锅""成都小吃""兰州拉面"等，都是与行业一致性较高的品牌名称。

以化妆品为例，护肤品和香水系列的名称应当体现青春、活力、靓丽、姿态、

光泽、光滑、亲切、柔和、温和、湿润、馨香、健康等元素。世界著名化妆品品牌名称都或多或少地包含了这些元素。

　　思考题： 在你接触的品牌中，哪些品牌名称与行业的一致性特别高？请列出 10 个品牌名称。

　　（2）审美吻合性原则

　　人们总是在不断地追求美好事物、向往美好生活。品牌名称设计要尽可能满足这种需求，使人们拥有品牌产品时产生与幸福和快乐有关的联想。此外，品牌名称设计要尽可能地结合社会环境，融入当地人群所认同的伦理情操美德元素。

　　（3）与同类品牌相区分原则

　　在特定文化环境中，具有美好寓意的文字和词汇是有限的。但是，把不同文字组合起来，品牌联想空间就会变大。以汉字为例，适合用来命名的汉字只有 3 000 多个，因此，为了避免品牌名称与竞争者相同，就要在字词组合上下功夫。

　　近年来，为了突破设计瓶颈，一些企业品牌产品命名采取了中西文结合方式。对于接触西方文化较多的新生代消费者，这种品牌命名容易被接受，因而产生了积极的效果。需要注意的是，一些稀奇、特殊的名称表达方式，虽然能够与竞争者品牌相区分，但是如果程度把握不好，极容易进入品牌名称设计误区。例如，有的品牌名称直接用英文单词谐音来命名，使用六七个汉字，虽有区分度，但与中国传统品牌命名习惯差异较大且缺乏文化美感。

课堂小例子　中华传统文化中的命名方法

　　在中华优秀传统文化中，命名有一定的规则可遵循，除了"音与韵"，还强调名称中的总字数以及每个字的"笔画数"，甚至计算名称中所有字的"笔画数"。此外，汉字"笔画"结构，如上下结构、左右结构、内外结构以及独体字，对品牌名称美感也有一定影响。这些品牌命名方法虽有一定原则可遵循，但也极易出现形而上学倾向。

　　思考题： 你认为中华传统文化中的命名方法是否具有科学性？

2. 品牌名称的类型

　　品牌名称设计需要考虑主题思想呈现形式，即品牌名称类型。品牌名称主要有以下 3 种类型。

　　（1）文字内容描述型

　　文字内容描述型品牌名称旨在说明品牌"主要是什么"或者"由什么而来"。这种命名方法简单易行，在实践中经常被采用。最为常见的方法是在品牌名称中加入品牌创始人姓氏或名字，或者加入品牌原产地和品牌物质属性。文字内容描述型品牌名称例子如表 5-2 所示。

表 5-2　文字内容描述型品牌名称例子

命名方式	具体例子
以创始人名字命名的品牌	万三蹄、东坡肉
以地名命名的品牌	汾酒、衡水老白干、青岛啤酒、珠江啤酒、江津白酒、泸州老窖、宁城老窖
以物质属性命名的品牌	中华牙膏、红星二锅头、四川高粱酒、五粮液、老陈醋、德州扒鸡、华盛顿苹果

（2）文字语义暗示型

文字语义暗示型品牌名称主要通过优美独特的文字、词语来解释说明品牌价值与功效。消费者品牌联想能力以及设计者对目标市场社会文化环境的了解程度，决定了这种方法的实际效果。文字语义暗示型品牌名称例子如表 5-3 所示。

表 5-3　文字语义暗示型品牌名称例子

命名方式	具体例子
暗示品牌实际功效	冷酸灵、达克宁、黑又亮、立白、如家、安踏
暗示品牌可期情感和精神境界	康佳、宜家、长虹、荣华月饼、喜来登

（3）文字语义复杂型

文字语义复杂型品牌名称，有些由品牌关联词组成，有些由创始人或企业员工共同认可的企业文化元素组成，也有一些是使用其他事物命名的，如动植物或者自然现象，还有一些由完全不相关的新颖文字和词语组合而成。此种命名类型主要彰显品牌建设过程中的创造精神，但并不是主流设计方法。

以"同仁堂"为例，单从名称分析，对于不知其历史的消费者，尤其是外国消费者，就较难了解其品牌经营范围。理解这个品牌，需要知道"仁"字在医药领域的含义。又如"全聚德"，它的核心文字是"德"，把它作为一个餐饮品牌来理解，需要精深的中华文化知识。再如，一些西方品牌的中译采用了音译法，原语义缺失现象十分普遍，像"沃尔玛""家乐福""麦当劳""肯德基"这些世界著名品牌，单凭文字与语义判断有时会感到不知所谓。

3. 品牌名称的命名步骤

品牌名称的提出、评价、选择与决策是一个分析判断过程。品牌名称的确立不只是企业管理者的事，它关乎全体员工和消费者的实际利益。一个在音韵与语义方面都表现恰当的品牌名称，总是能够给人以愉悦的感觉。

品牌命名过程中需要考虑的因素主要有 5 个，如图 5-3 所示。

在具体步骤上，品牌命名一般要完成 3 个阶段的任务。

（1）提出方案

提出方案是整个命名过程最具挑战性的阶段，方案的数量与质量对后期选择与决策至关重要。此时，分析企业文化、行业特征及消费者心理尤为关键。企业应当广泛听取员工意见，在集思广益基础上提出方案，也可由外请专业咨询和设计公司进行设计。比较好的办法是，把企业员工首创精神与外请专业人士智慧相结合。

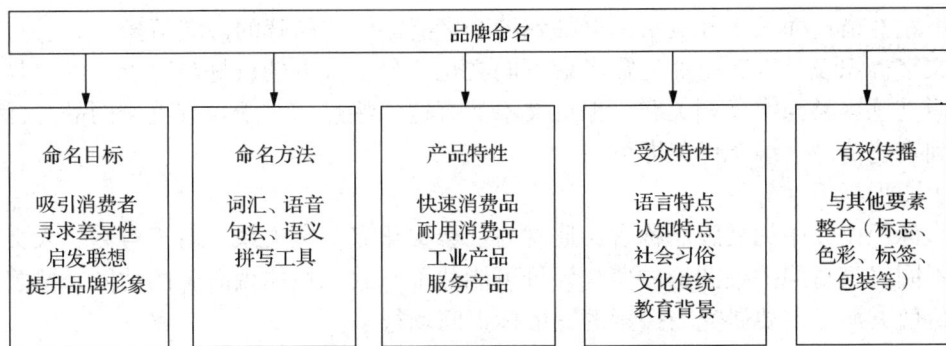

图 5-3　品牌命名过程中需要考虑的因素

资料来源：张明立、任淑霞：《品牌管理》，清华大学出版社，2014，第 79 页。

（2）选择方案

一般而言，选择方案在整个命名过程中最为复杂、历时最长。在可行方案中选择一些方案供企业主要负责人决策，这要求先把问题剖析清楚，对备选名称提出合理依据。判断一个方案的好与坏，除了考虑设计者、管理者及普通员工的感觉外，还必须考虑消费者的感觉。就品牌名称进行消费者调查与测试，有助于设计工作经得起市场检验。

（3）决策方案

决策方案通常是企业主要负责人负责的事务。该项决策活动反映企业领导者的审美能力和市场预见能力。有的领导者具体事务管理能力较强，但品牌名称审美认知力欠缺，个人能力局限性容易使品牌名称决策出现偏差。避免决策者个人认知局限性是提升最终方案有效性的重要前提之一，因此在决策方案这一阶段企业应让更多高管参与并充分听取专家意见。

5.2.2　品牌标识设计

品牌标识是指品牌中可被识别但又不能用语义表达的部分。在实践中，品牌许多含义无法通过文字与语义完全传递出来。文字与语义的模糊性会降低品牌识别的生动性和具体性。因此，作为一种品牌识别元素，品牌标识在品牌有形要素设计中扮演着重要角色。

1. 品牌标识的种类

可以作为品牌标识的事物一定是有形的。一般来讲，品牌标识主要由符号、图形、颜色和字体构成。品牌标识有 3 种形式：文字标识、图形标识和图文结合标识。

（1）文字标识

从标识角度研究文字，主要是指对品牌名称设计质量优劣的视觉评价。品牌名称中的文字，不论是单个还是全部，其形状设计对品牌宣传有着重要影响。

例如，可口可乐作为世界上影响力最大的品牌之一，它的文字标识设计就比较成功，在英文名称和中文名称的字体设计风格上都显得灵动和飘逸，给消费者的印象是充满活力。

在以汉字为标识的品牌名称设计中，楷书、隶书、行书、草书和篆书各自体现不同风格。不同品牌名称因其内涵差异，在字体、字号大小及宽窄选择方面也会有所侧重。一般而言，一笔一画的楷书显示品牌的正统与端庄；细长型行书因其错落有致显示品牌的华丽与优美；扁平型加粗隶书笔画彰显品牌历史文化厚重感；草书的无拘无束可以体现品牌的豪情和不羁性格；而大小和宽窄工整细致的篆字能够体现品牌的诗文情操。

在文字标识设计上，企业还需考虑不同文化背景下人群的偏好与特点。汉字是象形文字，因而美感容易与字义相关联，但英文不具有这一特点。对于含有英文的品牌标识，设计上做到字迹清楚、线条优美即可。

（2）图形标识

图形标识设计中的品牌名称含义通常与社会文化有一定关系。由于自然、人文等因素差异，不同民族对同一幅图形的美学评价可能并不一致。在体现品牌的功能、情感和自我表达等价值方面，需要研究与探索的图形标识问题很多。

在图形标识设计中，自然界的动物（海洋动物、陆地动物、两栖动物等）、植物（花草、树木等）、天文现象（日、月、光、辉、云、霞、虹、霓、星辰、雷、电、风、雨、雾、露、冰、霜、雪等）、地理现象（潮汐、河流、湖泊、海洋、高原、山地、丘陵、草原、平原、山谷、高山、沙漠等）都可以作为题材。两个或多个题材元素结合在一起设计的方式也经常使用。

课堂小例子　　美国图形标识设计中的动物题材

美国人比较喜欢动物题材的图形标识，尤其是运动项目，采用动物图形能够展现激情与活力。比较典型的是 NBA 球队的品牌标识，如芝加哥公牛、孟菲斯灰熊、明尼苏达森林狼、密尔沃基雄鹿、亚特兰大老鹰，均把相关动物形象融入设计图形中。美国人对动物的喜爱还体现在大学文化中，他们通常把最能代表当地形象的动物作为学校图形标识元素。

思考题： 如果为国内某家保险公司重新设计图形标识，要求包括动物题材在内，你会选择哪一种动物，为什么？如果是为国内某家快递公司设计呢？

逼真且含有精神信念的企业图形标识设计极具感染力与传播力。在我国，品牌设计中的动物图形标识也有很多，但是更多品牌喜欢用人物或者自然、地理现象，动物在图形标识中一般应用较少。受中华优秀传统文化影响，有些品牌的图形标识往往比较抽象，并以此来显示文化底蕴。

（3）图文结合标识

图文结合标识在生活中最为常见，它能够适应不同消费者的识别需求。文字偏好型消费者可以通过观察文字标识来识别品牌，图形偏好型消费者可以通过观察图形标识来识别品牌。这种设计兼具文字标识与图形标识的优点，品牌推广活动能够获得消费者的认可。但是，其缺陷也很明显。文字与图形融合，会使两个题材元素的展示实效都出现一定程度的弱化。如果文字与图形搭配不当，甚至会起到负面效果。

品牌名称、品牌口号都可以出现在图文结合标识中。一般而言，文字型品牌名称和品牌形象代表式图形的图文标识组合效果最为直接，也最容易被消费者接受。如果文字、图形与品牌名称和品牌形象代表没有直接关系，那么消费者就会产生错觉或者不相关识别。

以肯德基为例，其品牌标识是典型的图文结合型，除了专门设计的"KFC"文字外，还配有创始人面带微笑的个人形象，二者有机结合传递着家庭般温馨的感觉。

课堂小知识

　　品牌标识设计需要注意形状、大小、颜色搭配。颜色选用应考虑消费者文化偏好以及品牌产品属性，正确的主色调能提升品牌形象与感染力。在英美文学著作中，经常以蓝色来形容心情比较低沉，而用绿色表示积极。在中华优秀传统文化中，红色、紫色和黄色是典型富贵色。品牌标识颜色究竟应当如何选择，这需要综合思考。

　　例如，心理学分析认为，黄色和红色是鲜艳的色调，有时也用于预警，它们会让人们感到激动和心跳加速；而蓝色则给人以安静的感觉，甚至忧郁和低沉，通常用于需要保持秩序的公共场所；白色可能会给人以宽松、肥大的感觉，而色调较暗的颜色则显得严肃、拘谨、庄重甚至比较压抑。一般认为，淡色总是能够给人以轻松的感觉，比较适用于一些压力较大而需要缓解的工作和学习场景，而艳丽色彩通常会令人兴奋，因而比较适用于娱乐场所。对于不同消费者群体而言，同一种颜色所传递的品牌效果并不一致。但是，在一些特定文化场景中，上述颜色与品牌的对应关系并不一定能够成立。

2. 品牌标识的作用

品牌标识的作用主要包括以下两个方面。

（1）便于消费者记忆与识别

有时消费者很难记住一个具体品牌名称，却对其品牌标识有着深刻印象。这样的品牌标识设计无疑是成功的。以消费者特别喜爱之物作为品牌标识，往往会形成美好的品牌联想，长期留在消费者脑海里并区别于其他品牌。中华优秀传统文化强调人与自然和谐相处，天人合一，因此品牌标识设计越是贴近自然，反映大自然之美，就越容易取得成功。以"贵州醇"为例，其品牌标识设计强调"好山，好水，出好酒"，因而得到消费者广泛赞誉。又如，"九寨沟"旅游品牌标识设计主要强调"童话世界，人间仙境"，彰显与其他品牌不同之处，使之成为旅游品牌中的杰作。

（2）展现品牌的内涵与美感

作为品牌要素，品牌标识能够展现品牌的内涵与美感。形式上越是具有穿透力与表现力，品牌内涵呈现就越到位。例如，与普通品牌相比，一款世界著名品牌产品所需表达的含义可能不止一种，审美价值构成也比较复杂，并以此形成竞争优势。尤其是服务品牌，因其产品无形性、易变性等特点，品牌标识的内涵与美感是品牌影响力的重要区分因素。在产品同质化程度较高的行业中，品牌内涵与美感的传播往往借助于品牌标识来实现。

　　例如，在白酒行业中，市场上有许多品牌，品牌同质化程度比较高。一款著名品牌与一款普通品牌相比较，二者产品质量差异可能并不大，此时品牌标识发挥着支持品牌溢价的作用，品牌的内涵与美感通过品牌标识设计而得以呈现。在该行业中，品牌新生期、成长期时酒的质量是品牌竞争力提升的关键；而品牌成熟期时，品牌标识精心设计的内涵与美感可能与酒质量提升同样重要。

5.2.3 品牌形象代表、口号、音乐与包装设计

1. 品牌形象代表

品牌形象代表设计是指在现实或者虚拟世界中寻找一个与品牌定位相一致的事物作为品牌形象代表并进行相应设计的过程。

品牌形象代表有许多种类型，如现实世界中的人物、动物、植物、风景，虚拟世界中的卡通形象、玩偶，文学著作中的虚构人物、动物、场景等。品牌选择何种事物作为品牌形象代表，需要依据品牌自身特点及消费者人群认知偏好。

品牌文化以及品牌的功能、利益、情感价值是品牌形象代表设计必须考虑的因素。例如，"大白兔"奶糖是中国市场上特别畅销的品牌产品，生动、活泼、可爱的兔子作为品牌形象代表在消费者心中留下美好印象。

课堂小例子　　2008年北京奥运会品牌形象代表设计

2008年北京奥运会作为一个重大赛事品牌，在吉祥物设计方面下了很大功夫。北京是一座融合古老文明与现代文明的城市，因此能够代表中华文明和北京特色的事物有很多，可供选择的范围很大。经过长时间的评选，"五个福娃"作为品牌形象代表脱颖而出。"五"在中华文化中具有"尊贵"的含义，同时有"五福临门"、"水、木、金、火、土"五行（自然界最为基本的元素）、"东、南、西、北、中"五个方位和来自五大洲的各国体育健儿和嘉宾等寓意。五个福娃的名字分别为"北京欢迎您"每个汉字的谐音双拼。因此，这个品牌形象代表得到了我国广大民众的认可和喜爱。

思考题： 品牌形象代表与品牌形象代言人有何区别？请举例说明。

企业品牌形象代表设计要把握以下3条原则。

（1）一致性原则

品牌形象代表应当与品牌本身所要传递的功能、情感、利益、价值相一致，且具有个性化和人格化特征，能够从气质、修养、经历、形象、品位追求等多个层面来帮助消费者做出购买决策。

（2）时效性原则

维持和提升品牌形象代表的魅力是时效性原则的主要含义。选用卡通形象作品牌形象代表一般不会过时；但是选用人物原型，如企业创始人、影视艺人，会受到个人生命、事业周期等的影响。

（3）正向性原则

品牌形象代表选择应当促进品牌宣传与推广。选择品德可靠的品牌形象代表，是品牌获得市场影响力的重要前提之一。企业应尽量避免使用道德存在瑕疵的品牌形象代表。

2. 品牌口号和品牌音乐

品牌口号与品牌音乐既可能一起出现，也可能会彼此分离。它们主要从"听"这个维

度来丰富品牌内涵并影响消费者判断。品牌口号在文字、结构及符号上的独特设计，同样能够达到有效宣传品牌的效果。一般而言，品牌口号与品牌音乐的结合使用能够互相衬托，因而比单独使用效果好。常见的组合有：响亮的品牌口号，配以激昂的品牌音乐；温暖的品牌口号，配以舒缓的音乐旋律。

在品牌有形要素设计中，许多企业根据实际需要设计了品牌口号，但忽视了品牌音乐的重要性。世界著名品牌一般都专门设计了品牌音乐。例如，蜜雪冰城不断重复播放着消费者无比熟悉的音乐旋律，所传递的信息是"蜜雪冰城甜蜜蜜"。

一般而言，品牌管理者有时喜欢按照自己的意愿来设计品牌口号和品牌音乐，但成功概率并不高。原因在于品牌口号和品牌音乐除了反映企业管理者和员工的心声外，还应当体现消费者对品牌的诉求。成功的品牌口号和品牌音乐设计是连接企业管理者、普通员工、消费者精神世界的桥梁。

品牌口号和品牌音乐除了在设计上要展现品牌的功能、利益和情感价值之外，更为重要的是应当与社会核心价值观念相一致，推动社会精神文化层次的整体提高。例如，在传递品牌承诺、企业使命、价值与追求的同时，还积极倡导企业社会责任。如果只是说明品牌是什么，以品牌实际功效为重点设计品牌口号和品牌音乐，必将严重制约品牌联想的空间。

品牌口号设计的成功例子很多，如表 5-4 所示。这些品牌除了拥有广为流传的口号之外，还配有品牌音乐。

表 5-4　世界著名品牌的口号

企业（品牌）名称	品牌口号
李宁	一切皆有可能
香奈儿	时尚来去匆匆，唯有风格永存
丰田汽车	动态的诗，向我舞近
佳能	感动常在
戴比尔斯	钻石恒久远，一颗永流传
巴黎欧莱雅	你值得拥有
匹克	我能，无限可能

需要注意的是，品牌口号与品牌广告用语并非同一概念。品牌口号具有持久性、理念性、凝聚力和导向性，而广告用语主要是为了促进销售，便于消费者在短时间内获得大量浓缩的信息。尤其是商业广告设计，其功利性特别强，因而不应与品牌口号放在同一层面思考。

3. 品牌包装

品牌包装是品牌有形要素设计中最为接近市场的部分。品牌包装主要考虑消费者的心理认同和企业形象。品牌影响力巨大的企业，通常会十分注重品牌包装，并且将其视为品牌识别的重要标志。例如，中国白酒行业中品牌影响力排名居前的企业对品牌包装都特别在意，近年来青花瓷瓶成为高档白酒的包装之一。品牌包装除了介绍产品特征外，更多地传播着品牌自身的功能、利益、情感和价值。品牌包装除了作为容器具有储存、保鲜、防潮、隔热等功能外，还具有审美价值，可以作为工艺品进行收藏。

品牌包装一般有以下 3 个作用。

（1）文化作用

品牌本身就是一种文化符号，因此在品牌包装设计方面，企业一定要将文化融入包装之中。不同社会经济文化环境对包装的标准与要求并不一致。作为一种文化载体，品牌包装应当与品牌本身所依托的文化紧密结合。如果某一品牌的文化内涵与包装脱节，品牌传播效果就会大打折扣。在国际品牌本土化经营中，企业有时也会以"增强适应性"为由而接受这种反差。

（2）审美作用

品牌包装一定要有审美作用。生产企业只有站在消费者立场上设计品牌包装，才能充分彰显其审美价值。不同消费者群体对形状与颜色的审美存在差异，有的喜欢圆形，有的喜欢方形；有的以淡雅为美，有的则以浓妆为美。在品牌包装设计时，企业应当对目标市场进行充分研究，在不影响品牌内涵的同时，尽可能地将品牌包装向着消费者的审美方向设计与发展，以满足消费者对美好生活的向往。

（3）区分作用

品牌包装由于直接呈现在消费者面前，因而具有区分品牌的作用。企业在设计品牌包装时应突出品牌差异点，着重强调品牌核心元素的功能。精心设计的品牌名称、品牌标识、品牌形象代表，通常放在品牌包装最为显著的位置，以增加品牌区分度。但是也应当防止品牌包装区分走向极端化，出现不伦不类的情形。把握品牌区分度，这是品牌包装设计的一条重要原则。

品牌实训

品牌名称、品牌标识、品牌口号与品牌音乐设计

实训材料：

A 企业是一家专门生产化妆品的生产企业，已经有 30 多年的发展历史，在行业内有着良好的声誉，产品品质很好，员工服务热情也很高涨，整个企业的发展处于稳步向上阶段。业务的快速增长使整个企业的高层管理者对未来发展充满信心。但是，有一个问题一直没有解决，就是 A 企业旗下的产品品牌名称已经出现老化现象，品牌识别特征不清晰，也没有像样的品牌口号，更没有品牌音乐。

未来 10 年，A 企业的主要消费群体是"Z 世代"和"千禧一代"。这些消费者对化妆品有着独特的理解，其不同于 A 企业现有的主要消费群体"70 后"和"80 后"，具有个性化和多样化的消费偏好。

面对这样的市场形势，A 企业决定重新设计旗下 5 个品牌的名称，并进行品牌标识设计，同时要求有响亮和动人的品牌口号和悦耳的品牌音乐。

实训任务：

（1）请以 4 人小组为单位给 A 企业做品牌设计。

（2）设计展现 A 企业特色的品牌名称、品牌标识、品牌口号与品牌音乐。

（3）撰写一份 2 000 字左右（含图表和占用字符）的设计报告。

复习思考题

一、名词解释

品牌理念　品牌名称　品牌标识　品牌形象代表　品牌口号　品牌音乐　品牌包装

二、简答题

1. 简述品牌无形要素设计的主要内容。

2. 什么是品牌理念？请举例说明。

3. 简述品牌理念设计的原则和方法。

4. 简述品牌核心价值设计的主要维度，并结合实例加以说明。

5. 简述品牌有形要素设计的主要内容。

6. 品牌名称设计的原则有哪些？

7. 品牌名称的类型分为哪几种？

8. 品牌标识有哪些具体作用？请举例说明。

9. 品牌形象代表、品牌口号、品牌音乐与品牌包装设计有哪些注意事项？请结合实例加以说明。

三、论述题

1. 试述品牌理念的层级关系以及设计原则。

2. 试述品牌名称与品牌标识设计的关系。

四、设计与分析题

题目：假设你是一家初创企业的总经理，请运用本章所学知识，撰写一份企业品牌名称与品牌标识设计方案（2 000 字以上）。

要求：（1）说明所应用的知识点；

　　　（2）列出设计的创新之处。

第6章
品牌定位与个性化策略

本章主要知识点

- 早期广告理论中的定位思想
- 品牌定位理论
- 品牌定位原则
- 品牌个性的定义
- 西方品牌个性维度的测量
- 中国品牌个性维度的测量

案例导入 产品品牌定位中的差异化比例、差异点与个性化策略

关于品牌定位，成功的例子很多。归结起来，成功的关键就在于寻找品牌产品的差异点，并在细分市场中建立个性化形象。但是，差异点究竟占多大比例才能定位成功？这并没有一个准确的数字。有时，可能 5%～10% 的差异就足以让品牌个性凸显，并成功实现定位。

例如，宝洁定位于诚信和创新。它的目标是通过为消费者提供高品质的产品来满足或者超越消费者的期望，从而提升消费者的生活品质。它的品牌定位原则是以消费者为中心。为此，这家企业进行深度的市场调研，通过了解消费者需求偏好，进而开发出能够满足消费者实际需求的产品。

宝洁旗下的品牌产品很多。其中许多品牌以可靠、功效好和价值高而闻名。例如，在日化产品品牌定位中，海飞丝主打"去头屑"，潘婷主打"修复受损发质，保护秀发"，而舒肤佳主打"杀菌"。不同的品牌定位不仅有利于彼此区分，塑造各自独立的品牌形象与个性，在消费者脑海中形成清晰的印象，而且有利于占据更多的市场份额。

在这些品牌产品中，个性化特征也十分明显。品牌个性化通常通过广告形象代言人的特点而体现出来，品牌还针对特定的消费者群体而传递价值主张和个性化关怀。

思考题：品牌定位与差异点、个性化策略之间有何关系？

6.1 品牌定位理论与原则

在品牌管理知识体系中，品牌形象研究主要从两个角度展开：一是企业角度；二是消费者角度。前者通过品牌设计来建立品牌识别系统，为品牌确立身份和地位，突出品牌是什么，并展示品牌形象；后者主要说明品牌给人们的实际印象是什么，即在消费者心目中的具体形象。品牌设计必须考虑这两个角度，既要体现企业的设计思路与战略意图，同时又要满足消费者的物质和精神层面的需求。因此企业在品牌设计中所构思的品牌识别、品牌形象，需要在实践活动中不断地与消费者的实际需求进行匹配。这个过程事实上就是品牌定位。

6.1.1 品牌定位理论

品牌定位的实质是向消费者或者目标人群传递品牌识别，品牌识别的差异性，是一个品牌区别于另一个品牌的关键所在。这种差异能够确保品牌在消费者心目中占据一个有利的位置。因此，品牌定位是指品牌识别在消费者脑海中的位置、空间大小、清晰程度与重要程度。一般而言，成功的品牌定位意味着品牌在消费者脑海中占有一定的存储空间，形象清晰，位置牢固且十分重要。

1. 早期广告理论中的定位思想

在早期广告理论中，研究者比较重视品牌传播在品牌形象塑造中的作用，因而提升传播效果的定位思想随之出现。"独特的销售主张"就是其中相对成熟的一种定位思想。

"独特的销售主张"由美国达彼思广告公司董事长罗瑟·瑞夫斯（Rosser Reeves）于20世纪50年代提出。其思想为，每一则广告都应当提出一个不同于竞争性品牌的独特的销售主张。这种独特性主要表现在：第一，广告中所传播的品牌应当体现出竞争性品牌所不具有的功能性利益，即能够满足消费者实际需要的独特之处；第二，这种独特的功能性利益必须与消费者的实际需要紧密相关，否则将不会产生持续的吸引力和销售力；第三，每一则广告都应当聚焦于一个对消费者特别有益的价值主张，使消费者感到这样的价值在品牌实际使用过程中确实存在。

这一思想的核心在于，品牌营销广告必须有一个独特的价值主张——强调品牌功效是其他品牌所不具有的，至少之前未曾在市场上出现过，即其他品牌还没有做出过类似的承诺；同时，这种价值主张必须能够满足消费者的真实需求，具有市场号召力和感染力。

课堂小例子　　茶与酒经典商业广告中的独特价值主张

以中国凉茶品牌"王老吉"广告为例，"怕上火，喝王老吉"这则广告语为中国广大消费者所熟悉。在早期市场营销活动中，这个品牌做得十分成功，主要原因在于把"降火"功效——消费者尤为关注的价值，明确地提出来，并且作为独特的功效加以营销。这就是该品牌的"独特的销售主张"，它在建立品牌形象方面起到了重要推动作用。

又如，在竞争越来越激烈的中国白酒行业中，能够体现品牌独特的价值主张的地方并不多见。这是由于，尽管各种品牌的包装各不相同，但是在消费者看来，它们的共同点都是一个"醉"字。这种印象给酒类企业塑造品牌形象造成了较大困难。为了从这种共同印象中独立出来，寻找到独特之处，不少企业想尽了办法。做得比较好的是"孔府家酒",这款品牌利用中华优秀传统文化中的"家文化"元素,着重强调饮酒中的"乡愁",进而体现出品牌在"情感"上的独特性。一句"孔府家酒,叫人想家",瞬间温暖了消费者的心。该品牌成功塑造了品牌独特性,因此获得成功。

思考题:在茶与酒的其他品牌中,还有哪些品牌的价值主张很独特,为什么?

2. 品牌定位理论

1969 年杰克·特劳特(Jack Trout)在美国杂志《工业营销》上发表了文章《定位:同质化时代的竞争之道》,提出通过定位来突破同质化瓶颈;艾·里斯(Al Ries)和杰克·特劳特联合推出成名之作——《定位》,系统地阐述了定位理论,并认为品牌定位是指品牌在目标人群脑海中占据一个"空间"。

简言之,品牌定位是消费者群体对一个品牌相对于其竞争对手产生的总体印象。企业可以通过品牌战略调整来改变对品牌不利的印象。常见的做法是,企业把营销工作聚焦于为数较少的关键点上,加强与消费者群体的沟通。

要准确地理解品牌定位理论,必须掌握与之相关的概念,如市场细分、选择目标市场和市场定位。

(1)市场细分

市场细分是指把同质化的市场按照有意义的维度拆分成相关的和能够介入的消费者群体。如果没有对整体市场进行细分,企业就无法进行目标市场的选择。

(2)选择目标市场

目标市场是指企业能够到达的、具有所要求的容量和(或)战略重要性的消费者群体。选择目标市场就是在细分市场基础上对拟进入市场进行挑选的过程。

(3)市场定位

市场定位是指给产品在消费者脑海中赋予一个永久的意义和相关性。这种意义和相关性主要是针对目标市场中的竞争者而言的。

品牌定位是在市场定位基础上产生的。依据上面 3 个概念,品牌定位事实上是一种品牌价值传输机制。它决定了品牌价值如何传递和传递什么样的价值。同一品牌的不同定位意味着该品牌对消费者的价值是不同的。当一个品牌被再定位时,表明它对消费者的价值也被重新定义。

凯勒认为,定位就是通过识别并建立对等点(共同点)和差异点来建立正确的品牌识别和品牌形象。因此,品牌定位并不仅限于建立差异点,同时也应当考虑建立对等点。如果一个品牌的差异点过于突出,而对等点却严重不足,这在一定程度上也会影响到品牌定位的实际效果。

6.1.2 品牌定位原则

由于品牌定位受诸多主观、客观因素的影响,因而在具体操作过程中如果缺乏一定的原则指导,那么就很容易出现偏差。成功的品牌定位,应当坚持以下 4 条原则。

1. 相关性原则

品牌定位应当愿景清晰、含义精确。因此,品牌定位描述得越具体,展现得越形象,效果就越好；反之，模糊的、抽象的定位则有可能让人不知所云。品牌定位应当建立在坚实的基础上，并与人们的生活高度相关，这样就比较容易获得消费者的广泛认同。品牌定位不能脱离品牌的愿景、使命、理想和信念。

课堂小例子　　　　　　**品牌定位相关性原则举例**

一家游乐园的品牌定位应当与"快乐""欢乐""轻松""愉快"等相关联，如果出现偏离，就可能使游乐园的愿景、使命、理想和信念在品牌中体现不充分，导致品牌识别中的对等点不完整或不清晰。同时，更为重要的是品牌定位要体现出差异性。因此，在满足消费者需求时，一定要确定究竟满足哪些层面的需求，或者哪些群体的需求，否则就很难达到品牌传播的效果。

例如，一款衣服的定位应当与"合体""大方""讲究""时尚""潇洒""风度""优雅""美丽""新颖""耐磨""简朴""经济""华丽""温暖""关爱""呵护"等有关，主要强调其中的哪些优点，就是差异点的寻找与发现的过程。如果在服装定位上并没有这些方面的内容，而是强调一些与衣着并不相关的含义，就会使服装品牌形象受到影响。由于衣服与个人的喜好总是紧密相关的，因此在经营上如果将衣服定位于礼物赠品，就会进入品牌定位误区。

思考题：品牌定位相关性原则在不同产品类别中是如何体现的？

---

2. 独特性原则

设计与创造出不同之处，与竞争者相区分，这是保证品牌定位成功的最为重要的一条原则。具有独特性的定位不仅有利于品牌识别，同时也能够为消费者带来真正的利益和价值。品牌独特性并不排斥品牌共同点，只是在共同点基础之上形成了品牌的独特价值。如果一款品牌缺乏独特性，则会在激烈的竞争中卷入价格战或者促销战。

以手机行业为例，尽管目前市场上的品牌很多，而且竞争十分激烈，但是由于华为手机在市场上的独特地位，及其所具有的独特品质，因而在提高消费者忠诚度方面处于比较有利的地位。在价格和促销方面，华为手机在各个型号上都保持着与竞争者的定位区分度，同时不断优化设计与服务，形成了独特的竞争优势。

3. 一致性原则

品牌定位必须使品牌所定位的消费者与品牌本身的价格、功能、利益、情感等因素保持一致。如果从营销组合角度进一步细化，品牌定位是在产品定位、价格定位、渠道定位、促销定位方面的品牌要素设计与选择。营销组合与品牌定位的一致性，是形式上的要求；与消费者需求的一致性，是内涵上的要求。只有形式定位与内涵定位一致，品牌定位才会更具体、更准确，针对性更强。

此外，随着消费日趋个性化、多样化，以及社会大众在收入和地位方面出现的深刻变化，品牌对消费者的选择与判断变得更加重要。与世界消费发展趋势在时间和节奏上的一致性，是独立于品牌形式与内涵的又一变量。品牌定位不仅要着重观察品牌本身，而且也要观察世界经济环境和国内环境变化。对行业和市场的敏感度决定了品牌定位的实效。

4. 持久性原则

品牌定位一经确定，要长期坚持下去，不能经常改变。对品牌产品的客观评价，通常是建立在消费者长期使用的基础上。通过分析消费者需求，进而找准品牌定位，本身就是一个反复试验、反复修改、不断提升的过程。品牌定位作为一项活动，必然需要人、财、物等资源的持续投入，因此在投入与产出对比中，品牌定位的收益应当从长远来计划，坚持持久性原则。

6.1.3 品牌定位过程

品牌定位过程是一个反复调研、论证、确认的过程。一次品牌定位往往很难取得成功，只有反复地进行市场测试，才能把品牌定位在一个合适的点上。一般而言，市场空间用来描述企业活动场所，品牌定位是在消费者脑海中寻找品牌可占据的空间。在企业运营的实际空间与品牌定位的想象空间之间，应当有一个不断调试的对接过程，这其实就是品牌定位过程。

一般来讲，品牌定位过程共分为以下 4 个步骤。

1. 品牌理念定位

企业家的品牌定位是以理念制胜。因此，在品牌定位过程中，理念应当放在第一位。尽管在实践中每一个企业都是由小到大发展而来的，在初创时期企业可能没有理念，但是当企业发展到一定规模时，特别是进入品牌化经营阶段之后，理念的重要性得以彰显。正确的理念是品牌成功定位的先决条件。由于不同管理者之间存在着管理风格和思维差异性，因此需要用统一的理念协调和指导管理者的品牌管理行为。品牌理念定位，作为品牌管理决策的最为重要的一环，它把不同阶段、不同时代的企业管理者的经营风格与管理思维统一起来。

2. 品牌理念实体化呈现

品牌理念形成之后，品牌定位的重心开始向着实体化产品的推出转移。好的理念必须能有效指导行动，企业行动的结果就是品牌产品的呈现。因此，对于品牌定位中的重要对象——品牌产品，企业应当进行市场测试，通过消费者态度调查和员工访谈，了解品牌定位过程中可以改进的地方，使品牌理念与品牌实体呈现之间有效地结合起来。如果品牌产品形态与提供方式影响了品牌理念的执行效果，那么就应当改进品牌产品的形态和提供方式。在这个过程中，理念测试与品牌产品的市场测试可以同步进行，一般而言，调研结果可以作为后期改进的重要依据。

3. 品牌差异点与竞争优势的确立

具有先进理念和品牌产品，并不能够保证企业品牌定位取得成功。在激烈的市场竞争中，企业必须在具备上述两者的同时，还能够开发出第 3 个点——基于差异点而形成的品牌竞争优势。这种优势主要体现在品牌产品上，它是对品牌理念的进一步诠释。该类优势的建立是品牌定位的一项重要原则。差异点中包含着竞争优势，甚至是核心竞争力，这是品牌定位成功的关键。因此，品牌差异点与竞争优势的确立是品牌定位的第 3 个重要环节。

4. 品牌定位的扩展与延伸

品牌定位应当为品牌后续发展留下想象空间。不论是在理念上还是在品牌产品呈现上，品牌定位都不应当过于拘泥于形式或者时代特征。越是针对特定人群和特定文化时期，品牌的扩展与延伸能力就越弱。为此，在品牌理念上，应当以人类共同价值观念为主题，如求真、向善；而在形式上应当不过于跟随市场变化，而是把握市场主流。品牌定位的扩展与延伸应当延续品牌理念主线，在不断扩展和变化中保持核心思想和理念的稳定性。在保持品牌生命力方面，企业需通过重新定位赋予传统品牌理念以新内涵，不断改进其呈现形式，这是品牌定位成功的关键。

6.2　品牌个性化策略

品牌个性化策略制订与实施的一个重要前提是品牌人格化。品牌人格化就是赋予品牌以人一样的个性。在想象一些著名品牌时，消费者通常会把这些品牌与特定的个性联系在一起，此时这些品牌就被人格化。将不同品牌分别以相应的个性进行描述，这样有助于提升品牌管理质量。从物质层面理解品牌，通常从组织形态、产品和服务等物质角度来解释；而从精神层面来解释品牌，就要赋予品牌更多的人格特质。

6.2.1　品牌个性化的含义

个性的英文单词（Personality）由拉丁文（Persona）演变而来，原义是古希腊、古罗马时期演员表演时所戴的面具。由于面具具有一定的"表演""掩饰"功能，既强调给他人的感觉，又强调演员人格的呈现，因而观众通过观察演员所戴的面具，就可以推测其所扮演角色的人格特征。从外表来推测内心，这是个性研究的初始阶段。个性的中文含义是个人的性情。它在心理学上的解释是个人在不同环境中所表现出的有别于其他人且相对稳定的心理特征和行为模式。个性既可以通过外形表达，也可以通过内心活动释放。

例如，外向型人格的人，通常通过身体语言与姿态来表达个性；而内向型人格的人则通过内部心理活动来释放情绪。前者个性比较外显、张扬，后者则相对内敛、安静。个性并无好坏之区分，但是在特定场景中，人们倾向于喜欢一些个性，而不喜欢另一些个性。

一般认为，个性可以从一个人是否自信、是否具有控制别人的欲望、做事是否主动、在社会活动中是否活跃、行为是否遵循规则、环境应变能力是否较强等方面来描述。

课堂小知识

在人的个性描述中，根据与特定个性词汇关联程度的不同，可以区分出不同的个性特征。

与"自信"相关的个性表述——自恋、自尊、自爱、自负、自贬、自卑等。

与"控制欲"相关的个性表述——权力欲、表现欲、服从感、合作精神、责任心、反抗性、叛逆、随和、宽容、容忍、大度等。

与"主动"相关的个性表述——积极、乐观、活泼、勤奋、坚韧、被动、消极、悲观、消沉等。

> 　　与"社会化"相关的个性表述——开放、开朗、从容、活跃、友好、包容、豁达、保守、传统、刻板等。
>
> 　　与"遵守规则"相关的个性表述——严格、严谨、认真、老实、诚实等。
>
> 　　与"灵活"相关的个性表述——倔强、顽固、坚毅、刚强、执着、偏执、自然等。

（1）个性中的 3 种关系

现实生活中，关于个性的描述还有许多其他方法。不少学者习惯于从人与自我的关系、人与他人的关系以及人与自然的关系这 3 个维度来研究个性。

① 人与自我的关系

一个人的性格，有相当一部分体现在其对自己的态度方面，也就是人们常说的个人与自我的关系。人与自我之间，并不是一种完全融洽的关系，有时，个人表现出对自身的过于严格。例如，自律就是一种性格特征。但是，如果对自己过于严格，就会出现"自虐"行为，或者称之为对自己的惩罚。对自己过于严格，不利于个性成长和发育，是不可取的；但是对自己过于宽松，甚至放纵，也不可取。过于放纵自我，也是一种自私的表现，这种性格可能会破坏社会关系。

个性过于自我，往往很难与人相处；而完全没有自我，又会失去成长发育空间。因此，个人在对待自己的行为和态度方面，应当找到合适的度：善待自己，培育自己的性格，但又不放纵。这要求个人在对待自己方面，要有自己的观点和主张，而不是完全受制于环境。能够把个人身心调整到最佳状态，对自己和社会都是有益的。因此，在个性培养中，人首先要处理好与自我的关系。

② 人与他人的关系

人是社会人，人与他人相处是社会生活的基本状态。人与他人的关系，是检验人与自身关系以及人的社会化程度的重要标尺。由于人与自我之间的关系具有隐蔽性，不容易被观察到，因而观察人与他人的关系就是发现个性特点的主要方式。但是，人和自我与人和他人的关系，并不是一种完全的同向发展关系。也就是说，对自我行为和态度好的人，在处理与他人的关系时，并不一定会呈现出同样的状态。有时，情形可能恰好相反。

因此，在人与他人之间的关系方面，个人与自我的关系究竟起正向促进作用，还是起反向抑制作用，或者是处于一种中间状态，这是需要深入研究的课题。但是，不论个人与他人之间的关系是个人与自我关系的完整投影，还是只是一种假象，这些现象背后的逻辑都有助于个性研究。一般而言，个性往往通过个人与他人的关系，尤其是与亲密的人之间的关系（如与家庭成员的关系、与朋友之间的关系）反映出来。这些周围人的个性往往与个人本身的个性具有高度的相似性。

③ 人与自然的关系

人与自然的关系是一种比较原始的关系。这种关系是检验个人与自我、个人与他人之间关系的另一个标准。人与自然的关系处理中，折射出个人是否把人的利益看得比自然界的和谐共生更重要。人不应过于强调人的利益，而忽略自然界万物的平衡发展。人是自然中的人。人的发展以及个性的健康成长，离不开大自然的哺育。个性中对自然界、生物多样性的态度，从一定程度上能够揭示人性中美德的程度。

人与自然的关系，往往通过是依附、获取，还是保护和爱护自然的行为与态度反映出来。不同个性的人，在这些选项上，表现出明显差异。例如，有的人对自然充满敬畏感，认为人是自然界的一部分，必然遵循大自然法则和规律来学习、工作和生活。在这些人的个性中，自然规律起着十分重要的调节作用。有的人则认为人应当从大自然中不断获取，因而其个性中充满了获取资源的欲望。也有一些人爱护和保护自然环境，人性中充满融入自然、回归自然的强烈愿望。

上面这 3 种关系并不是独立存在的。它们可能同时出现在人的个性中，只是从不同侧面来反映和揭示人的个性特征。

（2）个性测量维度与指标

在具体管理工作中，笼统地描述个性，这种做法的实际作用并不明显。因此，对个性的研究，应当从个性的各种关系状态来测量，通过设定观测维度和指标分析个性特质之间的关系。

① 西方传统文化中的个性维度及其测量指标

在西方传统文化中，人的个性通常采用大五人格模型来进行分析。它具体包括 5 个方面：外向性、宜人性、尽责性、神经质和开放性。这 5 个方面的具体含义如表 6-1 所示。

表 6-1　西方传统文化中的个性维度及其测量指标

序号	个性维度	测量指标
1	外向性	热情、合群、爱交际、自信、活跃、追求、兴奋、积极情绪等
2	宜人性	信任、诚实、坦诚、利他、顺从、谦逊、质朴、温和、亲切等
3	尽责性	能力、守秩序、负责任、追求成功、自我控制、严谨、深思熟虑等
4	神经质	焦虑、愤怒、敌意、抑郁、自我意识、冲动、脆弱、敏感等
5	开放性	幻想、爱美、有美感、情感丰富、行为、观念、价值等

在表 6-1 中，个人的个性主要从 5 个维度来观测。每一个维度下，又有一些具体的观测指标。例如，在外向性这个维度下，设有"热情""自信"等具体指标。这些指标综合在一起来进一步解释外向性这个维度，然后外向性与其他维度一起综合解释个人的个性特征。需要注意的是，在每个具体指标的测量上，为了保证测量结果的客观性，一般会设计 3 个（包含 3 个）以上的具体问题，也称为问题项，通过一定的权重相加后得出具体观测指标的统计数据。

以李克特量表的使用为例，如果采用 1～5 点评分方式，那么具体到一个问题项，则可能有 5 种答案供被调查者选择。之后，将所有样本的数据平均（假如采用算术平均法），就可获得具体观测指标的计算值。如果继续采用算术平均法计算各个维度的值，那么求出每个维度下的各个观测项的平均值即可。最后，根据所有维度的计算得分再计算平均值，就得出个人个性的总分。但是一般而言，个性总分的含义并不具有实际意义。相反，通过将每个维度上的得分绘制成雷达图，能够较好地展现个人的性格特征。

> **课堂小测验**
>
> 　根据表 6-1 中的测量指标，参照上述对李克特量表使用方法的介绍，邀请同班同学（10 人左右）对自己的个性进行打分，并通过 Excel 绘制雷达图。

在西方传统文化影响下，大五人格模型中的 5 个方面相对独立。由于所涉及的行为和心理等活动较少重复，因此每一个维度都具有相对完整的含义。但是，由于西方传统文化比较强调独立人格和自由精神，个人主义倾向比较明显，因而其个性结构中比较强调情感表达以及自然流露；同时，对公共利益的关注，也是其个性评价的重要尺度。

② 中国传统文化中的个性维度及其测量指标

中华优秀传统文化中的个性结构主要受道德伦理评价标准、群体意识、情感的含蓄表达以及社会性和包容性等因素影响。个性结构更多地体现为个人与他人之间的关系层面上。表 6-2 列出了中华优秀传统文化中的个性维度及其测量指标。需要明确的是，个性中既有"善"的一面，也可能会有"恶"的一面。一般而言，评价个性总是从人性向善的一面来进行评价，例如，对品牌、能力与业绩，都是通过设计一些正向指标进行打分，因而一些个性为"恶"的指标并没有包括在内。这些正向指标通常能够彰显个性中的美德，只是在具体观测项所对应的问题项目上分值有所不同，并以此来反映被评价人个性中美德的强弱程度。

表 6-2　中华优秀传统文化中的个性维度及其测量指标

序号	个性维度	测量指标
1	外向性	喜欢社交、合群、活跃、乐观、善于表达等
2	善良	关心他人、诚实守信、重感情、具有同情心、公正守法等
3	做事风格	严谨、自制、沉稳、干练、冷静等
4	才干	果断、坚毅、机智、勇敢、灵活等
5	情绪性	耐心、直率、豪爽、理智、稳定等
6	人际关系	宽容、热情、谦让、豁达、忠诚等

当然，中华优秀传统文化中属于美德的个性并不止表 6-2 所列的这些，在维度上有更多的选择。中华优秀传统文化中包括儒家、道家、法家等各家的思想，在发展中融入了一些外来文化思想，如从印度引入的佛学思想。儒、释、道对中华优秀传统文化的构建起着重要支撑作用。这些传统文化思想，对普通人个性的形成影响较大。但是这三者在对个性的影响方式及程度上，与西方传统文化中的个性培养与形成相对比，还是存在着根本的区别。

课堂小测验

根据表 6-2 中的测量指标，参照上述对李克特量表使用方法的介绍，邀请同班同学（10 人左右）对自己的个性进行打分，并通过 Excel 绘制雷达图。对比两次个性测验的总分，看是否具有一致性。你认为哪一个测验结果更能体现你的个性？

总的来看，个性的成因是极其复杂的，主要受社会环境、家庭环境以及工作和学习环境等因素的综合影响。个性的培育与发展与社会经济文化发展程度密切相关，因此每个人的个性除了受遗传因素影响外，还会受到上述综合因素的影响。从生物学、遗传学、社会学等科学视角来研究个性的培育与发展，是当代社会关于个性探索的主要方法。

品牌个性的判断与评价也要依据一定的社会文化标准。由于中国与西方在道德伦理上的较大差异，因而在品牌个性的审美方面，中国企业家与西方企业家有着不同的视角，这在一定程度上引起了品牌国际化经营中的冲突与伦理问题。但是，人们目前所关注的主要还是品牌个性所表现出来的一些特征上的差异，而对这些个性的成因探索却涉及较少。一般认为，作为个人，其个性的形成既受先天因素的制约，又受后天环境的影响，同时也与个人的自我修炼、性情培养有着重要关系。因此，个性是由天赋、环境和个人学习3个因素共同作用的结果。

6.2.2 品牌个性维度的测量

1. 西方品牌个性维度的测量

詹妮弗·阿克（Jennifer Aaker）认为，品牌个性是品牌联想出来的一组人格特质，是指品牌所具备的人类特性以及这些特性在向外界传播过程中消费者对它们的感知。品牌个性可以从输入和输出两个方面进行解释。从品牌管理者角度观察，品牌个性是品牌管理者期望通过沟通达到的目标，是企业想要实现的与品牌形象相一致的个性设计目标；而从消费者角度观察，品牌个性是对企业已设计完成的品牌的感知。品牌个性的计划者、设计者是企业，而品牌个性的观察者及品牌联想的实施主体是消费者。消费者在选择、消费过程中产生对具体品牌的主观印象，并从个性角度进行描述，就形成品牌个性。

企业作为品牌提供者，可以在品牌出现于市场之前，对品牌应当具备或者必须具备的个性进行设计和塑造，并在此基础之上针对已经设计和塑造完成的个性进行营销宣传，这个过程就是品牌个性化设计与管理。但是，品牌出现在市场上时，品牌个性设计和塑造的成功与否，更多地取决于消费者的判断。因此，品牌个性通常借助于品牌形象进入消费者脑海。

但是，品牌个性与品牌形象并不是同一个事物，它是同一个事物的两个不同方面，这个事物就是品牌本身。品牌由于具有个性和形象两个不同的方面，因而在内涵和形式上都能够充分地展现其价值。换言之，品牌价值就是品牌个性与品牌形象的统一体。一般而言，品牌个性越是与品牌形象吻合，品牌价值就越高；反之，则越低。品牌个性是品牌的灵魂，而品牌形象是品牌的外部装饰。尽管品牌个性和品牌形象都蕴藏于品牌本身，但是它们事实上又都是消费者在脑海中的印象。品牌设计的主要功能就是将这二者对应起来。企业作为设计者，一方面要了解和掌握消费者人群对品牌的内在期望，另一方面应当根据品牌所具有的内涵与外形来进行设计定位。

从前面不同文化背景下的个性对比分析可以发现：对于同一个品牌而言，如果分别由西方消费者和中国消费者来对它进行评价，他们所使用的个性维度和测量指标是不同的。这事实上说明了品牌个性的设计与评价一定要结合具体的社会环境，否则就没有现实意义。由于品牌个性设计中除了包含自然科学的基本要素外，还包含审美学、行为学、心理学等社会科学方面的内容，因而认识品牌个性一定要从自然属性和社会属性两个方面来加以理解，而不应当对一个具体品牌的个性判断仅通过两种不同的评价标准来做出。

品牌个性中的社会属性还包括年龄、性别、社会阶层等人口统计学特征。

表6-3是詹妮弗·阿克的西方品牌个性维度量表，它与西方传统的大五人格模型有所不同，是目前比较流行的评价品牌个性的市场调查工具。企业在面向市场的品牌个性调查问卷中，态度量表可以直接沿用这些反映个性特质的词语。

表 6-3　西方品牌个性维度量表

个性维度（变量）	不同层面（观察项）	反映品牌个性特质的词语
真诚	脚踏实地、诚实、健康、愉悦	家庭导向、小城镇的、真诚、真实、原创、感情丰富、友好
激动人心	大胆、活泼、有想象力、时尚	追逐潮流、令人兴奋、酷、年轻、独特、幽默、特立独行、紧随时代
能力	可靠、智慧	勤奋、安全、技术、团结、领导者、自信
精细	美观、有魅力	富有魅力、外形美观、女性化、流畅
粗犷	结实	男性化、粗犷、强壮

　　詹妮弗·阿克的上述量表是在广泛收集与个性有关的词语，通过文献研究方法来进行维度下观测项的归类，并通过探索性因子分析和验证性因子分析以及稳健性检验而得出的结论。在研究中，她在样本人口统计特征方面考虑了美国人口的特点，选择了用来进行问卷调查的被观察对象，对这些被观察对象进行个性评价与选择。最终得出如表 6-3 所示的品牌个性的 5 个维度，以及包括数十个问题项（其中包含问题设计时应体现的关键词）的量表。尤其是稳健性检验中，她把被观察对象进行了替换，同时对样本也进行了更换，结论依然成立。这项研究在品牌个性研究方面具有重要的意义。

　　詹妮弗·阿克的品牌个性维度量表可以解释西方 93% 的品牌个性差异，而且在西方营销理论研究和实践中得到了广泛的验证和应用。但是，由于品牌个性存在着跨文化差异，这些与西方个人的人格特征相对应的品牌个性是否在东方文化情境下仍然有效，需要认真思考与对待。除了我们在前面所提及的一些传统人格特征之外，东方文化下的人格特征主要还包含哪些元素，它们应当是什么，它们如何影响着品牌个性的计划与设计，这些都是困扰着理论界的重要难题。尤其是对于中国企业的品牌管理而言，应用这一量表时，需要清楚它的研究过程及结论的含义。

　　另外，在关于"人性"或者"人的个性"的理解上，西方国家与东方国家也存在着一定差异。这会直接影响到品牌设计与品牌感知。詹妮弗·阿克为了探索个性维度中的这种文化差异性，经与日本和西班牙的学者合作，于 2001 年沿用 1997 年开发的个性维度量表对东方国家日本和拉丁文化的代表国家西班牙进行品牌个性研究，并结合已有的对美国品牌研究的成果，得出结论：美国品牌个性维度的独特性在于"粗犷"；日本品牌个性维度的独特性在于"平和"；而西班牙品牌个性维度的独特性在于"热情"。由于她的研究没有直接涉及中国企业品牌管理问题，因而这个问题成为我国品牌个性探索的前沿领域。

课堂小问题

　　在詹妮弗·阿克的西方品牌个性维度量表中，共有多少个维度？你认为这些维度和层面对刻画东方品牌个性有多大帮助，为什么？

2. 中国品牌个性维度的测量

　　从前面对詹妮弗·阿克的西方品牌个性维度量表的分析中可以发现，西方学者所提出的品牌个性维度及其测量标准有其文化上的局限性。因此在分析中国企业的品牌时，有必要根据中国传统文化中的个性特征，开发品牌个性维度评价量表。在这个方面中国学者卢泰宏和黄胜兵对中国本土化品牌个性维度进行了系统性研究，并使用词汇法、因子分析和特质论作为方法论基础，用中文语言作为品牌描述的测量工具，从"仁、智、勇、乐、雅"5个维度得出研究结论。他们所开发的中国品牌个性维度量表如表6-4所示。

表6-4 中国品牌个性维度量表

个性维度	观测项目
仁	正直、温馨、仁慈
智	成功、智慧、信赖
勇	强壮、刚毅、粗犷、进取
乐	吉祥、时尚、乐观
雅	魅力、品位、儒雅

在表6-4中，品牌个性共分为5个维度：仁、智、勇、乐、雅。在每个维度下，又有不同的观测项目，例如，"仁"包括正直、温馨、仁慈。使用这个量表分析中国企业的品牌个性时，就可以根据具体的观测项目设计相关问题。在实际操作中，使用者可以直接引用这个量表，分析企业品牌或者产品品牌的个性；也可以借鉴其中的部分维度和观测项目，在这个量表基础上增加一些新的维度和观测项目，引用其他学者的研究成果，构建出新的量表。这时，对新构建的量表就要进行信度和效度分析。当然，使用者也可根据需求自己设计量表，在文献综述基础上设计出品牌个性的不同维度，并进行探索性因子分析和验证性因子分析，在模型符合稳健性检验指标的情况下，推广研究结论和管理启示。

3. 品牌个性维度测量的跨文化差异

需要注意的是，由于中国文化与西方文化的差异，完全在意义上相同或一致的词汇很难找到，因而一些维度并不能够找到准确的、完整的与之相对应的西方词汇。例如，在中国文化中，个性"仁"这个字的含义十分复杂，很难找到语义相近或相同的字或者词来代替，在概念和范围上能够与它精确对应的英文单词几乎没有。相应地，在用英语解释这个汉字的意思时，就只能采用描述的方法，而很少用某一个具体的英文单词来直译。又如，中国文化中经常提倡个性中的"孝顺"，尽管在英文词汇中也有类似的单词或词汇，但是也并不能够完全在含义和范围上精确对应。

此外，还有一个重要的区分是对"善"的理解不同。中文中的"善"有时指"完善"，有时指"善良"。但是，在人性中，通常是指后者。而在英文中，"完善"和"善良"所对应的是两个不同的单词，含义相差很大。个性在这些关键维度上的跨文化差异，容易导致理解上的不同。

通过对比表6-3和表6-4，我们可以发现，除了每个维度的具体含义有一定差异之外，具体到每一个观测项目，即描述个性所使用的词语的含义也有一定的区别。例如，中国品牌个性中所描述的"正直"，在西方品牌个性中并没有特别适合的对应项；在西方品牌个性中描述的"幽默"，在中国品牌个性中也没有相对应的项目；在西方文化中的"特立独行"是品牌十分重要的描述项目，而在中国品牌个性中可能由于并不是一种重要的个性而加以省略。此外，即使是人们认为在语义上等同的同一个描述性词，如中文的"粗犷"与英文的对应词相比较，事实上二者之间的真正含义（在具体内容和表达方式）还是有一定区别的。

从上面的分析中，可以得出以下管理启示。

（1）个性维度量表具有跨文化局限性

不论是利用西方品牌个性维度量表来解释中国品牌，或是利用中国品牌个性维度量表来解释西方品牌，都是有一定的局限性的。这种局限性就在于语言文化交流中客观存在的语义障碍，以及由此而形成的人们在理解上的偏差。因此，在品牌个性评价方面，有必要站在第三方角度来对品牌个性进行客观评价。

（2）品牌个性国际化受经济因素影响

通过对比中西品牌个性测量维度，可以更加清楚地理解中国品牌个性的独特性，以及在中国品牌走向国际市场的过程中需要重点关注的一些问题。仅是强调中华优秀传统文化下的个性并不能够十分有效地进入国际市场。同样，一款国际品牌如果仅从品牌原产地的角度来营销品牌个性，那么也不一定能够成功地在中国市场立足。但是，经济发展水平会影响文化的渗透力，一些国家由于经济发展水平较高，也会在一定程度上帮助其品牌以本国所倡导的个性走向世界市场。

（3）品牌个性维度设计应当与时俱进

在社会发展过程中，文化提升十分必要，个性也需要发展，品牌个性随之也会发展变化。在经济全球化和信息技术飞速发展的当今时代，品牌个性的国际化成为一种潮流，强调推行世界人民共同认可的品牌个性测量标准已经成为一种新的发展趋势。但是，文化的繁荣与保护以及个性化的纵深发展，又在强有力地把消费者拉回传统文化轨道上。因此，在对待中国品牌个性化发展这个具体问题上，正确的路径在于传承中华优秀文化并吸收世界先进文化。在品牌个性设计上做到在发展中传承，在传承中发展，体现中华文化优秀之处，同时借鉴世界先进文化。

品牌实训

2022—2023 年中国家电行业品牌评价结果发布

实训材料：

2023 年 9 月 1 日，为贯彻落实《数字化助力消费品工业"三品"行动方案（2022—2025 年）》《轻工业稳增长工作方案（2023—2024 年）》《推进家居产业高质量发展行动方案》，助力家电行业品种引领力、品质竞争力和品牌影响力提升，中国家用电器研究院主办的"2022—2023 年度中国家用电器行业品牌评价活动"在"2023 柏林国际电子消费品展览会（简称 IFA）"开幕首日举行了现场发布仪式。

2023 年上半年，家电行业规模以上企业营业收入 9 145 亿元，利润 675 亿元，全行业出口总额 431 亿美元，我国家电行业已进入全球领先行列，凭借生产规模、供应链配套和国际竞争能力，家电产业不断将自身的制造优势、产能优势、市场优势转化为品牌优势，未来仍有较大增长空间。

本届品牌评价活动涵盖了空调、冰箱、洗衣机、储水式电热水器、净水器、洗碗机、蒸烤一体机、吸尘器、电饭煲、空气炸锅、料理机、空气能热泵热水器、咖啡机、除螨仪、电暖气等 15 个品类，共有 95 个品牌上榜。2022—2023 年度中国家用电器行业品牌评价结果（摘部分品类列举，排名不分先后）如表 6-5 所示。

表6-5 2022—2023年度中国家用电器行业品牌评价结果

空调	冰箱	洗衣机	储水式热水器
格力	海尔	海尔	海尔
美的	美的	小天鹅	美的
海尔	卡萨帝	松下	A.O.史密斯
海信	美菱	卡萨帝	万家乐
卡萨帝	容声	西门子	万和
奥克斯	西门子	美的	华帝
科龙	海信	海信	卡萨帝
长虹	博世	博世	帅康
TCL	松下	创维	统帅
美博	奥马	TCL	COLMO

资料来源：《2022—2023年中国家电行业品牌评价结果发布》，中华人民共和国工业和信息化部消费品工业司。

实训任务：

根据以上资料，任选一个品类，在电商平台上查找这些品牌的销售情况，并根据消费者对这些品牌的评价，通过数据爬虫法和文本分析法，结合本章正文中所讲述的理论知识和量表，研究相关品牌在个性维度上的差异，并用雷达图表示。

复习思考题

一、名词解释

品牌定位 品牌个性

二、简答题

1. 简述品牌定位的基本含义。

2. 品牌定位理论有哪些？

3. 简述品牌定位的原则。

4. 品牌定位过程包括哪些具体环节？

三、论述题

1. 试述西方个性理论对其品牌个性理论形成的主要影响因素。

2. 试述西方传统个性与中国传统个性的主要差异点，并分析这些差异点对品牌个性的影响。

四、设计与分析题

题目： 以某一品牌产品为例，为其设计品牌定位及个性化应用场景（1 000字）。

要求：（1）描述该品牌的个性化特征；

（2）制作PPT，并进行演示。

第7章
品牌忠诚

本章主要知识点

- 品牌忠诚的内涵
- 品牌忠诚的等级
- 品牌忠诚的作用与影响因素
- 品牌忠诚度的测量

案例导入 海尔以真诚赢得大量忠诚的消费者

拥有大量忠诚的消费者是企业赢得未来的关键。这方面海尔就做得特别成功。"真诚到永远"这一品牌口号是一份厚重的品牌承诺，彰显出海尔对自身的高要求，以及对消费者的高度重视。凭借着一颗真诚的心，海尔不断在激烈的竞争中提升产品品质，赢得了大量忠诚的消费者。

海尔集团创立于 1984 年，是全球领先的美好生活和数字化转型解决方案服务商。集团旗下有 4 家上市公司，拥有海尔、卡萨帝、Leader、GE Appliances、Fisher & Paykel、AQUA、Candy 等全球化高端品牌和全球首个智慧家庭场景品牌三翼鸟。海尔作为实体经济的代表，持续聚焦实业，打造高端品牌、场景品牌与生态品牌，助力经济社会高质量发展、可持续发展。

为了提高消费者的品牌忠诚度，海尔把人作为最为重要的品牌资产。"人的价值最大化"贯穿海尔发展 6 个战略阶段。从"高质量的产品是高素质的人干出来"名牌战略，到"盘活资产先盘活人"多元化战略，再到"出口创牌倒逼人才国际化"国际化战略、"世界是我的人力资源部"全球化品牌战略、"从出产品的企业到出创客的平台"网络化战略，直到"创客生增值，增值生创客"生态品牌战略，海尔一步一个脚印地推进品牌资产价值的不断提升。（资料来源：根据海尔官网资料整理，数据截至 2023 年 11 月。）

思考题：海尔是如何提升消费者的品牌忠诚度的？员工的忠诚度在提升品牌忠诚度方面发挥怎样的作用？

7.1　品牌忠诚的内涵、等级划分与分类

品牌忠诚是品牌管理学的重要研究领域之一，也是在企业市场营销实践活动中备受关注的热点问题。对于企业而言，品牌忠诚是其最重要的品牌资产之一，它是一种面向未来的市场开发潜能和价值，因而比那些体现在财务报表上的历史数据更具可发掘价值。一般而言，一个企业的品牌资产价值的高低，除了可以从该企业在行业和市场中的地位来进行评价外，另一个重要的评价尺度就是消费者对企业所生产产品和所提供服务的品牌忠诚度。在一些特殊的环境中，如经济不景气或者市场低迷，消费者忠诚度高的品牌往往能够摆脱不利形势的影响，使企业经受住严峻环境的考验，进而获得持久的竞争优势。

7.1.1　品牌忠诚的内涵

简单地讲，品牌忠诚是指消费者在购买选择上对品牌所表现出的长期的、持久的、一致性的认可。从表现形式上观察，品牌忠诚具有程度不同的倾向性、偏好性甚至排他性。这种消费态度和行为表现为，在整个购买决策过程中，消费者总是更喜欢某特定品牌的产品，而将其他品牌产品置于考虑范围之外。心理学和行为学方面的大量调查发现，形成消费者偏好性或排他性品牌购买选择的原因十分复杂。消费者在品牌选择方面所表现出的忠诚度，除了受品牌消费环境等客观因素影响之外，还受消费者主观因素的影响。

消费者持续购买某一品牌的产品，甚至在内心深处喜欢某一品牌，尽管背后的原因十分复杂，但是如果从他们所表现出的态度和行为来观察，总是会发现其中的一些一致性特征，而且这些特征在不同消费者之间在程度上有所区分，如体现在购买意愿、购买数量、购买频次等方面的差异。这些区分使品牌忠诚度的量化和分级成为可能。在实践中，由于品牌忠诚的可量化途径比较多，因而对"品牌忠诚"的准确定义，学者们在理解上并不完全相同。不同学者总是试图从各自的认知角度来解释品牌的内涵。从现有关于品牌忠诚的研究成果来看，品牌忠诚可以大致从消费者对待品牌的以下方面来理解。

（1）对品牌的偏爱程度

对品牌的偏爱是品牌忠诚在心理和态度上的一种具体表现形式。这种品牌忠诚并不意味着消费者只购买一个品牌的产品，而是在同一类产品的几个品牌中，消费者更多地选择所偏爱的品牌产品来消费。例如，消费者在购买化妆品类产品时，更多时候会选择某一个具体品牌的产品，尽管有时也会选择其他品牌的产品。偏爱是一种消费心理和购买行为态度，它并不意味着消费者只会使用这个品牌产品而排斥其他品牌产品，也可能消费者对所有品牌产品都表现出兴趣，但是对其中某一款品牌产品尤其喜欢。这意味着，消费者在选择上更多时候会考虑这个品牌而不是其他品牌。

（2）重购或持续购买意愿

重购或持续购买意愿是品牌忠诚在态度上的一种具体表现形式。如果消费者仅与某一品牌产品有一次关联，并表达出购买意愿，这并不能说明消费者对该品牌产品的忠诚度。而愿意对某一品牌的产品进行重购或者持续购买，就会从态度层面揭示出消费者对品牌的忠诚度。消费者并不总是处于观察自己内心情感的状态，因而当消费者在市场调查时被发现有重购或者持续购买某一品牌的意愿时，往往被营销人员认为是具有品牌忠诚度。尽管

此时消费者的购买意愿并没有转化为实际购买力，但是他们所表现出的对品牌的好感或者信任感，也能够帮助企业发现更多的潜在消费者。

（3）反复购买行为和良好评价

反复购买行为和良好评价是品牌忠诚在行为上的表现之一。仅仅表达偏爱和购买意愿往往是不够的，在品牌忠诚评价中，应当更多地观察消费者实际购买行为和对品牌的具体评价。在企业看来，消费者购买某一款品牌产品的数量多、购买频次高以及对品牌给予好评，是衡量消费者忠诚于该品牌的最为重要的、直接的测量指标。消费者在产生购买行为之后，对相关品牌给予较高评价，事实上把"购买行为"与"购后感觉"有效地结合起来。从品牌忠诚度测量有效性来观察，使用两项指标相结合的方法，其测量结果的可信度比单纯使用任何一种方法都要高。

（4）信任感和排他性信息搜索

消费者的信任感和排他性信息搜索也是品牌忠诚度的具体表现形式之一。尤其是在互联网时代，信任感和排他性信息搜索在消费选择与决策中的作用更加突出。在消费多样化和个性化时代，信任成为影响市场交易比较重要的因素。但是，由于人与人面对面交易正在减少，而通过网络或者其他电子途径的交易增多，信任成为一种必需但又相对稀缺的市场元素。在这种交易环境中，排他性信息搜索是消费者做购买决策时经常使用的方法。品牌忠诚度测试可以通过观察消费者对品牌的信任感以及品牌搜索信息来进行。在信息搜索与获取方面，消费者总是聚焦于某一类产品的少数几个品牌，并表现出兴趣与关注，这是品牌忠诚的一种表现形式。在这个过程中，个人使用经验和他人推荐起着重要的中介作用。企业可以通过跟踪和分析消费者的信息浏览过程来获得他们的品牌忠诚状况。

（5）品牌依恋

品牌依恋是品牌忠诚的最高阶段。随着消费者对品牌产品的使用率的增加以及时间的持续，品牌依赖程度增加，但是这并不等同于品牌依恋。品牌依恋比品牌依赖程度要高，而且融入了更多的情感因素。一般而言，从有购买意愿到重复购买和持续购买，这是品牌忠诚的第一个阶段；而由重复购买和持续购买再发展到品牌依恋，这是品牌忠诚的第二个阶段。当消费者在品牌选择上出现排他性心理和行为，并发展到完全排他并做出唯一选择时，其就成为了品牌依恋者。此时的消费者，不仅是品牌的忠诚者，而且是品牌的坚定支持者和合作伙伴。他们对品牌企业或品牌产品的发展通常会高度关注，并将自身形象与品牌形象联系在一起，有时甚至会主动收藏品牌产品，从中获得满足感。

7.1.2　品牌忠诚的等级划分

对于同一品牌产品，不同消费者的忠诚度可能存在一定的差异。就消费者个性而言，每个消费者个性中的忠诚特质也会有所不同。因此，消费者对某一具体品牌的忠诚程度，一方面由品牌本身因素而引起，另一方面由消费者个人因素而导致。但是，在研究品牌忠诚影响因素时，往往将关注点放在消费者特征分析上，进而为具体品牌的经营管理提供市场细分和定位等可操作性方案。当然，关注品牌本身的吸引力和价值主张，也是非常重要的分析和研究思路，它有助于从品牌完善角度来提升品牌本身的品质。

为了区分品牌忠诚在程度上的各种差异，进行品牌忠诚等级划分就尤为必要。戴维·阿克根据消费者对品牌的忠诚程度，将品牌忠诚划分为 5 个等级，形成"品牌忠诚金字塔"，如图 7-1 所示。

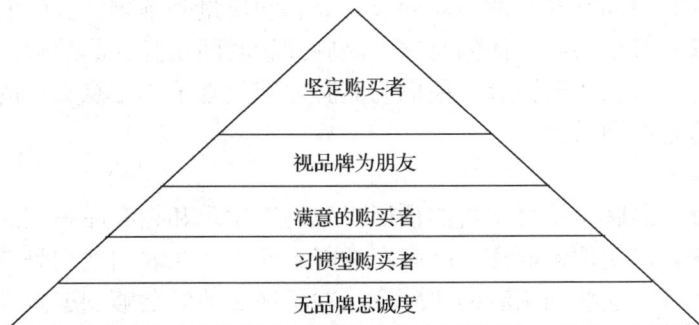

图 7-1　品牌忠诚金字塔

戴维·阿克认为，品牌忠诚是品牌资产的核心，如果消费者对品牌不在意，在购买中仅关注功能、价格、便利性而忽略品牌名称，那么表明品牌资产价值不高。但是，如果消费者持续购买品牌产品，甚至在竞争者品牌产品具有更胜一筹的功能、价格和便利性时也是如此，那么说明品牌资产价值很高，而且可能存在于品牌符号和标语中。因此他认为，品牌忠诚是市场营销的中心概念，是测量消费者依附于品牌的程度的一种工具，它能够反映出消费者转向竞争者品牌的可能性。特别是当品牌产品出现变化时，不论是在功能上还是价格上，消费者可能会出现这种转向。品牌忠诚度越高，这种转向竞争者品牌的可能性就会越小。品牌忠诚与品牌的未来盈利能力密切相关，品牌忠诚代表企业的未来收益。

戴维·阿克同时认为，品牌忠诚每个等级代表着不同的营销挑战和可以用来管理及利用的不同资产类型。但是，这在一个特定的产品类型或者市场中并非如此。

（1）无品牌忠诚度

无品牌忠诚度处于品牌忠诚金字塔的底层。这个层次的消费者对品牌毫不在意，品牌名称在消费者决策中发挥很小的作用。消费者对低价促销和便利的东西表现出偏好，极容易发生品牌转换。他们对价格敏感，因而品牌对他们的购买决策的影响力十分微弱。追求价格便宜和购买便利是这类消费者的基本特点，因此我们也可以称他们是转换者或价格型购买者。

（2）习惯型购买者

习惯型购买者，在品牌忠诚金字塔中处于次低层。此类消费者对品牌产品表现出满意或者至少没有不满意。他们没有动力去更换品牌，尤其是这种转换需要付出一定的努力。因此，这类消费者称为习惯型购买者。这类购买者经不起竞争者品牌所进行的有可见利益的营销活动诱惑。但是，对于竞争者而言，找到这类消费者比较困难。

（3）满意的购买者

满意的购买者处于品牌忠诚金字塔第 3 层，也是中间的一层。此类消费者不仅对品牌产品表示满意，而且通常面对较高的品牌转换成本，如时间成本、精力成本等。他们一般不会轻易进行品牌转换，而且对所拥有的品牌在学习和情感方面投入了较多的精力，转换成其他品牌产品不一定满意，因而对所选择品牌有一定的依赖性。如果竞争者品牌没有更具吸引力的利益和价值来弥补这些消费者放弃现有品牌所形成的转换成本，那么他们一般不会做出更换品牌的决策。这类消费者可以被称为转换成本型忠诚购买者。

（4）视品牌为朋友

视品牌为朋友的消费者处于品牌忠诚金字塔第 4 层，他们真正地喜欢品牌产品。他们对品牌的偏好建立在诸如符号、使用体验或者高感知质量等基础上。他们有时并不能够意识到自己为什么喜欢某个品牌，他们与这个品牌接触时间很长，品牌缺失之后所形成的影响力很大。处于这个层次的购买者，他们与品牌之间建立了真正意义上的情感联系，因此也被定义为朋友型忠诚购买者。

（5）坚定购买者

坚定购买者处于品牌忠诚金字塔的顶层。他们以发现和拥有品牌产品而感到自豪并乐意向他人推荐品牌。对于他们而言，品牌在功能方面以及在表明他们是谁方面，显得十分重要。对于企业而言，这些购买者的实际意义并不在于他们能够创造多少销售额，而在于他们对其他人购买行为的影响以及他们对整个市场的影响。

尽管品牌忠诚可以按照以上 5 个层次进行划分，但是在有些情形下，消费者对品牌的忠诚并不能够清晰地纳入这些层次中。例如，有些消费者对某一品牌的忠诚可能是这些层次的综合影响，即不同层次的特征都或多或少有一些，如喜欢某一品牌，但又愿意付出转换成本；而另外一些消费者可能并不能够被纳入这 5 个层次中，比如不满意的消费者，但是考虑到很高的转换成本，而继续购买某一品牌的产品。

7.1.3　品牌忠诚的分类

除了在程度上能够排出一定的次序外，品牌忠诚也可以按照市场环境、表现形式进行分类。

（1）按照市场环境进行分类

按照市场环境进行分类，品牌忠诚可以分为假象忠诚和真正忠诚两种类型。

① 假象忠诚

在品牌比较单一或者竞争激烈的市场上，有时消费者会经常购买某一个品牌的产品或服务。这时，消费者的购买行为并不足以说明他对这个品牌的忠诚，可能存在一定的假象。因此，消费者在几乎没有选择权时所做出的购买行为，或者出于别无选择而做出的一种购买行为，所表现出的忠诚就属于假象忠诚，或者称之为伪忠诚。

② 真正忠诚

真正忠诚是一种从行为和态度上都表达出忠诚的情形，即对于品牌而言，消费者在相关情境中所思、所言与所行达到高度统一。这种忠诚不仅是因为消费者对品牌产品或服务的满意，还因为对品牌的认同感、情感连接和价值观共鸣等。真正忠诚具体表现为：长期稳定的消费者关系，消费者对品牌进行传播和推荐，消费者对竞争品牌的宣传或促销活动不敏感，消费者更愿意接受品牌的延伸和多元化发展，以及消费者愿意支付更高的价格等。

> **课堂小例子**　　　　　　　　**小张的假象忠诚**
>
> 小张是一位特别喜欢出国旅行的长住型旅游消费者，他由于在饮食、住宿方面有一定程度的源自身体方面的需求，如为了控制饮食中的盐和糖的摄入量，选择了仅有的几家酒店中的某一家，这家酒店提供的菜肴比较清淡，因而成为他经常光

顾的地方。在酒店经理的眼里，小张是一位忠诚的消费者。酒店经理认为，小张对本酒店品牌的忠诚度可以从他的消费行为习惯中看出来，因为他从不选择其他酒店，哪怕那些酒店的餐饮种类更多，价格更便宜，服务更好。

但是，情况确实如此吗？其实不是。小张仅是出于个人消费习惯而选择了这家酒店，尽管发现它的饭菜水平比国内水平要低不少，但是没有更好的方案可供选择。因此，从理论上讲，小张的这种消费情形就不能被十分肯定地认为其对该酒店具有忠诚度。比较合理的解释是：这是一种假象忠诚或者源于习惯的忠诚。因为真正的忠诚是指在不受环境条件限制的情况下，在具有充分的市场竞争和品牌替代的情形下，消费者经常选择某一个品牌产品或服务进行消费。

假设小张所面对的是一个充分竞争的品牌市场，即他所准备购买的品牌产品或服务类别中有许多可供选择的品牌，而且这些品牌形成了激烈的竞争，这时他对某一个品牌的产品或服务所进行的重复购买和持续购买，就可以从真正忠诚这个角度来理解。因此，真正忠诚与假象忠诚的根本差异在于，当市场环境发生改变，尤其是竞争趋于激烈时，消费者所表现出的购买态度。与假象忠诚相比，真正忠诚能够经得起市场变化和时间的检验。

思考题：你认为本例对小张属于假象忠诚的判断正确吗？为什么？

（2）按照表现形式进行分类

按照表现形式，品牌忠诚可以分为情感忠诚和行为忠诚两种类型。

① 情感忠诚

站在企业的角度，那些经常购买本企业产品和服务的消费者，就应当作为忠诚的消费者来对待。这样从行为上判定，既直观、简便，也经得起推敲。但是，在市场中仍有大量的消费者，他们虽然并不购买企业的产品和服务，但是却在情感上非常忠诚于企业，不断地夸赞和宣传着企业的品牌和服务。与前者相比，这些消费者并没有形成直接购买力，而只是在欣赏和称赞企业的产品和服务，因而如果仅是用购买数量和购买次数这两项指标来评价消费者的忠诚度，企业就可能会忽略大量的潜在消费者，这对企业长远发展并不利。

② 行为忠诚

行为忠诚是指消费者在购买决策和具体的消费行为中所表现出的对品牌的忠诚。一般而言，消费者对品牌的行为忠诚主要表现在重复购买、推荐和口碑传播、积极参与企业品牌忠诚度计划项目、在面临其他品牌可选择时所表现出的对已选择品牌的热衷与偏爱，以及消费者对这些品牌所存在缺陷的宽容度。行为忠诚是一种可以观察到的消费者忠诚现象，因而对企业的品牌管理具有重要的参考价值。

课堂小知识

品牌忠诚有许多种划分方法。例如，在斯皮罗斯（Spiros）划分的 4 种品牌忠诚类型中，分别有 3 个观测维度：购买行为、情感归属、社会影响。3 个指标值都

> 很低的，属于"没有忠诚"；购买行为指标值高，情感归属指标值低，社会影响指标值高，属于"惯性忠诚"；购买行为指标值低，情感归属指标值高，社会影响指标值高，属于"情感忠诚"；而 3 个维度的指标值都高的，则属于"理性忠诚"。

7.2 品牌忠诚的作用与影响因素

品牌忠诚由于与消费者的消费体验紧密联系在一起，因而从性质上不同于品牌资产的其他要素。品牌忠诚对企业和消费者甚至对社会大众都具有重要的作用。除了消费者的使用体验外，影响品牌忠诚的因素还有很多。在不同的行业和市场中，品牌忠诚的特点表现出较大的差异。

7.2.1 品牌忠诚的作用

对于企业而言，品牌忠诚在促进销售、提升利润和稳定客户等方面具有重要的作用。它的作用主要体现在战略价值层面上，具体而言，表现在以下 4 个方面。

1. 有助于降低营销成本

消费者对企业品牌及其品牌产品的忠诚度，有助于降低企业的营销成本。原因在于，维持老客户的费用远低于开发新客户。对于企业而言，在吸引新客户时，可能面临着这些客户不愿意放弃正在使用的品牌的困难局面。毕竟新客户需要花时间和精力甚至金钱去了解企业所推荐的品牌的特点，甚至要提前从心理上适应新品牌的转换。而对于老客户而言，并不存在这样的情形，他们只需要在不出现不满意时保持对品牌的忠诚度即可，毕竟购买熟悉的品牌更加放心和有保障。

2. 有利于发挥杠杆作用

品牌忠诚有助于企业的品牌产品在商场货架上占有足够的空间，有时甚至能够把货架全部占满。品牌忠诚的这种杠杆作用，增强了企业与经销商谈判的能力，即由于企业的品牌产品更具消费者忠诚度，因而企业能够在与经销商谈判中居于主动地位。经销商为了吸引消费者，也会把企业的品牌产品放在显著的位置，为企业其他品牌产品的入场提供更多的货架空间和促销机会。由于经销商通过分析交易记录能够发现企业品牌产品是消费者购物单中的选项，因而在与企业的谈判中愿意做出适当让步。

3. 有利于吸引新客户

现有客户的基数与忠诚度对企业吸引新客户意义非凡。一是通过品牌使用示范效应，有利于化解品牌推广过程中的各种风险；二是通过大规模人群的使用，能够吸引新客户加入，使之产生从众效应。

4. 有利于从容应对竞争威胁

品牌忠诚使企业能够有足够的时间来应对竞争威胁。在忠诚消费者的眼里，即使现有品牌有一些过时，但是由于长时间的相伴，能够容忍该品牌，并表现出不离不弃的行为和态度。由于消费者对待品牌的态度往往是对自己或者他人的一种情感折射，因而这种态度越坚定，留给企业应对竞争者威胁的时间和空间就越充分。从营销角度来看，企业不断宣传的品牌信念，事实上就是通过品牌人格化，让越来越多的消费者成为品牌的忠实追捧者。《孙子兵法》有云，"攻心为上"，企业可通过攻占消费者心智，御品牌竞争者于千里之外。

课堂小思考

　　如果把品牌忠诚比作是一件克敌制胜的法宝，你认为在它所具有的上述 4 项作用中，哪一个作用最重要？哪一个作用最不重要？或者它们都重要？为什么？

　　如果你觉得上面所列的 4 个作用仍不够充分，未把所有的作用清晰归类，那么请你把需要补充的作用一一列举出来。

7.2.2　品牌忠诚的影响因素

　　品牌忠诚的影响因素很多，可以从不同角度进行划分。比较通行的划分方法有两种：一种是从主观和客观两个不同层面来分析；另一种是依据作用机制来划分。

1. 主观因素和客观因素划分方法

　　主观因素和客观因素划分方法，主要从品牌忠诚的主体（消费者）和品牌忠诚的对象（企业品牌或者品牌产品）来解释品牌忠诚的形成及差异性。这种划分方法的内容主要包括以下 3 个方面。

　　（1）消费者的个体差异

　　关于品牌忠诚度，目前来看，许多研究者把消费者个性与品牌个性进行一一对照分析，试图寻找出二者之间的对应关系。完全否认这种内在联系是缺乏理论依据的，但是明确的、可信的内在联系目前尚不清晰。事实上，消费者个体差异，即主观个性及判断方面的因素，必然会影响到他们的品牌忠诚度。例如，现实中总是会有两种类型的消费者：一类是忠诚度比较高的消费者，他们比较容易形成品牌忠诚，其中的一部分人甚至对某些品牌表现出持久的忠诚与依赖；另一类是忠诚度比较低的消费者，他们往往不容易形成品牌忠诚，在不同品牌之间摇摆不定。

　　从心理学和行为学角度分析，容易形成品牌忠诚的消费者往往对他人的观点和主张有一定的信任感，因而能够对被推荐的一种品牌产品长期地使用下去，并形成好感，进而逐渐提高忠诚度。同时，他们也比较相信自己的品牌接触经验和体会，不仅对自己的选择无怨无悔，而且不愿意去背弃他人和自己的主张。而那些不容易形成品牌忠诚的消费者，往往对他人的观点和看法有一定程度的质疑，甚至对自己的判断也时而怀疑，因此比较喜欢通过对比或者试用来建立品牌忠诚。

　　不同消费者由于生活在不同的社会、经济、文化、地理、气候环境中，因而对如何建立与品牌之间的关系，可能存在着不同的看法。不可否认，对"忠诚"这个特质的教育与重视程度，对消费者品牌偏好的一致性具有重要影响。例如，有的文化体系中特别强调"忠诚"二字，时刻挂在企业的宣传标语中，甚至要求员工必须对企业忠诚，这样的文化环境势必会影响到消费者群体的意识。而在另外一些文化环境中，人们习惯于变通，强调除旧布新，有时甚至达到喜新厌旧的程度，以不断变化和获得新东西为价值导向，所以消费者很难长期只使用一个品牌的产品。

（2）品牌的属性和利益

每一种品牌产品在属性和利益上都有其自身特点，这些特点是品牌作为客观对象或者被观察物而体现出来的自身性质，因而是影响消费者忠诚的客观因素之一。在一些品类中，由于产品容易进行区分和标识，而且进行这样的区分也有实际意义，这就为消费者的忠诚创造了条件；而另一些品类的产品中，产品本身不容易区分，而且区分的实际意义也不是很大，因此进行品牌化处理的实际效果就很一般，相应地，消费者很难形成忠诚。例如，对于技术复杂、价格高昂且需要长期使用经验才能够做出品牌功能、属性和利益评价的产品，由于转换成本较高，一般而言，消费者如果对第一次购买的经历比较满意，那么就容易形成品牌忠诚；而对于技术简单、价格较低、较短时间就能够观察到品牌功能、属性和利益的产品，消费者即使第一次使用能够带来满意的效果，也不一定能够形成品牌忠诚。

一般而言，对于品牌属性和利益差异较小的产品，消费者品牌忠诚度一般较低，如食盐、糖、醋、鸡蛋、面条等日常生活用品，散装和精装的品牌区分度并不是很大，因而投资于广告和包装以及其他方面的名称、标志设计的实际意义并不是很大，忠诚度更多体现为一种习惯和偏好；而对于品牌属性和利益差异较大，且能够不断进行内容和形式更新的产品，如手机、计算机、电视等有一定价值的耐用品，消费者品牌忠诚度一般较高。此外，品牌属性与利益也与产品的季节性有一定的内在关系，即品牌具有时间性特点。消费者在不同的时间节点会有不同的品牌需求，即忠诚度排序会发生一定变化。以服装品牌为例，两个竞争性服装品牌"A"和"B"，它们在夏季和冬季的销量可能并不相同，在消费者忠诚度排序上，"先A后B"是夏季品牌排序，而"先B后A"是冬季品牌排序。

（3）消费者所在的外部环境

外部环境也是影响消费者品牌忠诚度的客观因素之一，具体包括行业环境和市场环境。一般认为，行业中竞争对手的多少会直接影响消费者品牌忠诚度。如果行业中充满了同质化品牌产品，那么消费者忠诚度就会趋于分散而不是集中；反之，消费者忠诚度就会集中于某一个或某几个品牌产品，品牌忠诚度随之提升。但是，这两种行业情形与充分竞争的市场或者垄断竞争市场，甚至是完全垄断市场有一定关系。如果市场没有经过充分竞争就发展到资源十分集中的行业状态，那么所呈现的消费者忠诚可能多数是一种假象忠诚。

关于市场环境对消费者忠诚度的影响，要区分以下两种情形。一是市场监管不完善时，落后的生产方式和竞争形式广泛存在，这样就会使一些处于低端业态的品牌产品能够获得生存和发展空间，进而导致消费者的品牌忠诚总是向着低层次方向发展；二是市场监管法律与法规不允许落后的生产方式和竞争形式的广泛存在，促使市场参与主体从社会发展角度不断地提升品牌经营管理水平，向着高端业态方向发展，这时消费者就会自然地选择一些中高端品牌作为消费对象。

一般而言，经济发展和社会进步所带来的市场变化是市场环境的逐渐向好，此时消费者在品牌与非品牌的选择方向上更倾向于前者。而在一些倡导"便宜""经济""实惠"的市场环境中，消费者的品牌忠诚会受到一定程度的影响，向着低端品牌甚至普通货品方向发展。此外，外部环境中的营销方式也对消费者的品牌忠诚产生一定影响。例如，在有些环境中，企业比较强调广告的作用，因而这种促销方式对品牌忠诚具有重要的影响；而在另一些环境中，企业更多地依靠质量和信誉，因而越是高质量和售后保障好的产品，其消费者忠诚度越高。

2. 依据作用机制划分的方法

依据品牌忠诚的作用机制进行划分，品牌忠诚大致有以下 6 类影响因素。

（1）品牌认知

品牌认知是品牌忠诚的基础，消费者对品牌的认知程度对品牌忠诚度有着重要影响。如果消费者对品牌的认知度较高，了解品牌的特点、优势和价值，他们更有可能对该品牌保持忠诚。消费者对品牌的认知包括品牌的知名度、品牌形象及其特点、品牌旗下的产品和服务等。品牌认知可以通过广告宣传、口碑传播等方式进行提升。

（2）品牌形象

品牌形象是消费者对品牌的整体印象和感受。企业可以通过产品质量提升、服务态度改进、社会责任履行来塑造品牌形象。由于消费者对品牌形象有着自己的评价标准，因而他们对品牌形象的认同程度会影响品牌忠诚度。积极、正面的品牌形象有利于提升品牌忠诚度。品牌形象包括品牌的定位、品质、声誉、价值观念等内容，当消费者认为品牌形象符合自己需要时，他们便可能忠诚于品牌。

（3）品牌信任

品牌信任是影响消费者品牌忠诚的重要因素之一。品牌信任是指消费者对品牌的可靠性和诚信度的信任程度。企业可以通过产品质量、服务质量、口碑和信誉等方面的努力来建立品牌信任。如果消费者对品牌有信任感，相信企业会履行承诺并提供优质的产品或服务，他们更有可能对该品牌保持忠诚。一般而言，消费者对某一品牌的信任程度越高，他们就越有可能忠诚于该品牌。

（4）品牌体验

品牌体验是消费者在购买和使用品牌产品过程中的感受。消费者对品牌的实际使用或购买体验通常会直接影响他们对品牌的忠诚度。如果消费者在使用或购买过程中获得了良好的体验，感受到品牌的关怀和价值，他们更有可能对品牌保持忠诚。品牌体验包括购买便利性、产品的质量和性能满意度、售后服务满意度等。品牌体验可以通过提供个性化服务、打造愉悦的购物环境等方式来实现。

（5）品牌满意度

品牌满意度直接影响品牌忠诚度，二者之间的因果关系被许多研究者所证明。当消费者对某一品牌产品感到满意时，他们更有可能继续购买，更愿意推荐给他人，进而表现出对品牌的忠诚。品牌满意度受产品或服务的性能、质量、价格、售后服务等因素影响。企业可以通过改进这些方面的工作来提升品牌满意度，进而达到提升品牌忠诚度的目的。

（6）品牌关系

品牌关系由消费者对品牌的情感认同、品牌对消费者的关怀和互动等内容组成，是一种双向的情感交流与互动关系。当消费者感受到某一品牌对自己的关怀和友爱，进而建立良好的关系时，他们更容易对该品牌产生忠诚感，并愿意与其建立与维系长期的关系。企业可以通过与消费者的合作、互动等方式来加强品牌关系。

根据上面所讲的品牌忠诚的 6 个影响因素，请你在一张空白纸上描绘一下这些因素与品牌忠诚的逻辑关系，建立一个简单的模型，列出自变量和因变量，并说明哪些因素可能对品牌忠诚具有直接影响作用，哪些因素具有间接影响作用。

完成之后，请与邻近同学进行对比与交流，说明你所设计的模型的理论意义和实际价值，并认真听取同学的建议。

7.3　品牌忠诚度的测量

前面两节主要从定性角度解释了与品牌忠诚相关的一些基本概念与理论方法。如果要具体地了解品牌忠诚度及其管理方法，还必须掌握品牌忠诚度的测量方法。

7.3.1　行为测量法

行为测量法是最为直接的品牌忠诚度测量方法之一。态度和承诺只有转化为实际行动才能具有说服力。随着越来越多的统计技术、数学分析手段和心理学知识应用于消费者行为分析，品牌忠诚度的定量研究也变得更加简便易行。

（1）再购率

一般而言，一次购买行为并不能够说明消费者对品牌的忠诚。如果消费者出现第二次购买行为、第三次购买行为等，那就能够在行为上表现出一定的品牌忠诚度。再购率是一个重复购买该品牌产品的消费者数量（子集）占第一次购买该品牌产品的消费者总人数（全集）的比例。根据再购率，我们可以划分出第二次再购率、第三次再购率……第 n 次再购率。在具体测量中，可以通过对比和分析某一品牌的再购率来观察该品牌在市场中的具体表现。

以洗发水为例，如果某位消费者一再购买"飘柔"这个品牌产品，那么说明他对这个品牌具有行为忠诚。也许这款品牌的某些功能让这位消费者感到很满意，因而他总是会优先考虑这款品牌。在有众多品牌可以选择时，他把"关键的一票"投给了这款品牌。这种由实际购买所体现出来的行为忠诚，一般可以根据产品购买类别、产品购买次数和平均购买时间间隔来划分为不同类型。

日化产品消费者忠诚度划分

一款洗发水（家庭用中型包装）上市后，引起了消费者的广泛关注。张三每半年购买 1 次，每次 1 瓶，1 年购买 2 次；李四每季度购买 1 次，每次 1 瓶，1 年购买 4 次；王五每 2 个月购买 1 次，每次 1 瓶，1 年购买 6 次。

请问：如果按照低度忠诚、中度忠诚和高度忠诚 3 个级别排序，这 3 位消费者的顺序应当是怎样的？

在大数据营销时代，企业通过接入经销商的销售数据库，直接分析自己品牌的消费者再购率，并根据再购消费者的特点有针对性地开展营销活动，对忠诚的消费者群体进行深度分析，通过扩展品牌系列或者改进品牌功能来扩大品牌消费市场。

在通常情形下，技术含量较高的一些品牌产品都会设有售后服务与定期电话回访环节，通过与消费者的交流与互动来了解和掌握他们对品牌产品的忠诚程度。在这个环节，企业应当避免把调查了解工作停留于技术支持或者售后满意度调查等浅层，而是应当增强与消费者的交流和互动，分阶段地提高消费者的忠诚度。

（2）购买比例

购买比例是指某一消费者或者消费者群体在购买的所有品牌中各个品牌所占的实际比例。

例如，消费者甲、乙、丙在 2023 年均购买了 4 个不同品牌的洗发水：海飞丝、力士、蜂花和夏士莲。3 位消费者对各个品牌的实际消费量如表 7-1 所示。

表 7-1　洗发水品牌及消费量　　　单位：瓶

消费者	海飞丝	力士	蜂花	夏士莲	全部品牌消费量
甲	10	5	3	2	20
乙	6	5	4	3	18
丙	4	4	2	2	12
单个品牌消费量	20	14	9	7	50

甲、乙、丙 3 位消费者对各个品牌的实际消费比例可以从两个不同的角度进行计算：一是计算某一位消费者实际消费某一品牌数量占该消费者所消费全部品牌数量的比例，如表 7-2 所示；二是计算某一消费者具体消费某一品牌数量占所有消费者消费该品牌总数量的比例，如表 7-3 所示。

表 7-2　单个品牌消费量占全部品牌消费量的比例

消费者	海飞丝	力士	蜂花	夏士莲	全部品牌消费比例
甲	50%	25%	15%	10%	100%
乙	33%	28%	22%	17%	100%
丙	33%	33%	17%	17%	100%
单个品牌消费占比	40%	28%	18%	14%	100%

表 7-3　单个品牌消费量占所有消费者该品牌消费量的比例

消费者	海飞丝	力士	蜂花	夏士莲
甲	50%	36%	33%	29%
乙	30%	36%	45%	42%
丙	20%	28%	22%	29%
单个品牌消费占比	100%	100%	100%	100%

从表 7-2 可以看出，消费者甲对海飞丝和力士这两个品牌有较高的忠诚度，尤其是对海飞丝，忠诚度达到 50%，而消费者乙和消费者丙尽管也对海飞丝和力士这两个品牌有一定的忠诚度，但是相对于其他两个品牌，忠诚度并不特别显著，尤其是消费者丙，他对海飞丝和力士的忠诚度处于同一水平，对其他两个品牌的忠诚度尽管较低，但水平是一致的。

从表 7-3 可以看出，消费者甲对海飞丝销量的贡献最大，是该品牌最忠诚的消费者；消费者甲和消费者乙都是力士的最忠诚的消费者；消费者乙对蜂花销量的贡献最大，因而是该品牌的最忠诚的消费者，同时他也是夏士莲的最忠诚的消费者；消费者丙对于所有品牌来讲，都不是最忠诚的消费者，因而在这些品牌提供有差别的服务时，可能会被放在次要的位置上来对待。

（3）品牌购买数量

在戴维·阿克的理解中，品牌购买数量是指分别购买不同品牌数量的消费者在全部消费者中各占的比例。例如，只买 1 种品牌的消费者占多大比例，购买两种品牌的消费者占多大比例，购买 3 种品牌的消费者占多大比例等。

一般而言，在不同的产品门类中，消费者之间的品牌忠诚度相差比较大。这种差异主要由相互竞争的品牌数量和产品的不同性质引起的。戴维·阿克在其研究中发现，对于食盐、蜡纸之类的产品，只购买 1 种品牌的消费者占比高达 80% 以上；对于汽油、轮胎、蔬菜、罐头之类的产品，这一比例却不到 40%。在前面内容中提到的品牌忠诚度与品牌可选择范围之间的关系，以及品牌可选择范围的宽窄程度，这些都对品牌忠诚度的评价构成一定影响，并容易造成假象忠诚。

相对于那些只购买一种品牌的消费者，在同一种产品的消费中，购买许多种品牌的消费者就会显得不够忠诚。如果一个特定的市场中在某一类产品项下有 100 个品牌在激烈地竞争，那么只选择一个品牌进行消费的消费者，与选择其中的 10 个品牌进行消费的消费者相比，就会显出其对所消费的品牌的绝对忠诚。如果把这个消费者与购买两个品牌的其他消费者进行比较，尽管其仍然具有品牌忠诚方面的优势，但是品牌忠诚度的差异变小，或者不再明显。如果该消费者与购买两个品牌的消费者在总的消费额上是相同的，那么他的忠诚度就是后者的两倍。从这个意义上讲，品牌忠诚度的评价一定要建立在假设市场充分竞争与消费者的消费能力相同的基础上。

接着上面的例子，假设：①洗发水市场各品牌之间充分竞争；②甲、乙、丙 3 位消费者的洗发水消费支出额相等。在此条件下，如果他们分别购买的品牌数量如表 7-4 所示，那么品牌忠诚度的计算结果会有所变化。

表 7-4　购买品牌数量与品牌忠诚度评价

消费者	海飞丝	力士	蜂花	夏士莲	品牌购买数量/瓶
甲	○				1
乙		○	○		2
丙		○	○	○	3
品牌忠诚者/人	1	2	2	1	—

注："○"表示消费者选择的品牌。

从表 7-4 可以看出，消费者甲的忠诚度最高，他只购买海飞丝洗发水；消费者乙购买两个品牌的产品，既消费力士，又购买蜂花；消费者丙购买 3 个品牌的产品，忠诚度应当是 3 位消费者中最低的。

这种评价方法的局限性在于只计算被选购品牌的数量，而不计算每个品牌产品的实际购买量。以消费者乙为例，在他所选择的两个品牌中，可能绝大部分的购买力投在了力士或蜂花中的某一个品牌上。同理，消费者丙也可能出现与消费者乙类似的情形，即购买力并不是均匀地分布于 3 个品牌上，而是出现偏态分布。这种现象的出现，会影响到品牌购买数量评价方法的实际使用效果。因此，在使用这种方法时，还必须另外加上一个前提，即消费者购买力在所选择品牌之间呈均匀分布特征。

7.3.2　转换成本

前面的分析通常假定消费者不受任何其他条件约束而开始选择品牌进行消费。事实上，这种情形并不常见。消费者除了有自己的偏好与习惯外，还会在品牌选择时受到一些客观条件的制约，如已经购买和使用的品牌产品。

以个人计算机更新为例，有的计算机在销售时就配有相关软件支持系统，如果更新硬件，也许软件不再发挥作用。如果更新软件，原来的硬件也许不能发挥作用。因此，软件与硬件的匹配是影响下一步品牌选择的主要因素之一。在是否选择新的品牌产品时，企业往往要慎重地评价现有品牌产品的使用情况，以及工作人员对这些品牌的依赖程度。除了操作上的习惯外，还包括情感上的依赖。另外，选择新的品牌产品，可能会带来相应的风险，即新选产品的功效不如原来的产品。一般而言，消费者使用某一品牌产品越久，他对该品牌的依赖就越强。这时，如果用其他品牌产品来替代现有品牌，就必然涉及转换成本问题。

如果现有品牌产品在会计账簿上的残值已经较低，那么购买新的品牌产品可能只需要解决工作人员的情感依赖问题。但是，如果残值较高，且新的品牌产品的功能和利益不十分明显，就会产生较大的转换成本。

作为品牌产品生产者，企业往往会想方设法增加品牌转换成本，使品牌产品的使用不建立在单个实体产品上，而是建立在与其他品牌产品关联程度较高的整个系统上。这时，如果消费者想要淘汰这个系统中的某一个部分，更换新的品牌产品，那么所要付出的转换成本可能是对整个系统进行更换。

课堂小例子　　　　　　**技术升级背后的转换成本**

在当今世界，互联网、计算机和社交媒体正在深刻地改变着每一位消费者的工作、学习和生活方式。信息技术在给整个社会带来快速、便利的服务的同时，也增加了不少烦恼，例如，不断地进行软件升级和硬件更新换代。

在网络世界中，消费者进行品牌消费时所付出的升级换代成本越来越高。以智能手机为例，每一次技术迭代，都是一次新品牌与老品牌之间的对决，结果往往是，原有品牌产品退出市场，新的品牌产品大举进入。

思考题：在过去的 20 年里，世界著名计算机品牌和手机品牌在行业品牌排行榜中的位置发生了哪些变化？请以折线图绘制出主要品牌的发展轨迹。

7.3.3 其他测量法

除了上述两种主要方法外，品牌忠诚度测量还可以通过衡量"满意度"、评价"品牌的喜欢程度"和"坚定程度"等方法来完成。

衡量"满意度"可以从"满意"与"不满意"两个方向上进行测量。在目前比较流行的市场调查方法中，不少方法是以调查"满意度"为出发点的，而不是调查"不满意度"。事实上，在一些特定的情形下，"不满意度"表格的设计与调查比"满意度"表格的设计与调查更有效。

满意并不代表喜欢，而喜欢并不意味着消费者会主动地进行品牌推荐。因此，从"不满意"到"满意"，由"满意"到"喜欢"，再由"喜欢"到"坚定"，这事实上反映了消费者品牌忠诚度的不断提升。当然，这些方面的表现主要是针对消费者态度而言的，它们与前面所讲的行为忠诚有一定区别。这种情感上的忠诚往往要比行为上的忠诚更具持久性和影响力。因此，在品牌忠诚度测量中，需重视类似方法的使用和推广。

品牌实训

国产服装品牌影响力百强榜

实训材料：

2023 年 3 月 15 日，北京服装学院时尚传播研究学院发布"2022 年国产服装品牌影响力百强榜"。该榜单由学院"国际时尚传播研究与实践"创新团队完成。

榜单包括 5 个板块——销售影响力、设计影响力、媒介影响力、文化与社会影响力、国际影响力，分别根据电商销量、搜索量、资讯关注度、微信热度、微博热度、视频网站热度、代言人、时装秀、文化活动、公益活动、国家重大活动等多个方面的数据进行统计与分析，从近千个服装品牌中筛选出百大品牌。

对比 2022 年与 2020 年的"百强榜"，可以发现品牌群的电商销量、视频直播活跃度和文化活动等指数都大幅提升。2022 年，32%的百强品牌在天猫月销量超过 10 万，61%的百强品牌在抖音账号的粉丝数量超过 10 万。而在 2020 年，这一数字还远未如此乐观。这显示出国产服装品牌对线上平台加速渗透，在互联网的商业和信息传播影响力快速增强。

榜单中的数据采集于公开信息，销售板块的数据采集于淘宝网站公开数据；媒介板块的网络热度和关注度数据采集于百度网站的公开数据。其他数据，如时装秀、微信、微博、视频网站等数据皆为调查人员自行采集。（资料来源：《"2022 年国产服装品牌影响力百强榜"发布》，中国日报网，2023 年 3 月 15 日。）

实训任务：

（1）根据上述资料，分析"百强榜"评价指标体系中，哪些指标与本章所讲的品牌忠诚相关。

（2）互联网在服装品牌忠诚度的培育中发挥了怎样的作用？

（3）如果让你制作一份中国服装品牌忠诚度百强榜单，你会借鉴上述资料中的哪些方法？为什么？

复习思考题

一、名词解释
品牌忠诚　再购率　购买比例　品牌购买数量

二、简答题
1. 简述品牌忠诚的基本含义。
2. 如何划分品牌忠诚等级？试举例说明。
3. 如何进行品牌忠诚分类？试举例说明。

三、论述题
1. 试述品牌忠诚的主要作用及其实际意义。
2. 品牌忠诚的影响因素有哪些？试举例说明。

四、设计与分析题
题目：请以国际著名手机生产企业为例（不少于 4 家企业），根据本章正文中所讲品牌忠诚度的分析方法，通过问卷星发放问卷（回收有效问卷不少于 50 份），调查了解这些手机品牌的忠诚度情况，并运用统计分析软件进行数据分析。

要求：（1）分析品牌忠诚度影响因素；
　　　　（2）制作问卷和图表；
　　　　（3）总字数不少于 1 000 字。

第8章
品牌资产

本章主要知识点

- 品牌资产的定义
- 品牌资产的维度
- 品牌资产的创建与维护
- 品牌资产的评估方法

案例导入　香奈儿的品牌资产

实体产品如果没有品牌名称和符号等品牌要素，就很难具有品牌资产。因此如果把实体产品比作一粒种子，那么经过栽培、施肥和浇灌，开出鲜艳的花朵，就是从产品向品牌转化的过程。人们在观察这粒种子的时候，品牌忠诚、品牌知名度、感知质量、品牌联想、其他品牌专属资产几乎无从谈起。但是，经过品牌化过程，种子破土发芽、茁壮成长，绽放出绚丽的花朵。人们喜欢花名、形象，以及让人陶醉的芬芳……于是在一番欣赏之后，浮想联翩。这种由名称和标识等品牌元素带来的东西就是品牌资产。

从种子一样的普通产品，发展到如花朵般绚烂多姿的著名品牌，这是世界级品牌成功的必由之路。例如，香奈儿就是一款风靡世界的品牌。这款品牌的创始人是加布丽埃勒·博纳尔·香奈儿（Gabrielle Bonheur Chanel），人物身世比其所塑造的品牌影响力丝毫不差。她的一句"时尚来去匆匆，唯有风格永存"讲出了营销的真谛，而"要想做到不可替代，就要始终与众不同"更是把定位原则用最朴素的语言表达出来。

在香奈儿官网上有这样一段话：加布丽埃勒博纳尔·香奈儿以自己选择的方式生活。从孤女历练为功成名就的女商人，造就了她自由而大胆的非凡个性，对她所处的时代来说亦为先锋。忠实的友谊，热烈的爱恋，以及对文化、探索和旅行的渴望，给她的性格带来重要影响。她设计的服装化繁为简，解放了女性的身体，借鉴男装元素，打造隽永亦现代的优雅魅力。她以随性的姿态佩戴珍珠和钻石珠宝，搭配经典香水，缔造一种一眼可辨的风格。她是前卫女性和时代先锋，她的生活方式与多面个性，成为她创办的品牌所珍视的价值，时至今日仍启发着所有女性。

香奈儿是各大品牌排行榜中的常客。在2023年世界品牌实验室500强排行榜中，香奈儿位列第 38。

　　思考题：产品比作种子，品牌比作鲜花，品牌资产是由品牌名称和符号带来的各种价值，那么结合香奈儿品牌的例子，这个品牌的资产是什么？

　　品牌资产增值是品牌管理活动的主要目标之一。品牌管理与产品管理不同，对一款已有产品，企业可以进行无数次的更新和设计；而对一个品牌，企业的任何更新和设计都应当十分慎重。产品在受到严重破坏之后，企业可以重新创造；而品牌在受到负面影响之后，企业对其修复的难度非常大，有时甚至无法恢复。

8.1　品牌资产的基本含义

　　拉福雷认为，在技术层面上品牌是一种商业标识，但是在这个标识的背后，是能够创造利润、增加市场份额和提升组织绩效的价值，而这些价值的总和就被称为"品牌资产"。勒特瑟（Leuthesser）对品牌资产的定义是，品牌的消费者、渠道成员和品牌所有者公司所产生的联想和行为的集合，以此能够使品牌获得比没有品牌名称时更高的销量和利润。这在一定程度上解释了为什么品牌被添加到公司的资产负债表中，并被认为是在 20 世纪 80 年代后期企业进行公司收购的一个主要原因。

　　但是，在凯勒看来，品牌资产虽然是 20 世纪 80 年代兴起的最受推崇和最具有潜力的营销概念之一，但是这个概念本身有有利的一面，也有不利的一面。营销者面临着许多竞争性挑战，一直以来许多应对措施是无效的，甚至让情况变得更加严峻。品牌资产概念的有利之处在于它提升了品牌在营销战略中的重要性，为管理兴趣和研究活动提供了聚集点。不利之处在于，这个概念有许多种不同提法，每一种都出自不同的目的，以至于至今无法被准确测量。

8.1.1　品牌资产的定义

1.　戴维·阿克对品牌资产的界定

　　戴维·阿克认为，品牌资产是指与品牌及其名称和符号相联系的，可为公司和（或）其消费者增加或削弱由产品或服务所提供的价值的资产或负债。构成品牌资产的资产或负债，必须与品牌的名称和（或）符号相关联。如果品牌的名称和符号变化的话，部分或全部资产或负债可能被影响甚至失去。当然，有些资产或负债可能会被转移到新的名称和符号下面。品牌资产所赖以存在的基础——资产和负债，会随着所在环境的变化而变化。尽管如此，它们往往被有效地纳入 5 个类别：品牌忠诚度，品牌知名度，感知质量，品牌联想，其他品牌专属资产（专利、商标、渠道关系等）。

　　品牌资产的概念总括如图 8-1 所示。构成品牌资产的 5 个类别的资产，在图中作为品牌资产的基础而存在。图 8-1 同时也表明，品牌资产同时为消费者和企业创造价值。

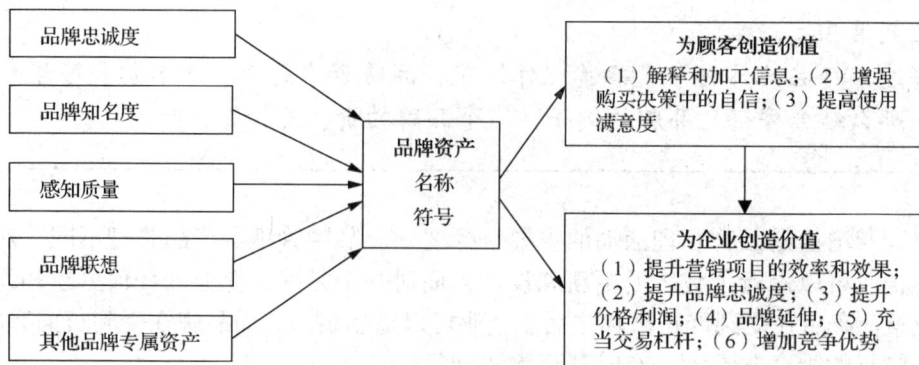

图 8-1 品牌资产的概念总括

2. 卡普费雷尔对品牌资产的界定

卡普费雷尔认为,品牌资产包括 3 个层次:狭义的品牌资产(会计报表中的资产)、品牌力量和品牌价值。其中,狭义的品牌资产包括品牌知名度、品牌显著性、品牌关系和专利;品牌力量包括市场份额、市场领导力、忠诚度、溢价水平、利润增长率;品牌价值包括在扣除投资于生产和业务运营以及营销活动的成本之后,归属于品牌的净现金流折现值。

在这 3 个层次的品牌资产中,狭义的品牌资产等于品牌影响力的源泉;品牌价值等于品牌的潜在利润;品牌力量通过市场份额、市场领导力等指标来测量。品牌显著性是指品牌背后的企业规模;而品牌关系是指品牌与消费者、利益相关者以及供应链因素之间的关系。因此,品牌资产是评价营销决策长期影响的一项适宜的工具。品牌资产的概念及其资产要素的进入与退出,能够帮助企业管理者理解如何增加价值以及在什么地方来增加价值。

品牌资产是一项需要经历时间沉淀的资产。卡普费雷尔建议,为了跟踪品牌资产,品牌管理者应当定期测量品牌强度,分析品牌强度的增大与减小的原因,给出诊断意见与建议,同时要努力提升狭义品牌资产的水平,例如,通过广告和其他营销传播方式来保持品牌的知名度和品牌联想。卡普费雷尔关于品牌强度的界定与提法与世界品牌实验室在计算品牌资产价值时所使用的方法有一些相同之处。

3. 扬·罗必凯公司对品牌资产的界定

扬·罗必凯(Young & Rubicam)广告公司诞生于美国,1923 年成立,是美国历史上成立时间最长和最大的广告代理公司之一,该公司一直秉持"拒绝平凡"的理念不断向前发展。该公司的"品牌资产计价器"对品牌资产概念的理解有重要价值。在品牌资产计价器中,品牌资产从以下 4 个方面进行界定。

(1)差异性

差异性主要解释和测量品牌的差异点。差异性越小,品牌意义越弱。消费者和潜在市场都是由品牌差异性驱动的,因而所有的品牌影响力都源于差异性。差异性是品牌能够存在和发展的前提。

(2)相关性

相关性主要测量一个品牌对消费者个人的适应性。相关性与差异性相结合,形成品牌活力,品牌活力主要描述品牌的增长潜力。品牌活力是品牌价值的第一个指标。相关的差异性是所有品牌的主要竞争力，是品牌健康的第一个指标。如果品牌不和消费者有关，对消费者个人没有适应性，那么这个品牌就不能够吸引消费者。

（3）尊重程度

尊重程度主要是指品牌如何被看待，即消费者喜欢一个品牌的程度以及是否把品牌放在重要的位置上对待。尊重是消费者对品牌建设活动的反映，它由两个因素驱动：知觉的质和量。由于不同国家存在文化差异，因而消费者在品牌知觉上存在差异。

（4）知识程度

知识程度主要是指消费者对品牌的深入了解程度。尊重程度和知识程度共同构成"品牌形象"，品牌身材主要描述品牌当前的力量。

扬·罗必凯公司品牌资产计价器如图 8-2 所示。

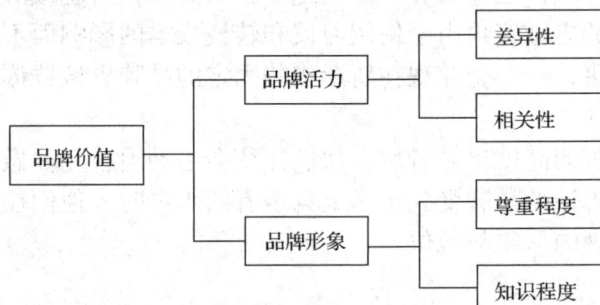

图 8-2 扬·罗必凯公司品牌资产计价器

在关于品牌资产的界定中，上述模型都起着十分重要的作用。有的企业喜欢用戴维·阿克的 5 个维度测量方法；有的企业喜欢用卡普费雷尔的 3 层次分析方法；也有不少企业喜欢使用扬·罗必凯公司所提出的方法。这些方法都有其优点与缺陷。它们的优点就是在以心理和行为为导向的模型方面表现出很高的价值，例如，主要是通过消费者的"心灵和思维"解析品牌价值。但是，也有一些模型从企业财务和品牌价值方面来研究品牌资产的计量。从企业财务研究品牌价值的模型，主要由品牌资产货币价值计算的定量程序组成，一般用于收购、特许经营等情境中，其分析方法包括基于成本的方法、基于市场的方法、基于收入和盈利能力的方法。它们主要以市场价值为导向，强调可比较物，同时也强调溢价能力。而对于品牌价值方面研究品牌资产的模型，品牌资产被视为可以使用平衡计分卡进行管理，但是无法被经验证明，因而在解释品牌中有较大的主观性。

拉福雷对上面 3 种主要的品牌资产界定方式及计价模型进行了综合评价与归纳。凯勒则是从消费者角度，以消费者为中心构建了 CBBE 模型。前面章节中已经提及这个模型，此处不再介绍。

为了方便分析，我们通常采用戴维·阿克给品牌资产下的定义，并从 5 个维度来理解其含义。

8.1.2 品牌资产的维度

以戴维·阿克的品牌资产定义为基础，图 8-1 所示的 5 项内容是品牌资产的主要构成维度，也是研究品牌资产的主要变量。这 5 个维度将品牌资产划分为不同的类型，即消费者可以从不同的侧面来体会和观察品牌资产的实际存在。

（1）品牌忠诚度

一家企业如果拥有大量的忠诚消费者，这显然是该企业的一项重要资产。而当这家企业的名称和标志转移给其他企业时，势必会造成一部分忠诚消费者的流失。一般而言，品牌名称和标志在企业之间发生所有权转移后，消费者群体并不能够全部完成同步转移，在转移过程中会发生一定的消费者流失和忠诚度下降。这种消费者流失以及现有消费者忠诚度的下降，都会造成品牌资产的减少。

在所有行业中，一般维持老客户的成本都比开发新客户的成本低，因此企业往往倾向于在老客户身上持续投入。有些老客户由于缺乏活力和有惰性，即便忠诚度很低，也不愿意更换品牌。即使在技术快速发展、产品迅速更新的时代，所忠诚的品牌的影响力在不断减弱，但是这些品牌的忠诚客户由于使用习惯和转换成本的影响而不会成为竞争性品牌的客户。从某种意义上讲，一个企业现在所形成的固定的品牌忠诚群体基础，往往与它在过去的持续投入有关。

当消费者成为品牌的高度忠诚者后，他们往往会主动地替企业做品牌宣传，吸引新的消费者。当消费者所忠诚的品牌受到市场上竞争者的攻击时，他们往往会以自己的行动或者购买行为来保持品牌的形象与地位。

（2）品牌知名度

品牌知名度是指一个品牌的名称和符号在一个具体的消费者群体中被知晓的程度。知名度与忠诚度不同，与美誉度也有一定区别。知名度有时能够促进消费者形成品牌忠诚，因为人们总是喜欢与自己所了解或熟悉的事物进行接触，这样他们觉得有安全感，品牌知名度高的产品在质量上更加有保障。当消费者对一类产品的功能和效用不了解时，依靠品牌知名度选购就是一种比较有效的方法，即品牌知名度高的产品会进入消费者的考虑集。如果品牌不为消费者所知，那么就很难进入消费者的视野。当然，有的品牌的知名度是依靠广告提高的，这时消费者就要认真地进行品牌质量与功效的分析与评价。

戴维·阿克认为，品牌知名度是指潜在购买者辨认（或者回想）品牌属于特定产品类别的精准程度。它是一个从对品牌辨认的不确定感觉到坚信品牌是产品类别中的唯一存在的连续的区间。在品牌管理中，品牌知名度的作用不仅依托于具体情境，而且与它所达到的层级有关。在品牌知名度中，品牌与产品类别之间的关联被包括进去，即二者之间一定要有内在的逻辑关系。如果品牌与产品类别之间关联性很弱，甚至没有关系，那么再多的广告投入也无助于提升品牌知名度。

在"品牌知名度金字塔"（如图 8-3 所示）中，处于底层的是品牌无意识，即没有任何印象；第二层是品牌再认，建立在有帮助的回想测试基础上，例如在电话调查中被调查者被给出某个产品类别中的一系列品牌名称，并被要求说出哪些名称是之前听说过的；第三层是品牌回想，建立在没有帮助的回想测试基础上，被调查者没有信息提示，需要说出在某个产品类别中的品牌名称；第四层也是最高层次的品牌知名度，建立在没有帮助的回想测试基础上，被调查者说出所想到的第一个品牌名称，即第一想及物，在他的脑海中第一想及物的出现顺序领先于其他品牌名称。

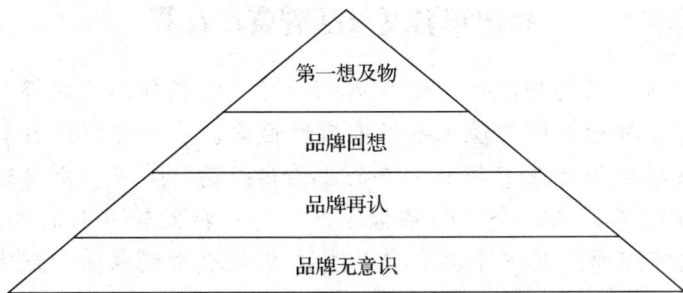

图 8-3　品牌知名度金字塔

在品牌知名度中，消费者对品牌的辨认需要一些品牌联想物来锚定，也就是这些以隐喻形式存在的锚定物，使品牌在消费者的意识中留下印迹，并知其名。品牌名称发挥着"锚"的作用，它把不同的品牌联想都拴在一个点上。品牌名称就像一个文件夹，所有品牌联想物都可以装在里面。当消费者知道这个名字时，里面的各种联想就会跳跃出来。当然，这种联想效果受"锚"与"锚定物"之间链条的强与弱影响。链条越强，品牌联想的隐喻越丰富；链条越弱，品牌联想的隐喻越单薄。品牌知名度的价值和作用主要表现在以下 4 个方面。

① 品牌知名度是其他品牌联想可以挂靠的锚定物

没有知名度的品牌，人们由于不了解，一般很难形成真正的购买意愿以及消费偏好和倾向。事实上，几乎所有预测新产品成功的模型都建立在品牌辨识的基础上，或者以对品牌的辨识为触发点。同时，如果一件产品没有基本的品牌辨识度，消费者很难掌握其功能和利益。有了品牌知名度，其他品牌联想物就可以通过链条被固定在这个锚上，从不同的隐喻含义解释品牌。

② 品牌知名度能够促使消费者从熟悉品牌到喜欢品牌

人们总是喜欢购买自己熟悉的品牌，当与品牌的接触或品牌曝光于消费者面前的机会增多时，人们可能更会从熟悉该品牌变成喜欢该品牌。尤其是当消费者重复接触品牌名称时，即便之前对品牌没有印象，好感也会逐渐增强。

③ 品牌知名度是一种实质内容和承诺的表达

对于没有大量打广告的品牌产品，如果它的名称被消费者所辨识，那么消费者通常会认为这个品牌一定会有大量的广告支持，在行业中存在了很长时间，其生产企业分布很广泛，甚至认为其他人也在使用这个品牌，因而认为它是成功的。反之，对一个不知名的品牌，消费者往往会持怀疑态度，思考这个不知名的品牌是否真正存在。

④ 品牌知名度有利于品牌进入购买者的考虑集

消费者很少只关注一个品牌就做出购买决策。在正常情况下，他们往往会设定一个考虑集，即准备考虑的品牌集合。但是在许多情形下，消费者并没有可供选择的品牌清单及排序，因而只能从脑海中去搜索能够回想到的品牌名称。这时，品牌知名度的价值和作用就体现出来了。第一个被联想到的品牌往往具有竞争优势。在日常购买的消费品中，由于在购买之前就已经确定了品牌名称，因而在许多可辨识的品牌名称可供选择时，第一想及物通常就是消费者的购买对象。

课堂小例子　　　　　**品牌知名度与品牌资产计算**

当两个品牌所提供的功能性价值基本相同时，品牌知名度能够有效地将二者区分开来，同时在品牌资产的价值上也可以有所区分。在一些特殊且敏感的行业中，如果我们无法获得这些行业中每个品牌企业的实际运行情况，那么通过品牌知名度来划分这些行业中不同品牌企业的品牌资产就是一种比较可取的办法。

例如，我们可以通过某一个品牌在消费者总人数中的被知晓的程度，即知晓品牌的人数占消费者总人数的比例来定义市场份额的大小。如果某一行业中，所有消费者中有 50%的人知道 A 品牌，30%的人知道 B 品牌，20%的人知道 A 和 B 之外的其他品牌，那么我们就可以简单地把这个市场的品牌资产比例推测为：A 占 50%，B 占 30%，其他占 20%。

思考题：上述计算方法有哪些优点？它的缺点是什么？

（3）感知质量

戴维·阿克认为，感知质量是指一件产品就其预期目的与其他可替代产品相比较，在总体质量或优越性方面给消费者的感受。感知质量是消费者的一种感知，它区别于实际的或客观的质量、以产品为基础的质量和制造质量，因而不能被客观地决定。这种质量，在含义上除了强调它本身是一种感知外，还强调什么对消费者是最重要的。由于这种质量与消费者的预期目的以及可替代产品集合相关联，因而即使是具有明显质量区分的产品，但是对于特定的消费者群体而言，他们所感觉到的质量与真实的质量并不一致。

感知质量有别于满意。对于产品功效的低预期，也能够带来满意。但是，高的感知质量与低预期并不一致。感知质量与态度也有区别，低质量的产品由于非常便宜，因而能够带来积极的态度。消费者也可能对一件过高定价的高质量产品而持有消极的态度。感知质量是对品牌的一种不可察觉的总体感觉。但是，它通常建立在一些基本维度之上。这些维度包括产品的特征，如可靠性和功效，品牌依托于这些特征而存在。感知质量是一个总括的概念，因而识别和测量它的基础维度十分重要。

在戴维·阿克的研究中，感知质量的价值如图 8-4 所示。

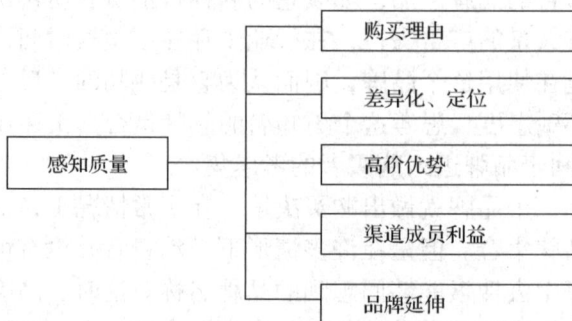

图 8-4　感知质量的价值

图 8-4 所示感知质量的各项价值的具体含义如下。

① 购买理由

由于在收集和筛选信息方面经常缺乏驱动力，或者没有现成的信息可收集，或者缺乏获取和加工信息的能力，因而消费者很难对质量作出客观的断定。但是不论出现哪一种情形，感知质量势必成为中心内容。品牌感知质量提供了至关重要的购买理由，这些理由能够影响哪些品牌进入考虑集，哪些被排除在外，以及哪些品牌被选中。由于感知质量与购买决策相关，因而使营销活动，如广告宣传和促销，更有成效。

② 差异化、定位

品牌定位的一个主要特征是定位于感知质量这个维度上。品牌是超高级、高级、超值的，还是经济的？进一步而言，就感知质量类别，该品牌是最好的，还是仅与同类中的其他品牌形成竞争关系？通过差异化和定位，能够把不同品牌进行有效区分，在消费者感知世界中形成品牌的特征。因此，差异化是定位的前提之一。一般而言，差异化越明显定位越清晰，但是，过多的差异化也会使品牌难以与具体的产品类别相关联。

③ 高价优势

具有感知质量优势的品牌产品能够获取溢价。所获取的溢价不仅提升了利润，而且能够用来投资品牌，如进行品牌研发，提升品牌知名度和形成品牌联想。除了获取品牌溢价这一优势，企业也可以实行竞争性价格，使品牌产品提供更多价值。所增加的价值能够吸引更多的消费者，提升消费者的忠诚度，并提升营销项目的效率和效果。

④ 渠道成员利益

具有感知质量的品牌也有利于获得渠道成员（如批发商、零售商、分销商和其他渠道成员）的支持，并为这些渠道成员带来利益。营销渠道成员喜欢储存和销售具有高感知质量的消费者需要的品牌产品。这些品牌产品如果以具有吸引力的价格上架，往往能够在增强渠道竞争力的同时，为渠道成员带来更多的消费者。

⑤ 品牌延伸

感知质量也能够通过引入品牌延伸来加以充分利用，即使用现有品牌名称进入新的产品类别。具有感知质量的强势品牌能够在产品类别中进一步延伸，比起弱势品牌，能够发现更大的成功机会。品牌名称的感知质量是品牌延伸评估的重要预测指标。感知质量能够影响品牌的市场份额、价格、利润率，它不负向影响成本。质量的强化能够减少品牌产品的瑕疵，降低制造成本。

（4）品牌联想

品牌联想是在记忆中与品牌相连接的任何东西。品牌名称是品牌联想的锚定物。围绕品牌名称，消费者产生各种联想。这些各式各样的联想不仅存在，而且有强弱之分。例如，一个品牌如果经常出现在消费者的视野里并且被消费者体验过，那么这种联想与品牌的连接就会很强烈；如果出现和体验的次数较少，那么连接就很脆弱。

品牌形象是品牌联想的集合，各种或强或弱的联想通常以有意义的小组形式组合在一起，形成不同的联想"簇"或"束"，继而再汇集在一起，以不同的角度和内容在消费者脑海中呈现出品牌的形象。品牌形象、品牌联想都是感知，它们可能反映真实情形，也可能不反映真实情形。

品牌定位与品牌联想和品牌形象紧密地联系在一起。但与后两者不同的是，它包括一个参考框架，参考点通常是竞争者。例如，如果 A 品牌被定位于比 B 品牌高贵和典雅，那么聚焦点就在于由品牌属性"高贵和典雅"和竞争对手"B 品牌"所形成的情境中的品牌联想或品牌形象。一个定位良好的品牌将拥有较强的竞争力和吸引力，其地位由强大品牌联想所支撑。

品牌联想的价值如图 8-5 所示。

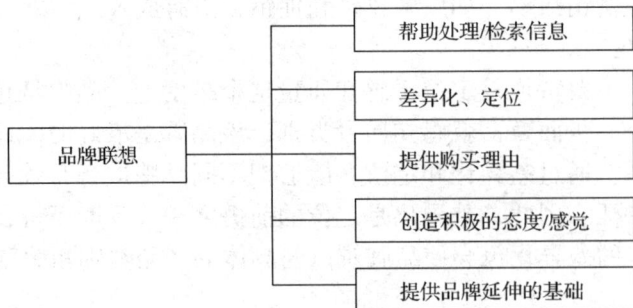

图 8-5 品牌联想的价值

戴维•阿克对图 8-5 所示品牌联想各项价值的具体解释如下。

① 帮助处理/检索信息

品牌联想能够把对消费者而言难以处理和加工的、碎片化的、对企业而言进行传播十分昂贵的一整套事实和详细说明总结提炼出来，创造出一整块集成的信息让消费者来接收。例如，某个著名商场可以把千万条零散信息，通过与竞争者品牌相比较在服务上所具有的强势地位而总结出品牌联想。同时，品牌联想能够影响信息回想，尤其是在决策过程中，体现得十分明显。

② 差异化、定位

品牌联想能够提供差异化的重要基础。在一些产品类别中，如果品牌之间的差异不是特别明显或突出，那么品牌名称所具有的联想就能够有效地把一个品牌与另一个品牌进行区分。具有区分度的品牌联想是十分重要的竞争优势。如果一个品牌能够相对于竞争对手在产品类别的某一个关键属性上定位得十分有效，那么竞争者就会发现这个品牌很难被挑战。例如，A 银行与 B 银行互为竞争对手，A 银行定位于网上电子银行的应用便捷性，而且效果特别好，那么 B 银行就很难在这个方面找到 A 银行的弱点。

③ 提供购买理由

许多品牌联想都包含能够让消费者有理由购买的产品属性和消费者利益点。这些联想是消费者做出购买决策和形成品牌忠诚的基础。有些品牌联想通过提供可信度和信心来影响购买决策。这些品牌联想有时与品牌原产地有关，农产品中的特产以及一些与大自然关系紧密的产品就属于这种情形。例如，有的饮用水品牌，强调水源自雪山，因而在消费者脑海中激发起纯净水质的联想；有的温泉旅游品牌，强调其所在位置地下矿物质丰富，以此来引发消费者对温泉理疗的品牌联想。基于水的品质差异，品牌联想所涉及的产品属性和消费者利益各有特点。

④ 创造积极的态度/感觉

有些品牌联想被消费者所喜欢，因而能够激发正向情感并投射到品牌当中。有些品牌本身的形象比较严肃和认真，如果企业想改变这种形象，就需要通过一些生动活泼的形式来让消费者产生与品牌一贯形象相反的品牌联想。有时候，一些品牌在市场上出现负面信息，进而导致品牌形象受损。针对这种情形，企业应当通过品牌联想创造积极的、正向的影响来扭转这种不利局面。例如，通过有趣的、生动的广告来影响消费者的品牌体验，这样就可以起到改变消费者品牌感知的效果。

⑤ 提供品牌延伸的基础

品牌联想可以通过在品牌名称和新产品之间创造一个契合点，或者通过提供一个购买理由来为品牌延伸提供基础。例如，一款水果品牌，可以通过其关于健康与营养的品牌联想，实现与体育运动或者赛事的健康理念相契合，进而延伸到体育运动品牌领域，让体育爱好者和运动员找到购买这个品牌产品或者延伸品的理由。一款饮用水品牌，也可以通过与环境保护、可持续发展相关联，找到新的契合点，进而进入环境主义者和可持续发展项目的产品类别中，实现扩大消费者基础和品牌影响力的效果。

戴维·阿克将品牌联想划分为图 8-6 所示的主要类型。

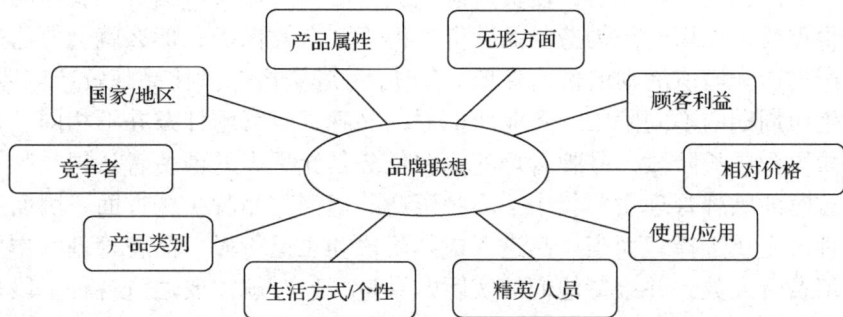

图 8-6　品牌联想的主要类型

现实生活中关于品牌联想的例子很多。例如，肯德基就能使目标消费群体产生类似如图 8-7 所示的联想。

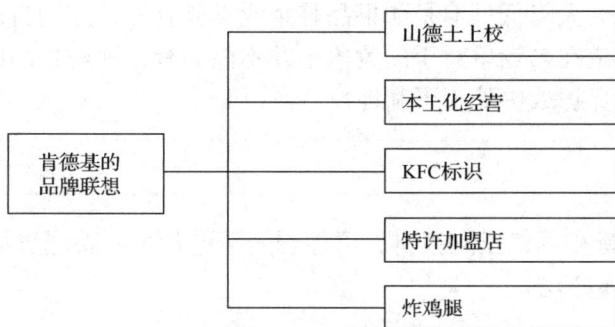

图 8-7　肯德基的品牌联想

类似地，我们可以在生活中发现许多品牌都能够产生与它们相应的一些联想，如同仁堂这个品牌，消费者对该品牌的联想可能从图 8-8 所示的角度展开。作为同仁堂的品牌管理者，可以从图 8-8 所示的 6 个方面来对品牌进行定位，讲求实效，这样就会使消费者心目中的品牌形象与企业所做出的品牌定位相一致。

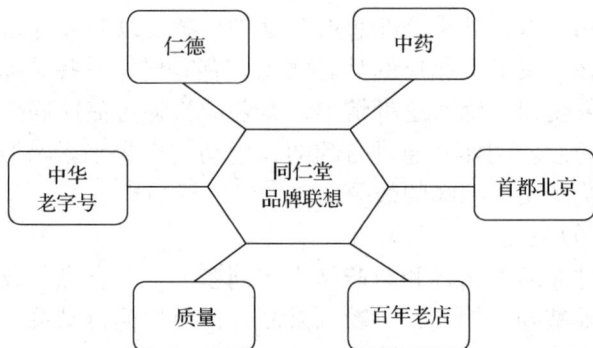

图 8-8　同仁堂的品牌联想

（5）其他品牌专属资产

在品牌资产的集合中，专利、商标和营销渠道属于其他品牌资产类型。这些资产是为了保护品牌不受竞争者品牌侵蚀而形成的。由于品牌资产总是可以从创造和保护两个角度来进行划分，因而创造资产价值，使资产总量提升的资产通常占据资产管理的主导地位。资产的保护很重要，如果已经创造的品牌资产得不到有效保护，那么就会使通过积累所进行的品牌资产创造和增值活动的价值降低。有时，品牌资产保护比品牌资产创造更加重要。

在产品生命周期的不同阶段，企业所面对的品牌资产管理任务并不相同。在产品生命周期的新生阶段和成长阶段，品牌管理的主要任务是让更多的消费者认识品牌并大量购买品牌产品，这时的品牌管理主要集中于品牌资产的增值与品牌扩张方面，因而进攻战略应当是品牌管理的主要选择；而当产品进入成熟阶段和衰退阶段，品牌管理的主要任务应当是保持现有消费者人数，并维持他们的实际购买量，这时就需要通过各种手段来保护品牌的市场地位和影响力。

强化专利意识、商标意识和营销渠道的独特性及优势，是品牌保护或防护的重要途径。竞争者品牌有时可能采取不道德的方法来抄袭企业的专利，甚至进行商标侵权行为以获得非法利益。如果这时营销渠道是被品牌企业所控制的，那么竞争性品牌进行专利抄袭和商标侵权的可能性就会大大降低；但是如果品牌企业不能有效地控制自己的营销渠道，或者自己所设计的营销渠道在与竞争对手的竞争中并不能够有效地防止品牌产品市场份额被蚕食，那么就会在品牌保护战中处于不利地位。

📝 课堂小测验

参考上面肯德基和同仁堂的案例，请你想一下这两个品牌通过品牌联想的形式进入新产品领域的基本方法。

要求：

（1）说明新产品与原品牌形象的关系；

（2）分析在品牌联想中，品牌定位是否发生变化；

（3）写出这两家品牌企业对自身品牌特征和品牌感知的分析；

（4）分析它们的竞争对手是哪些，差异化的联想如何体现；

（5）分析如何在品牌联想中为消费者提供充足的购买理由和价值增值的说明。

8.2 品牌资产的创建与维护

品牌资产的创建与维护是品牌管理的核心问题。品牌管理的主要任务是提升品牌质量，而品牌管理的根本目标在于为企业获得最大的利润。品牌资产是实现企业利润最大化的重要基础，只有把企业的经营管理建立在品牌管理上，而不只是产品或服务上，企业的利润最大化目标才会有保障。从产品管理发展到品牌管理，这是企业管理的一次关键性跨越；而围绕品牌资产这一核心要素来进行企业资产管理，这是企业管理的又一次关键性跨越。品牌资产管理主要包括两个方面：品牌资产创建与品牌资产维护。

8.2.1 品牌资产的创建过程

在前面章节中，我们曾经对品牌设计中需要考虑的元素做过探讨。品牌的无形元素和有形元素，共同构成了品牌的内容与形式。在品牌设计中，这些元素主要是从审美角度或者体现产品的功能、价值和利益的角度来考察的。而在品牌资产创建过程中，尽管这些元素都包含在内，但是对它们的观察角度发生了一定的变化，即从资产角度来研究这些元素如何有效地进行配置。在品牌资产理论中，品牌所包含的各种元素以资产形式来体现价值。

品牌元素中所包括的名称、标识、符号、形象代言人、广告曲、口号、包装等，如果从资产角度来观察，它们被赋予了全新的含义，而且每一种元素在品牌资产中的重要程度和基本作用并不相同。以"名称"为例，在不考虑品牌资产时，它作为品牌元素，主要强调其"简单性""有意义""易记忆""可反映属性"等特点，而在作为品牌资产时，这些特点的重要程度发生了位次变化，"简单性"和"易记忆"可能在品牌资产中不是最为重要的特点，而"有意义""差异性""可反映属性"则会变得更加重要。

甚至在品牌资产创建过程中，除了品牌本身所具备的元素需要被突出之外，还需要加入一些其他元素使品牌资产实现价值增值。因此，从品牌资产管理角度分析，品牌本身所应当具有的元素与品牌资产所需要的元素并不是一个等同的概念。品牌资产元素可能比品牌元素要更加强调构成元素的内在价值、外部可交换性和可估值性。如果把品牌元素比作一个人的话，品牌资产元素就是这个人的价值所在。事实上，构成品牌的每一类元素都可以成为品牌资产元素，并在提升品牌资产价值中发挥作用。但是在不同的市场环境中，每一类具体元素的价值和作用有着显著差异。从品牌元素向品牌资产元素的演变，是品牌管理中元素设计时必须考虑的一个重要环节。

品牌元素向品牌资产元素的转化如图 8-9 所示。

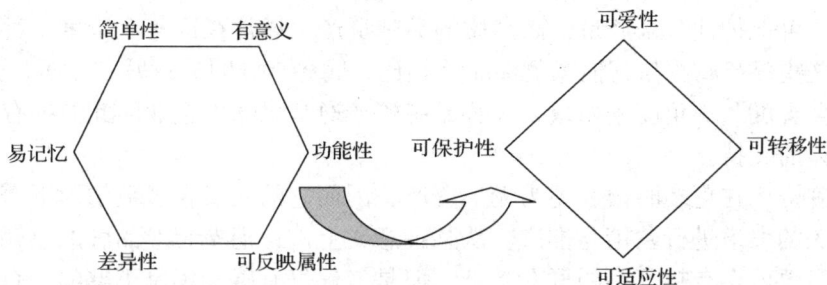

图 8-9 品牌元素向品牌资产元素的转化

从图 8-9 可以看出,品牌元素在向品牌资产元素转变过程中,品牌元素的名称和内涵及它们之间的关系都发生了较大变化,即原来反映品牌功能、情感、利益和价值的 6 个元素,在强调"资产"时,转变为 4 个其他元素。这种转化事实上说明了品牌本身的可变性:品牌需要根据市场的需求而不断地调整自己的特点和属性。

"可爱性""可转移性""可适应性""可保护性"是对品牌从资产角度进行剖析的 4 个元素。首先,如果品牌要以一种资产形态存在,它除了要有一定的消费者群体基础外,它还需要更广泛的受众,因此,"可爱性"事实上能够培育出新一代的品牌消费者,使他们愿意接受品牌并成为品牌的投资者;其次,品牌作为一种有价值的资产,它在市场上是受价值规律支配而不断地流动的,即总是流向乐于接受更高价格的投资者和消费者,因此"可转移性"事实上表明品牌作为资产,必须能够在空间上和时间上进行转移;再次,品牌资产作为一种消费或投资领域的对象,它应当能够适应不同社会文化环境中的需求,并能够进行自身的修改与更新,例如,作为一款有着强大影响力的品牌软件,它就应当能够根据不同社会文化环境中消费者的使用习惯进行修改与更新;最后,品牌资产需强调"可保护性",即资产不能够被竞争者或者其他市场主体轻易地占用或者侵袭,这个属性可能包括了品牌元素中的品牌名称、标志和商标,这些品牌元素尤其要强化自身的知识产权属性。

8.2.2 品牌资产的维护过程

品牌资产维护涉及两项重要内容:资产质量的维护与资产规模的维持。

(1)品牌资产质量维护

品牌资产质量维护,这是品牌资产管理的核心内容。资产质量是一个从财务或会计角度进行解释的专业名词。一家企业的资产质量高,往往意味着拥有优质的资产,而且在技术的先进性上和资产的结构配置上有着竞争对手无法超越的竞争力。例如,在生产加工制造行业中,资产质量高通常意味着拥有一流的生产设备和技术员工队伍,并在此基础上形成核心竞争力。品牌资产质量,主要是指构成品牌资产的各种元素配置比例及其内在结构。

一般而言,资产质量是指特定资产在企业管理中的系统性作用,具体表现为变现质量、被利用质量、与其他资产组合增值的质量以及为企业目标做出贡献的质量等方面。评价资产质量通常采用获利能力分析法、企业营运能力分析法和资产结构分析法。同时,资产质量往往与资产项目紧密联系在一起。品牌资产质量与企业的其他资产质量有不同之处:一方面,它很难从流动资产、固定资产、存货和变现能力等角度简单地进行分析;另一方面,品牌资产质量往往与企业营销活动的力度和企业形象有着紧密联系。

品牌资产质量事实上是指品牌作为资产的内在品质。一方面,从"可爱性""可转移性""可适应性""可保护性"来衡量,高品质的品牌资产,通常在这 4 个维度上都有着较好的表现,同时这些资产属性与其他竞争性品牌相比,优势十分明显;另一方面,从"忠诚度""知名度""美誉度"等角度来衡量,优势品牌资产通常意味着企业因此而拥有广大且牢固的消费者群体的支持。

由于品牌资产在更多时候表现为无形资产,因而它的质量在多数情形下需要通过与人们的感知相关的渠道进行营销与推广。从某种意义上讲,消费者对品牌的感知力越强,品牌资产的质量也就会有越深厚的群众基础。但是,仅仅有感知还是不够的,企业必须想方设法地保证消费者的感知是积极的。

品牌资产中无形部分与有形部分之间的有效配置、配合，是实现对其质量有效维护的科学路径。例如，在品牌资产质量形成过程中，品牌有形展示往往需要无形资产的高度介入，而无形资产的形成，必须得到有形资产的验证。无形资产和有形资产在品牌资产质量形成过程中的一体化运作，是企业保护品牌形象和提升品牌竞争力的有效方法。例如，企业在线平台的品牌宣传与线下体验店有形营销的结合，以及由此而形成的线上线下商务（Online to Offline，O2O）品牌质量维护模式，就是互联网时代的一种新的品牌经营管理路径。

（2）品牌资产规模维持

维持一定的资产规模对品牌十分重要。有时，企业的资产构成中并非都是高质量的品牌资产，可能有一些非品牌资产在内。即使在品牌资产构成中，也会区分出不同质量的品牌资产类型，即可能包括质量较高的品牌资产、质量中等的品牌资产和质量一般的品牌资产。因此，品牌资产与非品牌资产之间的比例以及品牌资产内部不同质量资产之间的比例，对企业的品牌化经营有着重要的影响。

一般而言，品牌资产在企业总资产中的比例越高，企业的品牌效应就会越明显；质量较高的品牌资产在品牌资产的总体构成中所占比例越高，品牌资产的总体质量也就越高。由于不同的品牌资产以各自的产品系列和服务为主要内容，因而在规模和结构上主动调节产品和服务的结构，对维持品牌规模有着积极的意义。例如，企业可以根据市场的供求关系变化来主动调节企业品牌资产的规模和结构，让一些有市场潜力的品牌资产增多，而控制一些竞争力下降的品牌资产的规模。

在维护品牌资产方面，采取强有力的商品名称、标志和商标管理很重要，在不同的品牌资产中突出重点保护的对象也很重要。品牌资产维护的核心是企业整体品牌资产的稳定性。在具体品牌的维护中，维护措施则应当根据品牌生命周期和市场竞争情况而制订。强调保持品牌的整体核心竞争力，是品牌资产维护的重要策略之一。在品牌资产规模与品牌核心竞争力的选择方面，应当把品牌管理重心放在保持核心竞争力上。

在品牌资产规模维护上，企业应当设置一个维持品牌形象和品牌地位的最低经营规模，然后在此基础之上进行品牌的市场化运作。如果企业有两个品牌系列的产品，分别为 A 品牌和 B 品牌，那么企业应当分别为这两个品牌设置两个资产规模的最低值，即保护线。当资产规模低于这两条保护线时，就意味着企业在这两个品牌系列上的资产规模不足以支撑企业在市场上展开有效的竞争。同时，企业也可以为这两个品牌设置两个资产规模最高线，当 A 和 B 的品牌资产规模分别超过这两条线时，意味着占用企业其他产品和服务的资产份额，进而影响企业总体资产的盈利能力和市场竞争力。

以一家化妆品生产企业为例，该企业总的资产规模为 100 亿元，旗下有 A、B、C、D、E 和 F 产品系列，其中 A 和 B 产品系列是品牌产品，它们所对应的资产规模分别为 10 亿元和 20 亿元，而 C、D、E 和 F 是非品牌产品系列，在企业营业收入占有一定的比例，E 和 F 有可能成为企业新的利润增长点。在激烈的市场竞争中，这家企业着力打造 A 和 B 两个品牌产品系列，但是考虑到品牌产品的经营风险，该企业为 C、D、E 和 F 产品系列留下了一定的资产配置空间。在这种情形下，该企业进行了如图 8-10 所示的品牌资产规模维护，即为 A、B 两个品牌产品系列分别设计了最高和最低资产配置两条控制线，以规避品牌产品市场的竞争风险，同时也为企业发展其他产品系列预留了一定空间。

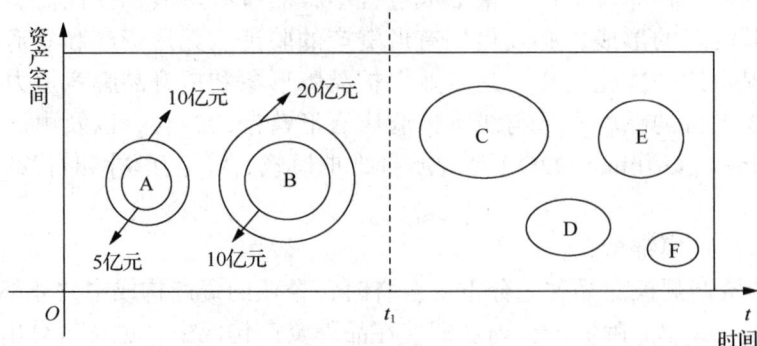

图 8-10　品牌资产规模维护示意

在图 8-10 中，t_1 表示企业资产总值的矩形一分为二，这样就能够使现有品牌资产 A 和 B 与非品牌资产 C、D、E、F 相区分，以防止品牌资产过多地占用非品牌资产的空间。同时，在 A 和 B 两个品牌产品系列中，也分别设置最低资产运营维护线，即两个圆圈中的小圆圈，分别是 5 亿元和 10 亿元，而 A 和 B 两个品牌产品系列的总资产不能够超越底边为 Ot_1 的矩形面积所表示的资产规模。

8.3　品牌资产的评估

由于品牌有形资产部分比较容易从财务报告中获得具体数据，因而关于品牌资产的评估，主要是从品牌无形性这个角度进行研究的。目前理论上比较通行的方法有 3 种：基于财务的评估、基于市场的评估和基于消费者的评估。

8.3.1　基于财务的评估

基于财务的评估主要有 3 种方法：成本法、股票价格法和收益现值法。

1. 成本法

成本法是品牌资产评估方法中比较常用的一种方法，历史也比较久远。该方法又分为历史成本法和重置成本法。

（1）历史成本法

历史成本法是依据品牌资产购置或开发的全部原始价值进行估值的方法，它是评估品牌资产最为直接的方法之一。其具体做法是计算企业对被评估品牌的投资，包括设计、创意、广告、促销、研究、开发、分销、商标注册和专利申请等相关支出。该方法的主要局限性在于无法直接反映品牌现在的价值，因为没有考虑过去投资的质量和成效，同时也没有考虑品牌的未来获利能力。

（2）重置成本法

重置成本法是按品牌的现时重新开发创造成本，减去其各项损耗价值来确定品牌价值的方法。重置成本是第三方愿意支出的费用，等同于重新建立一个全新品牌的成本。其计算公式如下。

$$品牌评估价值=品牌重置成本×品牌成新率$$

其中：

$$品牌重置成本=品牌账面原值×（评估时物价指数÷品牌购置时物价指数）$$
$$品牌成新率=剩余使用年限÷（已使用年限+剩余使用年限）×100\%$$

2. 股票价格法

股票价格法主要适用于上市公司品牌资产评估。该方法以公司股价为基础，将有形资产与无形资产分离，然后从无形资产中剥离出品牌资产。具体步骤如下。

第一步，计算公司股票总值 A。

第二步，用重置成本法计算出公司有形资产总值 B。

第三步，计算公司无形资产总值 C：$C=A-B$。

第四步，将无形资产分解为"品牌资产""非品牌资产""行业外导致垄断利润的因素"，分别用 C_1、C_2 和 C_3 来表示。

第五步，确定 C_1、C_2、C_3 各自的影响因素。

第六步，建立股价变动与上述各影响因素的数量模型，并估计不同因素对无形资产的贡献率，然后在此基础上可以得出不同行业中品牌资产占该行业有形资产的百分比 β。由 $C_1=B×\beta$ 即可以得到品牌资产的数值。

用股票价格法得出的是公司各品牌资产的总值，因此，这种方法适用于采用单品牌策略的公司。

3. 收益现值法

收益现值法是通过估算品牌未来的预期收益（通常为税后利润），并采用适当的贴现率将该收益折算成现值，然后再进行累加求和，最后确定品牌价值的一种方法。

用该方法评估公司未来收益，需完成两个独立的步骤：一是分离出品牌的净收益；二是预测品牌的未来收益。该方法计算出的品牌价值由两部分构成：一是品牌过去的终值（过去某一时间段内的收益总和）；二是品牌未来的现值（未来某一时间段内的收益总和对应的现值）。其计算公式为这两部分相加。由于涉及预测，因而该方法的主观性比较大。

8.3.2　基于市场的评估

基于市场的评估方法主要有两种：英图博略公司品牌评估方法和金融世界评估方法。

1. 英图博略公司品牌评估方法

英图博略公司品牌评估方法是国际上比较通行的品牌价值评估方法。该方法的基本思想是品牌资产的价值在于它能够使其所有者在未来获得比较稳定的收益。该方法的核心是：财务分析、品牌作用力和品牌强度。

品牌资产的计算公式如下。

$$V=P×S$$

其中：V 为品牌价值，P 为品牌收益，S 为品牌强度。

（1）品牌收益

品牌收益是指品牌带来的纯利润。其计算方式为，从品牌销售额中减去品牌的生产成本、营销费用、固定费用和工资、资本报酬及税收等。

（2）品牌强度

品牌强度是指品牌预期获利的年限。计算品牌强度的通行方法是七因素加权综合法，每个因素的分值在0～100分。英图博略公司品牌评估方法的七因素及权重如表8-1所示。

表 8-1　英图博略公司品牌评估方法的七因素及权重

因素	基本含义	权重
支持力	品牌获得持续投资和重点支援的程度	10%
品牌保护	品牌的合法性和受保护程度	5%
领导力	品牌的市场地位	25%
稳定性	品牌维护消费者权利的能力	15%
市场性质	品牌所处市场的成长和稳定情况	10%
国际性	品牌跨越地理文化边界的能力	25%
品牌趋向	品牌对行业发展方向的影响力	10%
合计	——	100%

2. 金融世界评估方法

金融世界评估方法吸收了英图博略公司品牌评估方法的优点，并更多地考虑专家意见来确定品牌的财务收益等数据。该方法的计算步骤如下。

（1）计算品牌利润

首先以公司销售额为依据，根据专家对行业平均利润率的预测计算出公司营业利润，然后再从中剔除与品牌无关的利润额，最后计算出品牌利润。

（2）根据七因素加权综合法估计品牌强度系数

金融世界评估方法在品牌强度系数的计算上借鉴了英图博略公司品牌评估方法，对7个因素分别赋予权重，然后计算出品牌强度系数。

（3）计算金融世界品牌资产

品牌资产=品牌利润×品牌强度系数

表8-2是金融世界评估方法在对比万宝路和可口可乐两大品牌时的具体应用。

表 8-2　金融世界评估方法的具体应用　　　　　　　　　　　　金额单位：美元

步骤	项目	公式描述	万宝路（1992）	可口可乐（1993）
1	销售额		154亿	90亿
2	利润率	行业平均	22%	30%
3	利润	步骤1×步骤2	34亿	27亿
4	资本比率	行业平均	60%	60%
5	理论资本	步骤1×步骤4	92亿	54亿
6	一般利润	步骤5×5%	4.6亿	2.7亿
7	品牌利润	步骤3-步骤6（取整数）	29亿	24亿

续表

步骤	项目	公式描述	万宝路（1992）	可口可乐（1993）
8	修正利润	近 3 年利润加权平均	29 亿	24 亿
9	税率	行业平均	43%	30%
10	理论纳税额	步骤 8×步骤 9	12 亿	7.2 亿
11	纯利润	步骤 8-步骤 10	17 亿	16.8 亿
12	品牌强度系数	在 6～20 之间取值	19	20
13	品牌价值	步骤 11×步骤 12	323 亿	336 亿

8.3.3　基于消费者的评估

基于消费者的品牌资产评估是一个比较新颖的评估角度，其中比较通行的方法是溢价法。

溢价法所依据的主要思想是品牌价值大小可以用消费者为选择这一品牌而愿意额外支付的货币量来衡量，如图 8-11 所示。

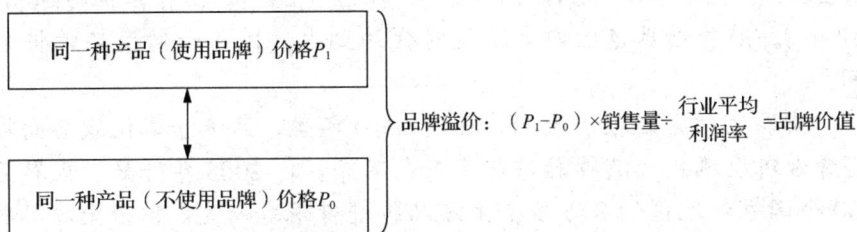

图 8-11　品牌溢价及品牌价值计算

例如，某一产品使用一个具体品牌时的市场销售价是 1 000 元，销售量是 10 000 件，而不使用这个具体品牌时的售价只有 400 元，该品牌所在行业的平均利润率为 30%，则该品牌价值为：

$$（1\,000-400）×10\,000÷30\%=20\,000\,000（元）$$

市场调查和市场实验是确定品牌溢价的有效方法。图 8-11 所示的品牌溢价及品牌价值计算方法也可用于同一种产品两个不同品牌的对比。但是，这种计算方法有其局限性，因为品牌之间的价格差异并不一定是由品牌本身造成的，不同品牌在质量、功能、属性和利益方面越接近，溢价及品牌价值的计算就越准确。此外在分析品牌溢价、品牌价值时，经济周期性变化对销售量的影响也应当考虑在内。

品牌实训

世界品牌实验室发布 2023 年世界品牌 500 强

实训材料：

由世界品牌实验室发布的 2023 年度"世界品牌 500 强"排行榜于 2023 年 12 月 13 日在美国纽约揭晓。与上一年排名相比，微软击败苹果位列第一，亚马逊名列第三。美国品牌占据 500 强中的 193 席，稳居品牌总数第一位。法国、中国、日本和英国紧随其后。中国品牌入选数（48 个）首次超越日本（43 个），跃居全球第三。其中表现亮眼的品牌有国家电网、腾讯、海尔、华为、华润、中国人寿、五粮液、中国南方电网、青岛啤酒、中化、恒力、徐工、盛虹和国贸控股。

世界品牌 500 强的评判依据是品牌的世界影响力。所谓品牌影响力，是指品牌开拓市场、占领市场并获得利润的能力。按照品牌影响力的 3 项关键指标——市场占有率、品牌忠诚度和全球领导力，世界品牌实验室对全球 8 000 多个知名品牌进行了综合评分，最终推出了世界最具影响力的 500 个品牌。

世界品牌实验室和超级财经的联合团队通过实证研究发现，跨国品牌逐渐感受到全球化带来的压力，品牌扩张策略开始向多元化、本地化方向发展，并以提升品牌的环境治理绩效为捷径，因为品牌价值和这些绩效的关联性越来越强。2023 年世界品牌 500 强共覆盖了 47 个行业。其中，食品与饮料共有 35 个品牌上榜，排名第一；汽车与零件共有 32 个品牌上榜，位居第二；零售行业继续复苏，有 28 个品牌上榜，和能源行业并列第三；传媒行业有 26 个上榜品牌，位列第五。其他入选数量排名靠前的行业还有互联网（24 个）、银行（24 个）、保险（24 个）、计算机与通信（23 个）和电信（21 个）。随着世界范围内老龄化时代的到来，医药和健康品牌将会有可持续增长的空间。

世界品牌实验室的年终报告表明，在过去 10 年里，品牌全球化战略面临越来越大的压力，消费者对全球化大品牌的信任度正在下降。自 2003 年开始，世界品牌实验室就对世界 60 个国家和地区的 8 万多个主流品牌进行跟踪研究。作为全球品牌咨询、研究和测评机构，世界品牌实验室由 1999 年诺贝尔经济学奖得主罗伯特·蒙代尔教授倡议创建并担任首任主席，全资附属于世界经理人集团。（资料来源：根据世界品牌实验室官网资料整理。）

实训任务：

（1）根据上述资料，分析世界品牌实验室品牌 500 强评选依据中哪些指标与本章所讲的品牌资产计算方法相关。

（2）品牌所在行业对 500 强榜单的位次有显著影响吗？试用 SPSS 统计软件分析行业对品牌位次的影响，并指出其原因。

复习思考题

一、名词解释

品牌资产　品牌知名度　感知质量　品牌联想

二、简答题

1. 简述品牌资产的基本含义。
2. 简述品牌资产的主要维度，并举例说明。
3. 试举例说明品牌联想在品牌资产中的重要作用。
4. 如何创建和维护品牌资产？试举例说明。
5. 品牌资产的评估方法主要有哪些？它们各自的特点是什么？

三、论述题

1. 试述品牌资产的主要作用及其实际意义。
2. 试述品牌资产创建与维护的现实意义。

四、设计与分析题

题目：请选择一个行业中的两个品牌，分别以英图博略公司品牌评估方法和金融世界评估方法计算它们的品牌资产价值。

要求：（1）分析品牌资产的影响因素；
　　　（2）制作问卷和图表；
　　　（3）总字数不少于 1 000 字。

第9章
品牌战略

本章主要知识点

- 品牌战略的定义
- 品牌战略的基本类型
- 品牌战略的选择
- 品牌战略的实施

案例导入　宝洁日化产品的多品牌战略

宝洁是实施多品牌战略较为成功的国际企业，它的日化产品不仅能够与世界其他著名品牌如联合利华公司旗下的品牌展开有力竞争，而且该企业旗下的各个品牌之间也存在着一定的竞争和替代关系。

例如，"海飞丝""潘婷""飘柔"3 个品牌之间，它们的产品既都能够用于清洗头发，形成相互竞争与替代的关系，同时每一个品牌又有各自的特点并相互区分，进而满足不同消费者的个性化、差异化需求。

多品牌战略可以分散品牌经营管理风险，防止一个品牌出现问题时没有其他品牌填补市场的局面发生；同时能够把品牌触角延伸到市场的每一个角落，把某些品牌的成功经验不断地复制到其他品牌上。这种品牌发展战略有利于在提升企业品牌总量的基础上提升总资产和市场份额。此外，该战略所形成的品牌之间内部竞争关系，有利于提升品牌竞争力，使品牌能够在激烈的市场环境中成长、成熟起来。

思考题：宝洁目前有多少个日化品牌？多品牌战略面临的主要问题是什么？

在企业品牌管理活动中，品牌战略的制定是决策层次最高、影响最为深远、意义也最为重大的一项工作。它对品牌管理的其他活动具有统领作用，在企业品牌管理所有活动项目中位置处于最上层。尽管品牌战略地位如此重要，但在实践中有时企业对它的真正含义并不是十分清楚，因而容易进入认识误区。有的企业将品牌战略简单地理解为品牌决策，使其变成了一项过于注重细节的活动；也有一些企业将品牌战略模糊化、抽象化，用笼统的语言来概括其中的一些具体问题，这又使其缺乏指向性而无法实施；还有一些企业对品牌战略的地位和作用重视程度不够，并没有准确的、可行的系统思维，导致与之相关的活

动总是停留于一般业务层面上。鉴于各类企业在品牌管理中出现的这些具体问题，在制定品牌战略时，首先应当对什么是品牌战略有一个清楚的认识。

9.1　品牌战略的概念与基本类型

品牌战略是企业发展战略的重要分支之一。在产品愈加丰富的当代经济活动中，产品之间的竞争逐渐演变为品牌竞争，因而品牌战略在提升企业核心竞争力、应对市场环境变化等方面具有重要的作用。品牌战略是企业发展战略在品牌领域的延伸。

9.1.1　品牌战略的概念

品牌战略是品牌管理的顶层设计，它指明了企业在品牌管理活动中的前进方向、工作重点和可利用的时机。它是各种战略思想和战略思维在品牌管理中的具体运用。

1. 品牌战略的定义

在概念上，品牌战略是指长期的设计，它勾勒出品牌的具体目标、价值观念和定位，并以此在市场上创造出独特的、一致的品牌识别，具体包括确定目标市场、理解市场的需求和偏好、开发出清晰的品牌信息、确定品牌竞争优势、识别关键品牌属性、为品牌传播和视觉呈现提供指引，以实现品牌资产增值和忠诚消费者基础的扩大。

品牌战略的构成维度如图 9-1 所示。

在图 9-1 中，"方向"是指品牌战略构思中所设计的品牌发展路径和前进目标。正确的方向是品牌战略成功的关键。例如，在经济全球化潮流下，一家国际企业是否进入更大的区域市场和全球市场，以及准备进入哪些区域市场和全球市场中的哪些人口统计学细分市场，就是战略方向的选择。一般而言，品牌战略在方向上可以分为"内向型"和"外向型"两种战略。内向型战略主要是指立足国内市场来开展品牌管理业务；而外向型战略则主要瞄准国际市场，寻找目标市场和所需资源。"重点"是指品牌业务中哪些是需要着重强调的业务模块，或者哪些品牌是经营和管理的重要对象，或者哪些区域市场是需要认真研究和对待的。"重点"的确立能够使企业的资源使用与分配更加聚焦，产生集聚效应。"时机"是指外部环境中，尤其是市场或行业中出现的重要机会，品牌管理者应当敏锐地识别这些机会并充分地加以利用。

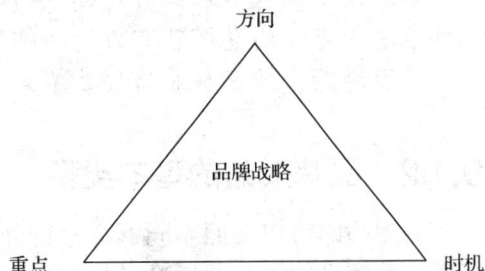

图 9-1　品牌战略的构成维度

2. 品牌战略的含义

品牌战略有以下 3 层含义。

（1）品牌战略是企业的具体发展战略之一

在企业的整体战略体系中，品牌管理是企业管理的重要组成部分，品牌化经营是一个重要的发展方向。因此，企业通常把品牌管理工作提升到战略层面上加以思考。品牌战略主要涉及品牌市场的细分、目标市场的选择和品牌定位等方面。具体而言，企业要回答实现怎样的目标、为谁服务、依靠怎样的资源、与谁合作，以及怎样进行合作等根本性问题。

（2）品牌战略是重点业务与时机的结合

品牌战略是指企业在品牌经营管理中对品牌管理所涉及的部门、业务、流程、产品和服务的发展方向、发展重点所做出的前瞻性判断。尤其是在时机把握上，品牌战略涉及企业对品牌的优势与劣势的分析，以及企业综合能力与时机的匹配性把握。

（3）品牌战略是实现企业目标的正确路径

企业为了在竞争中彰显自身的特色，往往会采取与竞争者不同的战略路径来吸引消费者的注意力，进而实现企业目标。

课堂小例子　　　　　　　**坚持本色与落地生根**

麦当劳和肯德基这两大餐饮连锁品牌，它们在世界各地都开设了自己的分店，并且以店铺加盟方式将美国快餐消费方式推广到全球各个角落。但是，这种在以"加盟店"为主的推广方式上的一致性并不表明它们品牌战略实施路径的同一性。事实上，这两大品牌在中国市场所实施的品牌管理战略有较大不同。麦当劳在品牌推广中基本沿用了西式餐饮品牌管理模式，并以欢乐用餐氛围为特色；而肯德基则针对中国消费者的饮食习惯，尽可能地实施本土化战略，倡导家庭观念，塑造温馨、关爱的品牌形象。麦当劳沿用传统品牌战略来推广其品牌形象和管理风格；肯德基用本土化经营战略来赢得目标市场的认可。这种战略上的显著差异，在为两大品牌争夺消费者方面发挥了有力的品牌传递效应。

思考题：两家企业为什么不采用同样的品牌管理策略？

9.1.2　品牌战略的基本类型

品牌战略可以按照不同标准进行分类。通行的划分方法有：依据品牌广度和深度进行分类、依据品牌实际数量进行分类、依据品牌延伸的方向进行分类。

1. 依据品牌广度和深度进行分类

依据品牌广度和深度进行分类，可以将品牌战略分为以下两种类型。

（1）品牌广度开发战略

品牌广度是指一个品牌所提供的产品和服务的范围，内容涉及品牌向其消费者所提供的对象的变化性和多样性。品牌广度主要从品牌的横向发展上来评价其扩展能力。具体而言，提供产品类别和服务类型广泛的品牌，它们能够利用产品和服务项目的分布广泛性来满足不同消费者的需求和偏好。扩展品牌广度，能够扩大品牌的市场覆盖面，使之进入不同的产品类别和业务领域，甚至进行跨行业经营，从而有助于扩大消费者基础，吸引更多的目标受众。企业在品牌广度上进行品牌化建设，所实施的品牌发展战略属于品牌广度开发战略。

（2）品牌深度开发战略

品牌深度是指品牌在特定产品类别里所提供的产品层次的丰富性程度。它所衡量的也是一个品牌在其品牌组合中的提供品的变化性和多样性，只是从品牌发展的纵向上来进行评价。维持品牌深度，需要企业在品牌方面不断创新，开发新产品，增加投入，同时也对供应链和分销渠道有特殊的要求。它的优点是能够提升品牌竞争力，赢得消费者满意，进而提高消费者忠诚度，有助于企业获得更大的市场份额。企业从品牌深度上进行品牌化建设，所实施的战略属于品牌深度开发战略。

课堂小测验

品牌广度开发战略与品牌深度开发战略除了在发展方向上不同外，在具体内容、创新方式和资金投放方面的差异性也比较明显。品牌广度开发战略与品牌深度开发战略，与产品管理战略在形式上有一定的相似之处，都会涉及"项目""系列""组合"等概念。

表 9-1 所示的是甲企业和乙企业的品牌数量对比。例如，在"洗洁精"产品项目中，甲企业只有 1 个品牌，而乙企业拥有 6 个品牌。此外，甲企业和乙企业都有一些辅营业务产品项目。

表 9-1　甲企业和乙企业的品牌数量对比

产品项目		甲企业	乙企业
主营业务产品项目	洗洁精	1	6
	洗衣粉	3	0
	洗发水	10	0
	洗手液	2	1
辅营业务产品项目	A 类	2	1
	B 类	3	0
合计		21	8

问题：哪家企业采取的是品牌广度开发战略？哪家采取的是品牌深度开发战略？

从表 9-1 可以看出，甲企业的品牌数量要比乙企业多，而且主要集中于"洗发水"这个产品项目，乙企业的品牌主要集中于"洗洁精"产品项目。如果对比两家企业的品牌广度，那么由于甲企业拥有更多的品牌，因而它在战略上要比乙企业更有优势；但是，如果对比两家企业的品牌深度，那么两家企业各有优势。当然，此处的假设是每一个品牌对市场的影响力是一样的。

如果每一个品牌对市场的影响力并不相同，那么对品牌广度开发战略和品牌深度开发战略的分析，除了需要考虑品牌在不同产品类别或项目之间的分布外，还应当考虑各个品牌的销售量以及销售额，甚至还要考虑消费者群体结构及规模、品牌的市场竞争力，以及支撑品牌的产品的多样性。假如乙企业的某一个品牌拥有优质的产品项目、完整的产品线和产品组合，拥有较强的市场竞争力和大量的消费者，那么实际上它的品牌广度并不比甲企业差。

需要注意的是，此处所指的产品项目与市场营销理论中的概念有一定区别，它更接近于产品类别或子类别。由于品牌在层次上比产品要高，因而同一个品牌下往往可以拥有许多个产品项目，如"洗发水"在此处作为一个产品项目，它所对应的品牌可以是 1

个，也可以是多个，而每一个品牌又可以由多种不同型号、款式但名称相同的具体产品组成。

2. 依据品牌实际数量进行分类

依据品牌的实际数量进行分类，可以将品牌战略分为单一品牌战略、多品牌战略、主副品牌战略和联合品牌战略。

（1）单一品牌战略

单一品牌战略是指企业在市场上只推出一个品牌，并将所有资源和努力都集中在该品牌上，以建立和维护该品牌的市场地位和竞争优势。这种战略强调品牌在经营管理过程中的一致性和统一性，通过集中资源来打造品牌形象，提高品牌认知度和忠诚度，从而实现市场份额的增长和盈利能力的提升。其适用的企业在特定市场领域中具有强大的竞争力，且具备差异化经营优势。不同产品项目使用同一个品牌名称和标志，有利于呈现强大的品牌形象，并正向影响每一个产品项目的市场营销活动；统一的品牌名称和标志有助于企业向市场传递一致的品牌价值和理念。

单一品牌战略具有以下优点。

① 简化管理内容

单一品牌战略可以简化企业的管理和运营。企业只需要关注一个品牌的产品开发、生产、销售，降低了运营复杂性和管理难度，不会产生品牌之间的内耗，能够让企业深入思考品牌管理所需要的各种资源及环境条件，对品牌精心呵护，让品牌与企业共同成长。

② 提升品牌专注度

单一品牌战略可以使企业专注于自身的定位以及核心竞争力的提升，明确目标市场的需求与偏好，为市场提供高质量的产品和服务，在品牌、产品、服务、消费者需要、供应链管理、营销渠道、人才管理以及技术创新和管理变革方面找准时机，使品牌具有生命力。

③ 有利于价值增值

单一品牌战略可以在节省广告费用、降低生产和营销成本的同时，提升品牌的价值和知名度。在价值链各环节中，企业各个部门都可以通力协作，集中精力来为品牌注入价值元素，使品牌从设计到完成能够实现价值最大化。在价值传递过程中，企业的营销渠道能够为品牌走向市场提供更多的帮助。从消费者角度来观察，单一品牌战略更容易吸引其注意力，唤醒记忆，增进情感，从而兑现品牌利益。

在品牌世界中，实行单一品牌战略比较多的企业有通用电气、苹果公司等。这些企业以单一品牌为核心来进行产品创新和市场推广。在中国企业中，单一品牌战略也比较受推崇，尤其是一些影响力比较大的知名企业，由于格外重视自身形象，因而对单一品牌战略执行得比较到位。但是即使如此，实行完全且纯粹的单一品牌战略的比例仍然相对较低。这主要是由于这种战略本身也有一些缺陷。

单一品牌战略具有以下劣势。

① 企业发展能力受限

单一品牌战略会削弱企业瞄准不同目标市场和满足这些市场用户需求的能力。由于单一品牌战略只聚焦于一个品牌，企业因此会失去扩大市场范围并获取更多客源的机会。一般而言，企业过于专注于某一事物，就会产生自觉或不自觉的排他性信息获取倾向，进而会忽视环境中的机遇，最终导致错失拓展市场和赢得消费者信赖的大好时机。

② 易受负面连带效应影响

如果单一品牌面临负面危机或者受欢迎程度下降，整个企业的声誉和财务表现就会受到影响。品牌开发战略与普通投资战略有相似之处，安全稳妥的战略是"鸡蛋不能放在一个篮子里"。由于某个产品项目出问题，品牌旗下的所有产品项目以及企业形象均会受到波及。但是，也有研究证明，如果企业的品牌形象足够强大，即使某个产品项目出现问题，企业通常能够迅速恢复过来。

③ 应对市场变化迟缓

单一品牌战略容易使企业在不断变化的消费者偏好和市场趋势中显得特别被动，缺乏可以依靠的可选品牌或产品。通俗地讲，就是没有更多、更好的选择方案作为应对市场变化的"胜负手"或者"决定性力量"。单一品牌战略极易使企业迷失自我或者否定自我，没有留下充足的战略回旋余地。在消费日益个性化、多样化的时代，品牌审美疲劳是经常出现的现象，企业应当重视市场反应。

（2）多品牌战略

多品牌战略是企业品牌战略之一，它是指企业同时运营和管理多个不同的品牌，每个品牌采用不同的定位来瞄准相应的目标市场或者消费者群体。多品牌战略的实施目的是最大化市场覆盖面，满足不同消费者的需求，获得最大的市场份额。

多品牌战略有以下优点。

① 服务于不同的细分市场

拥有多个品牌的企业能够用量身定制的产品和营销战略有效地服务于不同的细分市场，从而接触到更多的消费者群体，获得更大的市场份额。这样就不会故步自封，从而把市场中的空间和机会充分利用好。

② 避免自身品牌相互竞争

当企业拥有多个品牌时，每个品牌能够服务于各自的市场而不相互竞争。这样有助于每个品牌在一个相对稳定的市场中培育和发展，有利于发挥各自优势，取长补短，实现整个市场的全覆盖。

③ 提升消费者的忠诚度

企业在具有多个品牌时，往往能够对消费者所提出的新需求做出积极响应，从多个方面来满足这种需求。品牌多样化必然带来产品、服务和体验的多样性，因而有助于全方位满足消费者升级的需求。

④ 扩张业务到新市场

对于企业而言，在扩张业务时，通常会采用产品扩张战略或者市场扩张战略，但是很少采取产品和业务同时扩张的战略。当然，在创业企业中，尽管成功概率比较低，但是两种战略同时采用是必然的。多品牌战略可以将业务扩张到新市场，有助于增加企业的收益流。

⑤ 有助于强化企业品牌形象

企业通过与不同的细分市场以及消费者偏好相关联，能够从整体上强化企业的品牌形象。从各个方面扩大的品牌影响力，有助于消费者感觉到品牌的多样性、创新精神和适应力。强大的企业通常具有一定的规模优势，从某种意义上传递出旺盛生命力。

⑥ 有助于鼓励创新和实验

多品牌战略为企业的创新和实验提供了平台。由于品牌众多，投资相对分散，因而经得起失败。一个品牌的失败往往能够为其他品牌的经营管理提供经验。企业可以用不同的品牌来尝试新的产品、服务、体验和营销策略，观察消费者对品牌的反应，以便在学习中快速地适应市场变化。

但是，多品牌战略也有缺陷，主要表现在以下方面。

① 增加了品牌管理的难度

对于企业而言，管理多个品牌是一项复杂且费时的工作。由于每一个品牌都需要不同的营销策略、定位和信息传播内容，因此在战略执行过程中增加了协调的难度，容易产生价格、渠道冲突，致使实际执行效果大打折扣。零售商由于品牌之间的竞争关系，一般不愿意把一个企业的所有品牌都陈列在货架上。

② 品牌之间有相互蚕食的风险

在同一个企业内部的多品牌战略可能引起不同品牌之间相互争夺销售额。如果这些品牌都定位于同一个目标市场，提供相同的产品、服务和体验，或者在功能和效用上有严重的重叠，那么消费者就会只选其中一个品牌消费，而导致其他品牌失去市场份额。

③ 稀释企业品牌总资产

在多品牌战略下，每个品牌都有自己的市场声誉和消费者感知，因而如果某一个品牌表现很差或者出现危机，那么就会牵连其他品牌，最终导致整个企业的销售额减少。

④ 增加企业的管理运营成本

管理多个品牌，可能意味着需要增加管理团队、广告、产品研发、分销渠道建设等方面的支出。由于每个品牌需要单独的预算和资源配置，因而不断支出企业的各种资源。

⑤ 引起消费者品牌感知混乱

在多品牌战略下，如果各个品牌拥有相似的名称或者定位于同样的目标群体，那么就会导致消费者品牌感知混乱。消费者可能需要费力地去辨别各个品牌的特征及其独特价值主张。长期的感知混乱会导致品牌信任的减少和忠诚度的下降。

⑥ 缺乏战略聚焦点

多品牌战略可能导致企业在品牌管理方面出现战略方向多元化，资源和精力被分配到不同品牌的管理上。这种状况可能使那些最有发展潜力和市场前景的品牌得不到优先保障。

（3）主副品牌战略

主副品牌战略是指在主品牌保持不变的情况下，在其下面为新产品增加一个副品牌，以便消费者识别该产品。一般而言，主品牌发挥关键作用并居于中心地位，是企业主打的品牌；而副品牌居于从属地位或者业务外围。品牌战略中的"主"与"副"的划分有时是相对的，会依据竞争对手的变化而做出相应改变。

品牌是产品的升华，但是品牌成功塑造后，企业又会在品牌名称下推出一系列新产品，这时品牌又向着产品方向转化。主品牌下发展出新品牌，事实上就是品牌向着产品方向发展的典型做法。但是为了不让原来的品牌形象淡化，或者不使新产品的出现与原品牌角色与定位发生冲突，企业需要根据这个新产品的特点而在原品牌基础上加入一些新的品牌含义，这个新的品牌含义尽管本身并不构成品牌，但它是支持原品牌形象的重要组成部分，因而在本质上属于副品牌。

在实践中，主品牌与副品牌的搭配现象十分普遍，这是单一品牌战略与多品牌战略的一种折中，但它比这两种战略更具灵活性与适应性。主品牌与副品牌之间的关系比较复杂，主要表现在这种关系依赖于具体的品牌战略和企业结构。一般而言，副品牌在主品牌下进行定位和品牌建设，经常被用于锁定一个具体的目标市场。

一般而言，主品牌与副品牌之间没有品牌元素的承袭特征。尽管如此，副品牌还是需要与主品牌拥有一些共同的元素，如视觉身份、品牌价值或者品牌定位，但是它也拥有自己的鲜明身份和更细致的定位。有时它可能会拥有具有区分度的名称、标志和营销战略，与主品牌实行差异化经营。

主副品牌战略的优点包括以下方面。

① 提高市场覆盖率

实施主副品牌战略，企业可能在品牌管理中形成两个基本的层次，即主品牌层次和副品牌层次，并把产品和服务归入对应的层次。通过面向市场推出主副品牌，企业进一步把市场进行细分，使品牌渗透力更强，进而占据更多的市场份额，提高市场覆盖率。

② 满足不同消费需求

实施主副品牌战略，可以将消费者需求相对稳定的产品和服务纳入主品牌，而把需求变化较大的产品纳入副品牌，分别对应不同的档次和价位。例如，主品牌定位于高端市场，副品牌定位于经济实惠的产品项目，从而满足不同层次消费者的需求，以吸引更多的消费者。

③ 提高品牌知名度

实施主副品牌战略，企业可以增加品牌的数量和曝光率，向消费者群体展示品牌的延伸和扩展能力，从而提升品牌知名度。例如，在普通超市和百货商场等营销渠道中，某个化妆品品牌不断地出现在消费者面前，既有价格较高的主品牌，也有价格一般的副品牌，那么消费者就会认为这个品牌的影响力很大，进而对其印象深刻。

④ 降低市场风险

通过实施主副品牌，企业可以分散市场风险。如果主品牌在某个市场遇到问题，副品牌可以作为备选方案，减少对企业整体业绩的影响。主副品牌战略可以促进品牌之间的协同发展。主品牌的成功可以为副品牌提供支持和资源，副品牌的成功也可以增强主品牌的影响力和提高其市场地位。

主副品牌战略的劣势与多品牌战略有一些相似之处，具体表现在：品牌增多容易导致品牌管理复杂化；副品牌追求差异化，容易与主品牌的定位有所不同，进而造成主副品牌作为一个整体的定位不清晰，以致消费者对品牌的感知产生混乱；副品牌的负面形象会影响到主品牌的市场形象和地位；等等。

（4）联合品牌战略

联合品牌战略是指两个及以上的品牌名称合并为一个联合品牌名称，并在此基础上进行单独销售或共同销售产品或服务，以期通过这种联合来相互带动，强化品牌整体形象，提升消费者的购买意愿，实现双赢互利的战略。这种战略下的品牌合作机制，强调共享资源和市场推广活动。

联合品牌战略的优点包括以下方面。

① 扩大市场份额

联合品牌战略可以帮助企业充分利用现有市场空间，进入新的市场领域，扩大市场份额。通过与其他品牌合作，企业可以共同开发新产品或服务项目，吸引更多的消费者。

② 提高品牌知名度

联合品牌战略可以借助其他品牌的知名度和声誉，提高自身品牌知名度。例如，在进入一个新市场时，企业可以与其他品牌联合，借助其他品牌的影响力，提升企业品牌知名度。

③ 分散风险

联合品牌战略可以帮助企业分散风险。特别是在进入新市场和开发新产品时，各种风险都可能出现，这时联合品牌中的合作方就可以为企业承担其中一部分风险，例如投资风险、研发风险、市场变化风险、政策波动风险等。

联合品牌战略的缺陷包括以下方面。

① 品牌价值观念冲突

不同品牌可能存在不同的品牌定位、形象设计与价值观念。联合品牌战略可能导致品牌之间在上述方面出现冲突。例如，A 品牌与 B 品牌联合之后形成"A+B"品牌，但是前者主张节俭与严谨，后者倡导奢华与奔放，这样就会导致观念冲突，使双方很难在品牌理念上达成共识。

② 品牌价值稀释

联合品牌战略可能导致品牌价值稀释。特别是当一个品牌与多个品牌进行联合时，就会使消费者难以区分这些品牌的差异性，以及每个品牌的独特性。过于频繁地推出品牌联合项目，或者与低层次品牌经常联合出现，就可能造成品牌价值稀释。

③ 控制权分散

联合品牌战略中涉及两个或者多个企业之间的合作，这会导致品牌控制权分散。在决策过程中，控制权分散不利于形成一致的意见，各方既要考虑共同利益，也要考虑各自利益，因而使决策过程中考虑的变量增多，决策过程变得复杂化。在时间上，不同利益主体的诉求差异会导致决策过程变长，使品牌在应对市场变化时反应速度变慢。

课堂小例子   **联合品牌战略中的多种形式**

企业实施联合品牌战略，往往基于相关业务领域，而且合作双方或多方通常在资金实力、行业地位、品牌形象等方面有一定的对等性。

例如，A 品牌是家电行业中的一个著名品牌，在国内市场开拓新领域进入电子元器件行业时，它所面对的竞争对手可能并不是电子元器件行业中已有的各个著名品牌，而是家电行业中的竞争性品牌。此时 A 品牌就可以主动地提出与电子元器件行业中的一些著名品牌进行联合，以实现行业优势、竞争优势和技术优势的互补，进而防止家电行业中的品牌竞争者随后进入电子元器件行业展开市场份额的争夺。

在实践中，这种类型的品牌联合十分常见，如航空运输公司品牌与餐饮企业品牌的联合、大型体育赛事品牌与著名饮料品牌的联合等。

联合品牌战略既可以表现为两个实力相当的品牌之间"门当户对式"联合，也可以表现为强势品牌与具有市场发展前景的成长性品牌的"面向未来式"联合，还可以是两个弱势品牌之间的"互助式"联合。选择什么样的品牌与之进行合作，在品牌联合基础上如何进行产品或服务的分销渠道管理，这是企业需要认真考虑的问题。品牌联合往往不会止于两个品牌名称的简单叠加，在这个联合品牌名称背后，往往会有战略性经营资源的共享。

思考题：近年来，在中国市场上出现了哪些品牌之间的"门当户对式"联合、"面向未来式"联合、"互助式"联合？这些联合品牌战略执行的效果如何？

除了国内行业之间的品牌联合外，联合品牌战略在跨国经营活动中也比较普遍。

例如，一家外国餐饮品牌企业进入中国市场，如果它与中国一家著名餐饮企业合作，那么联合品牌所产生的效益就是这家外国企业可以拥有中国合作伙伴的目标消费者群体和营销渠道，而中国合作伙伴可以利用外国企业的品牌影响力提高营业收入。当然，由于中西餐饮品牌在文化上的巨大差异，实现中西餐饮品牌联合战略会相对困难。这种水平方向上的品牌联合，由于合作方在同一个市场上竞争，因而会受制于现有市场规模和消费方式。但是如果拟联合的品牌处于同一产业的不同环节或者同一市场的不同区域中，则实施联合品牌战略就能够体现出"品牌关联效应"。联合品牌战略在跨国公司国际投资业务发展中具有重要影响力，它能够帮助跨国公司快速地适应东道国市场文化环境。在垂直一体化经营中，这种联合品牌战略所发挥的作用尤为关键。联合品牌往往能够扩大整个产业链条中的利润空间，压缩成本，提升竞争力。

从消费者角度观察，联合品牌能够扩展品牌联想空间，即产生"1+1>2"的效果，尤其当单个品牌联想空间狭小或者存续时间比较短暂时，与另一个品牌联合，往往能够把劣势转化为优势。例如，一个百年品牌，如果从积极的一面来看，它是品牌文化积淀和悠久历史的象征；但是从消极的一面来看，它可能缺乏时尚和新鲜感。如果这个品牌与一个具有竞争优势的新品牌合作，就会使该品牌的形象中既有传统元素，又有新鲜元素。当然，这类百年品牌一般不轻易与新品牌联合，如果真要实施联合品牌战略的话，一般会要求不对各自主营业务和品牌形象构成负面影响。在当今计算机市场上，个人计算机硬件制造商与软件制造商的品牌联合战略起到了较好的示范效应。

3. 依据品牌延伸的方向进行分类

按照戴维·阿克的观点，品牌延伸是指通过使用在一个产品类别或细类中已经建立的品牌名称进入另外一个产品类别或细类。把品牌延伸到新产品上的效果可以分为以下 5 种情形。

（1）有利的品牌延伸

有利的品牌延伸是指品牌名称对品牌延伸起到帮助作用。例如，一款越野汽车知名品牌，假如把它的品牌名称延伸到运动鞋尤其是远足用鞋时，那么对新产品的这个品牌名称，消费者就会产生积极的品牌联想。

有利的品牌延伸一般出现在以下 7 类品牌延伸活动中。

① 品牌名称延伸到同样的产品，这时新产品以不同的形式出现。

② 品牌名称延伸到新产品，新产品具有不同的风味或成分，或者有不同的组成部件。

③ 品牌名称向伴生产品延伸。例如，某款知名电池品牌把品牌名称延伸到手电筒上。

④ 客户特许权利。例如，银行允许某类信用卡客户可以开立旅行支票这种新产品，而把信用卡名称（品牌名称）延伸到旅行支票（新产品）上。

⑤ 业务专长权的延伸。例如，某款知名汽车品牌（已有品牌），因其发动机功能十分优异，因而把品牌名称延伸到割草机（新产品）上。

⑥ 在利益、属性、功能等方面的延伸。新产品在原有品牌产品基础上增加新的利益、属性、功能等。例如一款水果品牌名称（已有品牌）向保健品中的维生素产品（新产品）延伸。此时加上已有品牌名称的新产品，在品牌联想上是一致的。

⑦ 在设计师或民族形象方面的延伸。已有品牌名称可以将其设计师或民族形象延伸到新产品上，在相关领域发挥品牌影响力。

戴维•阿克认为，在上述品牌延伸的有利情形中，一般要注意不要过于强调品牌的技术参数和规格，因为这些技术参数和规格并不是一成不变的，竞争者往往会在这些技术参数和规格上超越品牌领导者。但是如果强调已有品牌中的感知质量向新产品的延伸，往往会起到很好的营销效果。

此外，也要利用好已有品牌的市场辨识度。已有品牌在市场上的知名度和熟悉度，为新产品打开销路创造了有利条件。与此直接相关的品牌延伸，由于极大地降低了品牌传播成本，因而往往比在新产品上大量投入广告费用塑造新名字更加有效。

最后，把已有品牌名称延伸到新产品上，能够有效地降低潜在消费者购买新产品的风险。在这些消费者看来，知名品牌是不会为一个存在缺陷的新产品背书的。因此，把知名品牌名称加在新产品上，比直接宣传新产品是高级产品更有可信度和说服力。美国的一项实验表明，在新产品试用中，已有品牌名称的使用对新产品推广起着十分重要的作用，其效果远胜于分销渠道、包装和广告对品牌知名度的影响。

（2）上佳的品牌延伸

上佳的品牌延伸是指品牌延伸反过来能够增强核心品牌的影响力。在上面的例子中，知名水果品牌名称延伸到保健品维生素产品上，能够反方向增强核心品牌的影响力。其作用机制在于，新产品所产生的品牌联想，使已有品牌的联想更加丰富多彩。也就是说，在消费者的脑海中，已有品牌通过新产品所产生的联想，使其核心功能更加强大。

需要注意的是，在操作过程中，企业应当把控好新产品的质量，使之能够与已有品牌的质量相一致，至少不至于滑落到比较低的层次。例如，一款专门服务于高收入人群的知名豪华汽车品牌，如果准备将品牌名称延伸到服务于中等收入人群的新产品上时，就要使新产品的质量与已有品牌的质量始终保持一致，同时与服务于中等收入人群的其他品牌相区分。

> **课堂小测验**
>
> 进入一家知名企业的网站，分析其品牌结构，列出可能出现的品牌延伸，分析这些延伸所取得的实际效果。

要求：（1）按照"有利的情形"和"上佳的情形"来组织文字材料；
　　　　（2）结合品牌联想的相关知识点，分析品牌延伸中需要注意的细节。

（3）不利的品牌延伸

品牌名称在向新产品延伸过程中，也可能会出现不利的品牌延伸，即品牌名称在品牌延伸过程中对新产品无法起到帮助作用。当一个品牌名称加在新产品上时，如果只是提供了品牌辨识度、可信度和质量联想，那么即使是一个初始很成功的品牌，也会潜伏着巨大的风险。

在许多情形下，把设计师名字加在新产品上面并不是一种长久之计。在一个已经成熟的产品类别中，如果把已有品牌名称延伸到新产品上，应当增加新的利益点才能具有竞争力。由于设计师名字并不能增加新的利益点，因此从长期来观察，这种方法并不能有效地抵抗来自竞争者的威胁。同样，把一个成名的品牌名称延伸到关联度不高且不具有优势的产品类别中，如把成名的微波炉（家电行业）品牌名称延伸到面包新产品（食品行业）上，就会由于所进入的新行业的竞争对手强大而最终使这种延伸对新产品帮助很小，或者没有帮助。即使是新构思一个品牌名称，也会由于新产品与品牌名称之间的关联性不显著导致失败，从而浪费大量广告费用。

当已有品牌名称延伸到新产品上时，潜在消费者被问到的问题是他们是否会被新产品吸引以及背后的原因是什么。当他们能够说明以已有品牌名称命名的新产品具有吸引力的原因时，那么这个品牌名称就增加了新产品价值。如果他们无法说出具体的原因，那么把已有品牌名称延伸到新产品上增加新产品价值的可能性将会很低。

有时候，品牌延伸战略可能会引起负面的品牌联想。例如，一款传统中式服装品牌，如果向西式服装产品上延伸，就会引起负面的品牌联想。同样，以坚硬和牢固为象征意义的品牌名称，就不应当延伸到以柔软和变动为特征的新产品上。例如，一款著名的臭豆腐品牌，在品牌延伸时，就不应当与芬芳可人的花卉产品进行结合，或者不应当与一款饮用酒新产品进行结合。当成名品牌具有某种味道时，在品牌延伸时，一般要与新产品的味道相匹配，或者至少不引起消费者反感。相应地，强调质地轻巧的成名木制品品牌名称，就不应当延伸到铁器新产品上。

当然，在跨产品类别的延伸中，如果知名品牌名称的形象十分牢固，那么这种品牌联想的牢固性会增强消费者对新产品所在类别及其特征的"免疫力"或"抵抗力"，因而不受新产品相关信息的影响。例如，当一款知名度非常高的家电品牌进入家具行业时，在家具新产品上使用这个家电品牌名称，消费者往往会自动地屏蔽新产品的行业信息或类别信息，而保持对已有家电品牌名称的品牌联想不动摇。

但是，名牌效应的延伸是微妙的一件事。例如，一款知名牙膏品牌，如果品牌名称延伸到漱口水，其延伸效果往往并不差；但是，如果品牌名称延伸到口香糖，那就会引起消费者的疑虑甚至反感。因此，要想品牌延伸可行，第一种方法是在成名品牌名称之后加上一个次级品牌名称，用来进一步解释新产品究竟是什么，这样就能避免直接加上成名品牌名称的突兀性；第二种方法是在概念上"精耕细作"，设法中和负面品牌联想。

品牌名称在延伸时，如果新产品与原产品差异较大，品牌延伸的效果反而较好。如把一款著名服装品牌名称延伸至日化新产品上，有时反而能够成功；但是如果差异较小，且在一些基本属性上相对立或者有明显区分时，则品牌延伸不能成功。例如，专门做中式餐饮并以某地区命名的知名品牌，如果远距离延伸到家电行业，可能并不存在负面效应；而如果近距离延伸到其他地区的餐饮产品，就可能让消费者产生感知混乱。此外，品牌名称的延伸，应当对名称的增字与减字进行仔细推敲，避免引起消费者的理解错误。

关于品牌延伸的契合度，有以下问题需要引起注意。

第一，消费者需要在心理上对品牌名称延伸到新产品上所引申的概念感到舒适。如果品牌延伸与已有名称的匹配不佳，所期许的品牌联想将不会出现，甚至会产生一些荒谬的结果。例如，把一款豪华汽车品牌延伸到单调的自行车新产品上，消费者会觉得这种延伸只提高了价格，并没有增加价值。又如，把一款著名香水品牌，延伸到台面清洁剂新产品上，并不会出现太大的问题；但是如果延伸到除臭剂新产品上，就会产生品牌延伸的不契合性。

第二，品牌名称与地名、行业名等大的概念名称之间有时具有一定的内在关联性，但是如果把品牌名称与这些大的概念名称直接联系在一起延伸到新产品上，就会出现不匹配的问题。例如，一个小镇的某个品牌小吃很出名，该品牌名称如果与省名加在一起，延伸到一个旅游新产品上，如度假村，就会导致品牌名称与新产品之间的距离太远，进而不容易为消费者所接受。

第三，品牌延伸时应当保证已有品牌名称中具有可转移的技能或者资产，如果没有这些基本的东西，那么品牌延伸将无从谈起。例如，前面所讲的牙膏品牌，它之所以能够成功地延伸到漱口水这一新产品上，根本原因在于这款品牌本身具有清洁的功能，它的生产企业具有提供这种功能的技术、人员和相应的固定资产设备。

第四，品牌延伸应当尽量使用与品牌名称相关的产品类别或者细类，以保证延伸的实际效果。例如，泳衣品牌名称向太阳镜新产品的品牌延伸，虽然在产品生产技术上差异较大，但是它们都属于一个相同的产品细类——体育运动类产品。

第五，品牌除了在功能上进行延伸外，还可以从社会地位、使用者类别、象征意义等层次上进行延伸。例如，市场上有功能性计时器，也有体现身份和地位的计时器，这时如果进行品牌延伸，以功能性成名的品牌就应当顺理成章地延伸到强调功能性的新产品上；而那些以突出使用者身份和地位成名的品牌，就应当延伸到强调这些社交属性的新产品上。

第六，品牌延伸应当选择好受众，尽量选择那些对已有品牌名称友好的消费者群体作为品牌延伸的受众。另外，在利用已有品牌影响力的同时，也不能过于节省广告和促销的费用。尽管在已有品牌十分强大时，可以省去广告费用，但是由于多数品牌并不具有十分强大的背景，因而一定的广告和促销费用是必要的。

（4）不堪的品牌延伸

不堪的品牌延伸是指已有的品牌名称在品牌延伸中被损毁。由于品牌名称是企业的一项关键资产，从重置成本角度来观察，它甚至比实体店铺以及企业的人员构成更重要，因而如果遭到损毁，那么后果不堪设想。

品牌延伸通常会建立新的品牌联想，但是这种联想中的一些内容可能会对已有品牌造成损害。例如，一款高档服装消费品，如果其品牌名称延伸到低档产品上，就会对已有品牌名称造成伤害。出现这种情形时，低档产品销量可能会上升，而高档产品的销量则可能下降。产品细类的不兼容延伸，也容易对已有品牌名称造成伤害。例如，一款以生产清香型酒闻名的品牌，如果将品牌延伸至酱香型酒的新产品上，或者延伸至佐料酒，那么对原产品的市场地位及品牌名称的影响往往是负面的。又如，一些百货商店因经营著名品牌而闻名，如果将货架空间让位于一些低端产品类别，那么这些百货商店的品牌声誉就会受到影响。

戴维·阿克认为，一般而言，至少在以下 3 种情形下已有品牌名称用在新产品上不会引发负面联想：一是已有品牌名称的品牌联想十分强大；二是已有品牌和品牌延伸之间具有明显的差异；三是已有品牌与品牌延伸之间的差异不至于大到让品牌延伸显得不一致。

因此，企业要想避免出现不堪的品牌延伸现象，就要在保持一致性与差异性方面寻找到一个平衡点。如果某一成名品牌已经与某个产品细类有紧密的品牌联想，那么品牌延伸到其他产品细类就可能会弱化成名品牌的联想。但是，如果某一品牌名称在延伸中涉及不同类别的产品，其品牌名称并没有特定的含义，且不与具体的产品相关联，只是提供品牌辨识或者质量感知，那么这种品牌延伸就可以加到新产品上而不会影响到已有品牌的联想。

例如，日本和韩国的一些品牌名称，横跨了许多产品类别，但是它们并不与特定的产品相关联，因而能够在品牌延伸时将品牌名称加在新产品类别上而不影响已有品牌联想。又如，在一些以真实或虚拟人物为品牌名称的品牌延伸中，由于这些人物与具体产品没有直接相关性，因而在不同产品类别或细类延伸中，往往对已有品牌名称不构成负面影响。例如，影视艺人把自己的名字（品牌名称）从常见的服饰、化妆品延伸到体育用品上，并不会影响到品牌名称的联想性；著名运动员把自己的名字从常见的体育用品，如运动器械，延伸到服装、化妆品或日化产品系列，也不会影响到品牌名称的联想性。

戴维·阿克指出，对于许多企业而言，由感知质量而形成的品牌声誉是可持续竞争优势的基础。品牌过度地向低档次产品延伸会损害到已有品牌名称的商誉。即使品牌延伸获得成功，总会有一部分消费者会对品牌延伸的定位持有不良印象，不喜欢这样的定位；也有一部分消费者会从品牌延伸中获得较差体验。这些消费者群体的广泛存在，在某种程度上会对已有品牌构成威胁，他们对已有品牌的忠诚度会下降。从长期来观察，成名品牌在品牌延伸中曝光度越高，品牌延伸越多，持有负面态度或品牌体验很差的消费者数量就越多。

在品牌延伸中，把成名品牌价位定得较低，也会面临品牌形象受损的风险。例如，一家著名的高档酒店，如果在品牌延伸中不断降价，则整个原有高品质酒店的品牌形象就会受到影响。正因如此，在正常情形下，高品质商品不会采取打折方式来促销。在现实情况下，经常看到低品质品牌名称向高价格产品领域的延伸，但是很少发现高品质品牌名称向低价格产品类型延伸。

品牌延伸所具有的上述特征表明品牌具有一定的"气质"。对品牌负面影响最大的是延伸品牌出现严重影响消费者身心健康的事件。这些事件一经曝光，就会成为社会关注的热点问题。因此，在品牌延伸方面，企业要采取十分慎重的态度。

课堂小测验

根据上面所讲的内容，回想一下所了解和接触过的品牌中，哪些品牌名称发生过品牌延伸，它们的效果怎样，有没有不利的甚至不堪的情形出现。

> **要求:**（1）列出品牌名称;
> 　　　　（2）分析品牌延伸的原因及结果。

（5）更为不堪的品牌延伸

更为不堪的品牌延伸是指品牌延伸之后导致以新名称命名品牌的机会的丧失。以已有品牌名称命名新产品的品牌延伸,尽管省去了重新命名的复杂过程,但是也会因此失去选择新名称的机会,导致品牌名称非常单调,以至于消费者很难记住名称所对应的具体产品。有时,重复并不是一件有意义的营销方式,反而会使企业缺乏生机和活力,给人以创新精神不足的印象。

以新名称命名品牌,能够形成一系列独特的品牌联想,而不用已有品牌名称的品牌联想。在新名称下,新的品牌联想由此而生;如果使用已有品牌名称,就不会新增品牌联想,而只是停留于原来的品牌联想。过于坚守某一个品牌名称的不可更改性,往往会阻碍品牌延伸达到应有的效果。

以新名称命名品牌,可以使名称与产品内容直接结合在一起。如果是行业内首创产品,由于先入为主所形成的消费印象,这个新名称有可能成为这类产品的代名词。但是在取新品牌名称时,戴维·阿克指出企业应注意以下问题。

一是明确新品牌名称在讲述品牌故事时在品牌联想方面是否有用。也就是说,这个新名称在品牌传播方面能起到作用吗?它是否使消费者更容易掌握品牌相关知识?

二是明确新品牌名称在建立长期忠诚和竞争优势方面是否有用。也就是说,这个新名称在刺激品牌联想方面是否比竞争者更具有优势且独特?

三是明确创造品牌名称、提高知名度和引起品牌联想所需支付的成本。也就是说,这个新品牌名称的创造是否符合预期的营销"成本—收益"比率。

企业进行品牌延伸的初衷是把已有品牌的优势传递给其他产品,尤其是新产品(新产品独立命名成为品牌的可能性远远低于沿用成功品牌的名称),进而形成一种品牌扩散效应,类似于植物学的"花香效应",即闻到某一种花的香味,会认为与其类似的花也会有这种味道。但是从成功品牌向其他产品移植这种正面形象的"嫁接"往往具有短期性,必须经历市场竞争的检验。成功的品牌延伸并不少见,但失败的品牌延伸也不少。因此在品牌延伸中,企业首先要树立正确的品牌管理观念,并且对可能取得的利益和面对的市场风险有正确的评估。

9.2　品牌战略的选择与实施

品牌战略的制定是在各种可行的品牌战略方案中做出决策。企业了解和掌握品牌战略只是品牌管理成功的必要条件,但并不是充分条件。品牌战略的制定需要审时度势,根据行业和市场环境来对已经成形的战略方案进行论证和评价。尤其重要的是,企业必须对自身可以利用的资源有清楚的认识,并能够根据环境变化来不断调整内部资源的分配,将品牌战略具体化,形成战略实施的推进和保障机制,加强对品牌战略运行过程中的风险控制。

9.2.1　品牌战略的选择

品牌战略选择是指品牌战略设计与企业自身资源、外部环境要素之间相互匹配的过程。在这个过程中，资源配置围绕品牌战略这个核心要素展开，并跟随市场环境的变化来选择品牌发展的战略路径。这种方法的核心思想是发挥企业自身资源优势，并充分利用市场和行业环境所带来的机遇，同时也要应对企业所面对的各种挑战。

品牌战略选择首先要对企业进行 SWOT 分析，既分析企业在品牌发展中存在的优势、劣势，同时也要分析环境中可能存在的机会与挑战。在此基础上，企业应当对自身的品牌产品和业务进行认真评估，将现有的品牌管理业务按照波士顿矩阵分为"明星业务""金牛业务""问题业务""瘦狗业务"，然后再进行战略方向决策，并对各类品牌业务进行重要性排序。

在品牌管理实践中，企业的品牌业务一般分为主营业务和非主营业务两个大类。在各类业务所涉及品牌中，每个品牌下面的产品和服务的成熟程度并不相同。如果企业只选择一种战略来指导全部品牌的市场运作，并将其应用于不同品牌的具体管理活动，那么就可能面临着品牌发展的不同步和不协调等问题。为了避免此类问题，企业在品牌战略选择上应当坚持以下原则。

1. 明确品牌核心竞争力，发挥优势，扬长避短

这条原则是品牌定位思想在品牌战略选择上的应用。品牌的知名度、美誉度和忠诚度作为品牌资产的重要组成部分，是品牌核心竞争力的体现；同时也是企业在品牌战略选择时判断自身品牌竞争力的重要指标。企业的品牌管理经验、营销能力以及管理人员素质，是制约品牌战略选择的主要因素。品牌核心竞争力及企业自身各种条件限制，对品牌定位具有重要影响。一般而言，品牌定位越清晰，品牌的美誉度、知名度和忠诚度越高，因而品牌竞争力也就越强。依据该原则，品牌竞争力在哪里，企业的品牌战略选择就应当指向哪里。

2. 明确品牌的具体位置，适应环境，因地制宜

企业在品牌战略选择时，应当根据所面对的客观情形做出正确的判断。企业对客观环境的判断与适应，是进行品牌战略选择的前提。市场容量的大小、市场竞争的激烈程度以及产品生命周期阶段，都对品牌战略的选择产生重要影响。此外，企业还必须考虑行业发展状况以及行业竞争者的整体形象。行业竞争者并不是总处于企业的对立面，在实践中，企业与其竞争者之间的关系多数是一种既竞争又合作的关系。例如，在面临危机需要企业团结一致维护行业整体形象时，企业与竞争者会着眼于行业共同利益而达成共识。因此，企业越是清楚自己在行业中的位置，就越能够做出符合行业发展与市场环境要求的品牌战略决策。

3. 把消费者利益维护放在最重要的位置上思考

作为营利性组织，追求自身经济利益最大化是企业的必然选择。但是，企业利润最大化的重要前提之一是消费者利益不受侵害。如果违背了这项原则，再好的品牌战略也会给企业带来道德风险。维护消费者利益并不是一句空洞的口号，它有着重要的现实意义。由于品牌形象存在于消费者脑海中，因而消费者利益维护得越好，品牌形象就会越牢固，也就越能表明品牌战略选择的正确性。围绕消费者的实际需求和利益维护来选择品牌战略，这是市场营销观念在品牌战略选择中的具体应用，同时也在一定意义上体现了社会营销观念的内涵。

以上 3 项原则表明，品牌战略选择是企业在品牌核心竞争力、品牌的具体位置与消费者利益维护之间的一个平衡过程。在理论上，品牌战略选择应当处于三角形三条中线的交叉点上，这个点是品牌战略选择的重心，如图 9-2 所示。但是在实践中，战略重心是可以移动的。在具体位置上，战略重心可以偏向于企业自身，也可以偏向于市场环境要求，还可以偏向于消费者利益维护。但是，最好的位置就是处于交叉点上，即尽可能保证在战略上不会出现较大的偏差。

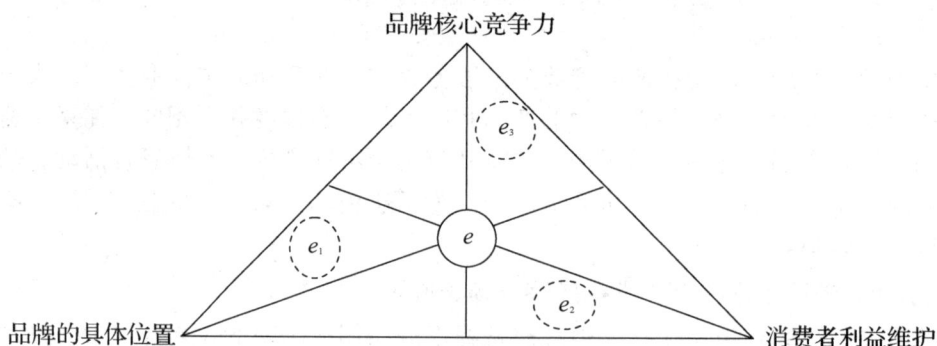

图 9-2　品牌战略选择的重心

在图 9-2 中，e 点是理论上品牌战略选择的重心。实际品牌战略选择如果位于三角形的中部，即 e 点，则表明所做的战略选择是标准化决策。而如果偏向其中的某一个点，如偏向 e_1，则表明企业在品牌战略选择上比较看重企业品牌在市场中所扮演的角色，这表明企业采取了以竞争为导向的品牌战略；如果偏向 e_2，则表明企业以消费者利益维护为核心来塑造品牌形象，这显示了企业的品牌战略是一种长期而稳固的战略；如果偏向 e_3，则表明企业立足于自身优势而塑造和经营品牌，采取以自我为中心的发展方式，其有利的一面是能够在市场机会出现时迅速地发展壮大起来，缺点是品牌战略定位远离了市场和消费者需求，容易出现资源浪费的现象。

课堂小例子　　　　某汽车生产企业品牌战略选择

假如某汽车生产企业共有 3 个汽车品牌，分别是 A、B 和 C。它们的各项经营指标如表 9-2 所示。企业品牌战略选择的大致思路如下。

表 9-2　某汽车生产企业品牌经营管理指标

品牌名称	品牌历史/年	竞争者数量/个	消费者满意度	员工素质（大学生比例）	设备使用年限/年	占用企业资源
A	60	10	40%	80%	2	30%
B	80	20	60%	50%	5	50%
C	120	30	80%	20%	10	20%
合计	—	60	—	—	—	100%

从表 9-2 可以看出，这家企业的 3 个品牌发展水平不同，因此应当采用图 9-2 所示的方法来决定战略重心的位置。

在表 9-2 中，指标"品牌历史""员工素质""设备使用年限""占用企业资源"应当对应图 9-2 的"品牌核心竞争力"；而"竞争者数量"应当与"品牌的具体位置"对应；"消费者满意度"则对应于"消费者利益维护"。将表 9-2 数据转化为图 9-2 中的重心后，通过这些重心的平衡，就可以推导出所需要的品牌战略。

思考题： 你将如何把不同含义的指标综合在一起？请将你的算法及答案写在一张 A4 纸上并与同学进行交流。

9.2.2　品牌战略的实施

在理论上，品牌战略可以按照一些标准进行划分和归类。但是在实践中，这样的划分难以执行。常见的情形是，一家企业的品牌战略可能包括了理论中的多个战略，通常是多种战略的复合体。在企业扩张的过程中，品牌也在扩张。因此，企业讨论比较多的是多品牌战略和品牌延伸战略所引发的各种问题及其解决方法。

品牌战略的实施与企业其他工作的不同之处在于，它必须考虑品牌的过去以及战略实施可能对原有形象带来的影响。

品牌战略实施处于品牌计划及战略制定之后，它主要包括建立科学的品牌战略管理体制、建立有效的品牌战略运行机制以及形成品牌战略风险控制体系等内容。

品牌战略实施包括以下 3 个步骤。

（1）建立科学的品牌战略管理体制

一般而言，品牌战略实施是一项长期工程，因而必须为其建立相应的管理体制。品牌管理体制主要决定品牌管理中的重大事项，并就品牌管理权力与资源配置做出制度性安排。以一家上市公司为例，品牌战略制定究竟属于品牌管理部门的决策范围，还是属于总经理的决策范围，抑或是属于公司董事会的决策范围，这直接关系到品牌战略的重要性与影响力以及资源分配。此外，品牌管理部门在企业整个管理组织结构体系中的位置，以及它所主要担负的职责，也会影响到品牌战略实施的有效性。企业应当把品牌管理部门置于其管理架构的上层，作为最重要的企业战略部门之一，以保证品牌战略对企业业务工作的指导作用。品牌战略管理体制是企业内部关于品牌管理的基本制度，从某种意义上讲，品牌管理体制的有效与否，决定了企业的成败。

（2）建立有效的品牌战略运行机制

建立品牌战略运行机制是品牌战略实施的重要组成部分。品牌战略运行机制主要解决的是品牌管理由管理体制向管理能力转化的问题，其中涉及管理人员配置与资源分配，以及企业根据市场和行业变化做出的管理方式变革。品牌战略运行机制把企业战略与市场反应结合在一起，强调企业在执行战略过程中的原则性与灵活性，强调战略执行的效果与效率。人、财、物是品牌战略运行机制的重要组成部分，这些要素的动态组合与相互协调、适应，决定了品牌管理机制的生命力。在品牌战略运行过程中，目标、方向、激励是重要的推动元素，市场、供求、价格、交易、信息、渠道是运行机制的重要支持力量。例如，某家日化企业实行多品牌战略，那么它必须保证该战略建立在有效的市场供求和价格交易基础上，同时还必须掌握竞争者品牌的信息，并保证本企业新品牌能够获得现有渠道的支持，即获得足够的中间商（如批发商、零售商）的货架空间。最为重要的是，在多品牌战略实施过程中，该企业必须保证资金流畅通和品牌整体形象不会淡化。

（3）形成品牌战略风险控制体系

不论是单一品牌战略，还是多品牌战略，抑或是其他品牌战略，在推行这些战略的过程中，企业都会面临着一定的经营管理风险。单一品牌战略的风险主要集中在可能会持续地受到竞争者的攻击，而且出现负面品牌形象时，往往不容易进行修复。多品牌战略的风险主要表现在资源分散、品牌之间相互竞争、副品牌容易冲淡主品牌的形象。品牌延伸战略会对品牌定位的准确性产生负面影响，进而造成延伸过度或者延伸失败等不利结果。品牌战略风险控制就是要把这些可能存在的风险控制在一个安全的范围内，使品牌战略在方向、重点业务以及时机把握上不出大的偏差。以企业实施品牌集中化战略为例，如果企业将大多数经营资源集中在某一个或某几个品牌上，并且不能有效地控制品牌投资规模，就有可能在市场环境发生剧烈变化和行业形势骤变时，不能够迅速地从这种品牌战略中挣脱出来。因此，品牌战略风险控制的中心思想是在资源规模上控制过度投资、在投资方向上避免单一或过多两种极端情形，在品牌经营的关联性上避免过度介入非主营业务领域。品牌战略风险控制包括了品牌管理体制风险控制和品牌管理机制风险控制两个方面的内容。

品牌实训

万豪集团品牌战略分析

实训材料：

万豪集团自1957年成立首家万豪酒店以来，已经发展为全球大型酒店集团，总部位于美国马里兰州。万豪旗下酒店品牌大致分为以下5个类别：奢华、高级、中级、长住、典藏。其中每个类别还有进一步的细分。

整个品牌分布从奢华到经济，从经典到时尚。要注意的是丽思卡尔顿隐世、宝格丽这两个品牌并不参与会员项目，此外小部分酒店也不参与。品牌系列的具体分布如表9-3所示。（资料来源：根据万豪国际网站资料整理。）

表9-3　万豪集团品牌系列的具体分布

品牌类别	品牌系列	品牌名称
奢华酒店	古典奢华	丽思卡尔顿、瑞吉、JW万豪
	特色奢华	丽思卡尔顿隐世（不参与万豪旅享家计划）、豪华精选、宝格丽（不参与万豪旅享家计划）、W酒店、艾迪逊
高级酒店	优质系列	万豪、喜来登、万豪度假俱乐部、三角洲酒店
	特色优质	艾美、威斯汀、万丽、盖洛德酒店
中级酒店	经典精选	万怡、福朋、斯普林希尔套房酒店、普罗提亚酒店、万枫
	特色精选	AC酒店、雅乐轩、莫西酒店
长住酒店	经典长住	万豪行政公寓、原住客栈、万豪广场套房酒店
	特色长住	源宿
典藏酒店	傲途格精选	傲途格精选

实训任务：

（1）从品牌战略角度分析万豪集团酒店品牌系列的特征。

（2）万豪集团品牌系列区分可能采用的方法是什么？

（3）选择其中一个酒店品牌进行深入研究，分析其目标市场的特征及品牌核心竞争力。

复习思考题

一、名词解释

品牌战略　单一品牌战略　多品牌战略　主副品牌战略　联合品牌战略　品牌延伸

二、简答题

1. 简述品牌战略的基本含义。

2. 品牌战略有哪几种分类方法？结合实际加以说明。

3. 如何理解品牌延伸战略的基本含义？试举例说明。

4. 如何进行品牌战略选择？以国内一家著名企业为例，简述其品牌战略选择过程。

5. 简述品牌战略的实施步骤，并以国外著名企业为例加以说明。

6. 分析品牌战略和产品战略之间的异同，并结合实际加以说明。

三、论述题

1. 试述品牌战略的主要作用与实际意义。

2. 试述品牌战略选择与实施的现实意义。

四、设计与分析题

题目：请选择我国家电行业中某一家著名企业，从面向未来的角度为其设计可行的品牌战略，并指出所设计品牌战略的优势与劣势，以及在实施过程中需要注意的问题。

要求：（1）对企业发展现状用 SWOT 方法进行分析；

（2）提出可供选择的品牌战略并进行比较；

（3）总字数不少于 1 000 字。

第10章
品牌传播

微课导学

本章主要知识点

- 品牌传播的定义
- 品牌传播的元素和内容
- 品牌传播的主要理论
- 品牌传播的特点
- 品牌传播的方式
- 品牌传播效果的评价

案例导入 "短视频+直播带货"品牌传播新模式

近年来，短视频营销与直播带货成为互联网品牌传播的新动能。这些新的品牌传播方式的出现，在很大程度上得益于互联网通信技术巨大突破所带来的信息传播速度加快和信息载体的增加。品牌传播不再停留于文本与图片以及固定不变的模式，而是向着动态的、交互式和场景式营销方式快速转变。而短视频与直播带货的有效衔接所形成的"短视频+直播带货"新模式，为品牌传播增添了无尽的活力与联想空间。

短视频与直播带货结合的品牌传播主要包括 3 种形式：一是通过短视频吸引粉丝，积攒粉丝数量，制造名人效应，在节目制作同时顺带进行品牌产品宣传，这有点类似于植入式品牌广告宣传；二是短视频节目主角成为"网红"之后，与有一定名气的网络平台进行合作，利用"网红"积攒的人气为平台进行品牌产品销售；三是短视频节目主角成为"网红"之后，直接进行直播带货，品牌产品以当地特产或自家命名品牌产品为主。

上述 3 种形式中，品牌直播成功例子很多。例如，第一种形式中就有一位短视频制作者，也是视频中的主角之一，利用辅导女儿做作业的趣事来吸引人气，并时而为一些品牌产品做介绍；之后，这位"网红"直接借助第二种形式，应邀为某电商平台进行品牌产品宣传，例如某款名酒的销售。第三种形式比较典型的是一个四口之家，家长很好地发挥了女儿和儿子的幽默特长，利用日常学习和生活中的趣闻来引出话题，使短视频具有广泛的群众基础和吸引力；之后进行直播带货，销售当地土特产，如松子、水果等，有时也会销售一些品牌冬装。

思考题：在互联网和社交媒体时代，本例中的品牌传播方式会有广泛的群众基础吗？这些传播方式的优势是什么，劣势是什么？为什么？

品牌传播是塑造品牌形象、提升品牌知名度和影响力的重要方式之一。尤其是在互联网和社交媒体时代，品牌传播的作用更加明显。从方向上观察，品牌传播可以是单向、双向和多向传播。从互动性来观察，品牌传播可以分为单向无互动、双向互动和多向互动等类型。从传播过程中的上、中、下游关系来观察，品牌传播既可以是向上游企业的传播，也可以是向下游对象的传播，还可以是横向传播（如向竞争者和合作方的传播）。在传播内容上，品牌传播信息涉及品牌识别、品牌属性、品牌定位、品牌设计、品牌形象塑造、品牌文化培育等多个方面。品牌传播是联系企业、消费者和社会大众的桥梁与纽带，其成功与否决定了企业品牌建设的实际效果。

10.1 品牌传播的理论基础

品牌传播是传播学知识、技能和经验在品牌管理领域的应用。在传播学中，传播作为一种行为，通常是指传播者通过媒介与信息受众之间的互动过程。具体到商业领域，传播者通常是指企业，媒介是指传播的介质或者承载信息的平台，而信息受众一般是指消费者或与企业相关联的特定对象。

10.1.1 品牌传播的定义

品牌传播可以从狭义和广义两个层面上来界定。

1. 狭义的品牌传播

狭义上，品牌传播是指企业把关于品牌的信息通过一定的传播渠道传递给目标消费者或其他特定对象的过程。在这个过程中，传播的内容、形式和受众，对企业而言十分重要。在通常情形下，企业是品牌传播的实施主体，它需要从品牌管理角度对传播的内容、形式和受众进行监督与调控。在这个定义中，品牌传播是以企业意志为导向的一种主动行为，品牌传播方式、过程和效果，与企业所设定的目标和要求密切相关。狭义的品牌传播如图 10-1 所示。

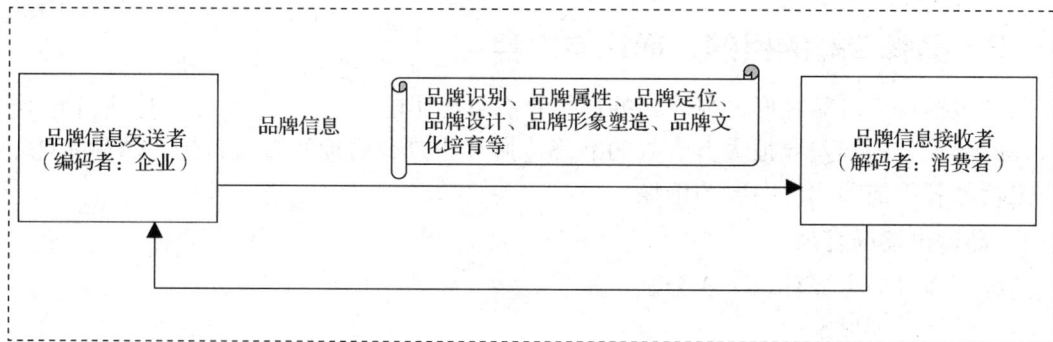

图 10-1 狭义的品牌传播

在图 10-1 中，企业和消费者的角色和作用十分清晰，品牌信息的内容也很明确，因而狭义的品牌传播是一种基于传统传播理论的品牌传播。这种传播既体现传播中的分工，又体现传播过程的流程化，因而是一种相对简单而明确的传播方式。

2. 广义的品牌传播

广义上，品牌传播是信息在与品牌相关的社会大众和利益相关者之间的扩散。企业并不是唯一的信息发送者，信息受众在接收信息之后也可以成为传播者，进行双向或者多向的交互性传播。传播主体的多元性、媒体介质的多样性，以及目标受众的不明确性或者广泛性，是这种传播的特征。在这个定义中，品牌传播不完全以企业意志为导向，受多种因素的影响，交互性和共振性是其主要特征。广义的品牌传播如图 10-2 所示。

图 10-2 中的情形出现在互联网时代，因而广义的品牌传播是一种现代意义上的品牌传播。企业内部（如部门之间、员工之间）的品牌信息传递以及消费者群体内部的信息传递（如忠诚消费者对潜在消费者的品牌信息传播），在这个时代都表现得特别突出。这种由企业生成信息与用户生成信息共同作用的品牌传播，使信息共振现象更加突出的同时，并没有减少环境噪声，因而使品牌传播更加复杂。

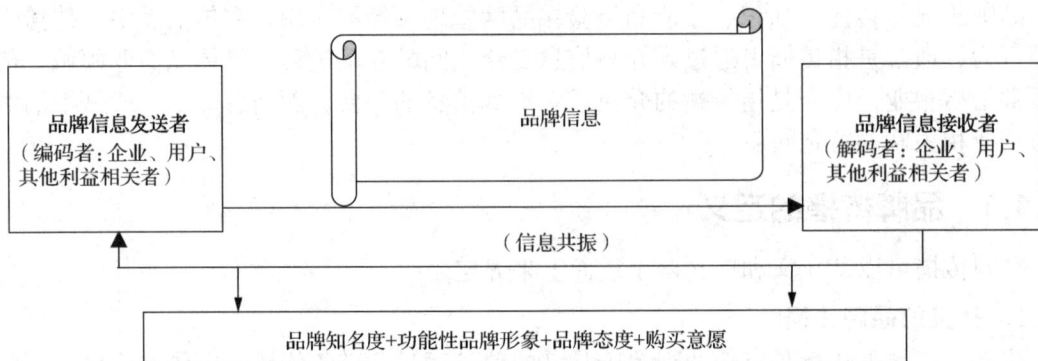

图 10-2　广义的品牌传播

在一些特殊情形下，企业会把品牌传播工作委托给第三方机构，这时企业就不能直接对传播过程进行监管。第三方机构介入之后，由于涉及品牌传播内容、传播工具、市场覆盖面、传播时间长度和传播内容曝光频次等具体要求，因而不论是狭义的品牌传播，还是广义的品牌传播，品牌传播过程都会变得十分复杂。

10.1.2　品牌传播的目的、形式与内容

品牌传播目的对品牌形式与内容的选择具有重要影响。一般而言，品牌传播目的不同，所选择的形式与内容差异很大。有效的品牌传播首先要有明确的传播目的，然后在此基础上再进行品牌传播形式与内容的选择。

1. 品牌传播的目的

品牌传播目的主要有以下 3 个。

（1）塑造品牌形象

企业需要塑造品牌形象，介绍品牌产品和服务的特征、个性、功能、利益、价值等内容。在"传播—接收—反馈—改进—再传播"这样循环往复的过程中，企业不断地把自己的形象呈现在消费者和社会大众面前，增强品牌识别和唤醒记忆，使品牌形象不断得到强化。

（2）纠正错误认识

由于品牌信息发送者与品牌信息接收者多数情形下并不相同，其在认知能力、态度和行为方面存在差异，因而对信息的解释不准确，以及理解上的偏差，就会使品牌信息传播效果大打折扣。此外，品牌传播受外部环境因素的影响，并因此而产生噪声，这使品牌传播的效率和效果受到影响。因此，要纠正人们对企业品牌的错误认识。

（3）体现出差异性

一家企业的企业品牌形象及产品品牌形象必须与竞争者相区别，体现出差异性。品牌传播建立在消费者需求基础上。同样的需求，可以有不同的满足方式。因此，企业在品牌传播过程中一定要找准差异点，强调价值、情感和利益的独特性，以及品牌对社会的主要作用和贡献。

2. 品牌传播的形式

企业在品牌传播策划时需要考虑品牌传播由哪些形式构成，它们之间的关系是什么。

在品牌传播过程中，有相当一部分信息与产品、服务和体验有关，所以品牌传播主要是一种关于有形或无形的存在而进行的传播。例如，对品牌所依托的产品的传播，主要介绍产品的属性、特色及功能；对品牌所依托的服务的传播，由于服务是无形的，因而需要代言人或代言品牌来进行可信性和有效性的说明，是基于具体事物的传播表达形式；而对于品牌所依托的体验的传播，则主要是消费者个人在场景中的感知而形成的主观印象的对外说明。另一部分信息的传播，即名称、符号、标志、标识、标语、口号、品牌精髓、包装、音乐等品牌元素的对外呈现，是基于抽象概念或艺术呈现的传播表达形式。

在这两类信息的传播过程中，如果强调功能，那么一般应当围绕产品的作用来构思和组织传播内容；如果是强调情感，以及品牌与消费者、员工、合作伙伴之间的关系，那么一般应当围绕品牌的作用来构思和组织传播内容。也就是说，在品牌传播的过程中，传播的内容既可以向"实"发展，也可以向"虚"发展。强调功能，需要有相关的技术参数和验证说明，因而比较具体；而强调情感，则需要说明品牌历史和文化，以品牌故事来吸引人们的注意力。

但是，不论是哪一种信息的传播，都会依赖于传播形式，从文字、图像、声音、味道、触觉和实物等可传播形式中选择可行的传播组合形式。

品牌传播受传播宗旨和目的的影响，品牌传播宗旨和目的直接影响品牌战略和目标的选择。在不同的品牌战略和目标指导下，企业所采用的品牌传播形式可能有一定的差异。

3. 品牌传播的内容

品牌内容以具体的品牌形式来表达或呈现。在前面的章节中，我们已经对品牌元素进行了详细的阐述，具体包括品牌名称、符号、标识、标志、图形、图案、标记、标语、口号、包装、音乐等内容。品牌传播就是立足于这些具体品牌元素向目标人群和对象的传播。但是，品牌传播并不是一次性地把这些元素都传递出去，也很难以某一种元素或者少量元素的简单组合就能完成品牌传播。在实际传播过程中，品牌元素的选择与搭配十分重要，有时并不是元素越多越好。品牌传播效果往往与传播内容的选择和组合有直接关系。这些内容与组合，除了要反映传播的宗旨与目的外，还需要考虑接收者的感兴趣程度以及可接受程度。一般而言，在品牌传播内容的选择上，应当从以下 3 个方面认真思考。

（1）品牌传播内容受多种因素影响

品牌传播内容是由品牌所有者、品牌传播媒体和品牌内容接收者综合决定的。例如，在互联网时代，网上信息传递十分普遍，通过纸质媒体来进行宣传的广告活动越来越少，且成本高，不经济，因此通过互联网进行营销推广是企业进行品牌传播的主要方式。但是，与其他传播渠道一样，互联网传播渠道本身也有缺陷。其中比较突出的一个弊端就是环境噪声很大，因而识别真正有价值的信息变得十分困难。同时，互联网品牌传播有一定的技术要求，其管理与传播十分复杂。对于品牌所有者而言，是选择互联网，还是选择传统媒体，这是一个重要的选择；对于消费者群体而言，作为品牌内容接收者，不同的年龄群体表现出不同的偏好，特别是新生代消费者，他们每天都在互联网上停留数个小时，因而对传统媒体的接触越来越少。这就说明品牌传播要把品牌特征、媒体优势以及受众兴趣综合考虑在内。

（2）品牌传播内容应以技术为依托

从传播形式的演进过程来观察，最早的形式是面对面的手势和声音传播，即人们之间的交流是通过手势和声音来进行的，受生活和工作场景的影响，这种形式不能够进行远距离传播；之后出现了文字，能够跨越时空来进行远距离传播，但是由于文字是抽象的表达，因而在形象和生动性上有所欠缺；在电报和电话产生以后，文本和声音的传播实现了跨越时空的飞跃，但是信息承载量受一定程度的限制；传真机和电视机出现以后，图片和画面能够逼真地呈现在消费者面前，因而极大地提升了传播效果；在进入互联网时代后，文本、声音、图片、视频组合在一起进行传播成为现实。技术的不断进步，使品牌传播从一维发展到多维，从简单变得复杂，品牌传播的内容越来越接近于品牌实体本身，甚至远远地超出了品牌实体本身的内容。

（3）虚拟元素丰富了品牌传播内容

技术进步，尤其是人工智能、增强现实、虚拟现实等信息技术的应用，使品牌传播发生了翻天覆地的变化。例如，品牌设计中的照片，如果是基于传统照片技术所拍摄的作品，那么只是真实品牌的一种影像而已；但是如果通过现代信息科技进行深度加工，就会赋予品牌全新的含义，使图片具有动画感，而且增强了消费者对品牌的感知。

在现代信息技术帮助下，品牌传播内容更加容易被目标人群理解。在交互式、沉浸式品牌体验中，目标人群所产生的品牌联想也更加丰富，这无疑会极大地增强品牌在市场中的适应能力。

现代意义上的品牌传播的元素、内容与接收者如图 10-3 所示。

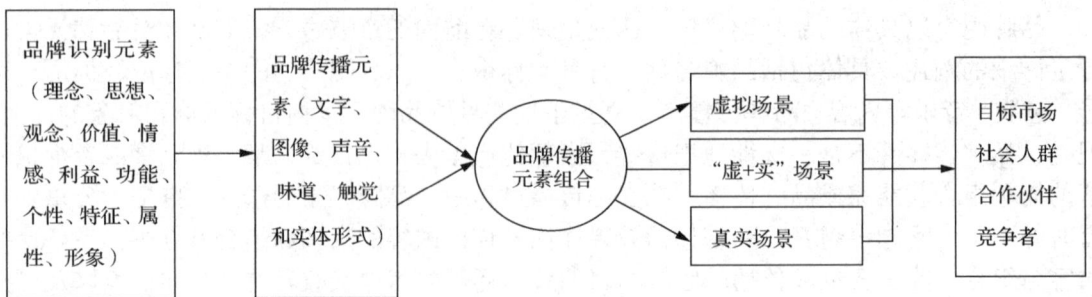

图 10-3　现代意义上的品牌传播的元素、内容与接收者

在图 10-3 中，首先需要把品牌识别元素加以明确，即哪些是能够表明品牌身份特征的东西，在此基础上进行选择性传播。例如，某个餐饮品牌的理念、思想、观念、价值、情感、利益、功能、个性、特征、属性、形象等，都可以作为品牌识别要素而成为拟传播的对象，纳入品牌传播者的考虑范围之内。

紧接着需要考虑的是，如何把这些拟传播的对象进行可传播化处理，即要找到具体的传播形式，如文字、图像、声音、味道、触觉和实物等。以理念的传播为例，由于其不可察觉性特征，不可能以实体形式来呈现，因而采用文字描述或者以播音方式来传播比较好，也可以配以一些辅助理解的画面。因此，拟传播内容与传播元素之间的匹配度在一定程度上决定了传播效果。有时候选择正确的传播媒介，比品牌识别的挑选更重要。

单个品牌元素的传播是很少见的。一般而言，品牌传播都是多个传播元素的组合式传播。因此在品牌传播过程中，传播元素之间要形成一定的合理结构，各个元素之间要彼此形成一致的、协同的、清晰的效应。

> **课堂小测验**
>
> 　　你对奥运会或者世界杯感兴趣吗？假如你是一位体育爱好者，请列出 10 个你印象最深的品牌赞助商，并说出它们分别采取了哪些品牌传播方式。这些赞助活动对提升它们的品牌影响力，尤其对品牌识别和品牌联想起到了怎样的作用？

10.1.3　品牌传播的主要理论

品牌传播的主要理论包括独特的销售主张理论、品牌形象理论、360 度品牌管家理论和整合营销传播理论。这些理论是基于传统传播渠道而提出的，因此在互联网和数字经济时代，其具体应用需要结合实际情况。由于消费者在网上搜集各类商品及品牌信息的能力越来越强，甚至成为销售活动的第一推动力，因而品牌传播的整个过程发生了根本性变化。

1. 独特的销售主张理论

独特的销售主张所强调的是一家企业在品牌宣传方面与其他企业的不同之处，即企业作为品牌销售者，着重强调它所推销的品牌的主要卖点以及与其他品牌的不同之处。这种理论认为，每一种品牌都应该发展一个自己独特的销售主张或主题，并通过多次重复传递给受众。对于企业而言，卖点的独特性是其品牌价值存在的重要基础；而这个卖点对于消费者而言，可能就是利益点。由于消费者总是对自身利益最感兴趣，因而这个利益点越大、越有吸引力，对于企业而言，品牌的卖点定位就越成功。因此，独特的销售主张其实是一个品牌在传播过程中对自身的价值、利益、情感的准确定位。以旅游行业为例，一些主题公园品牌传播的成功，原因在于找到了真正的卖点，即所选择的主题符合消费者的实际需要。

2. 品牌形象理论

品牌形象理论最早由大卫·奥格威（David Ogilvy）在 20 世纪 60 年代中期提出。该理论是广告创意策略理论的一个重要分支。在此理论影响下，世界上出现了大量优秀且成功的广告。大卫·奥格威认为品牌形象不是产品所固有的，而是消费者对品牌产品的质量、价格、历史等因素的联想。他认为每一则广告都应当是对品牌的长期投资；每一个品牌都应当建立和呈现一个具体的形象，并通过各种不同的推广技术尤其是广告传达给消费者。消费者购买的不只是品牌产品，还购买品牌背后的承诺和其他利益。在广告中讲述品牌产品的价值和特点，能够对消费者做出购买决策产生重要影响。

品牌形象理论重点阐述广告在品牌形象塑造中的作用。尽管品牌形象与品牌广告并不是同一个概念，但是许多消费者主要通过广告来了解品牌的思想、理念、观念、功能、利益和情感等。品牌形象作为企业的一项重要资产，应当在品牌传播过程中努力加以维护。

3. 360 度品牌管家理论

360 度品牌管家理论要求企业在品牌与消费者的每一个接触点上实行积极的、全方位的传播管理，这样才能建立和维持强有力的品牌形象。20 世纪 90 年代初，奥美国际（O&M）提出了"品牌管家"（Brand Stewardship）管理思想，之后又发展为"360 度品牌管家理论"。该理论着重强调消费者对品牌的需要和欲望、接触品牌的方式以及品牌体验。具体而言，所谓 360 度是指在每一个与消费者接触的点上，都要达到品牌传播的预期效果，准确地传达品牌信息并便捷地获取消费者的体验。为此，企业必须在品牌传播中注重产品、声誉、消费者、营销渠道、品牌视觉识别和企业形象。在具体措施上，为了做好"品牌管家"，企业必须做好信息收集、品牌检验、品牌探测、品牌写真等工作。

4. 整合营销传播理论

整合营销传播是指将企业一切营销和传播活动，如广告、促销、公关、新闻、直销、包装、产品开发等进行整合重组，让受众从不同渠道获得的品牌信息保持一致。整合营销传播的提出者是美国西北大学的唐·舒尔茨（Don Schultz）、斯坦利·坦纳鲍姆（Stanley Tannenbaum）和罗伯特·劳特伯恩（Robert Lauterborn）。整合营销传播理论认为，企业应当将统一的品牌资讯传达给消费者，用一个声音说话。为此，企业应当重视交流互动性、信息统一性、传播的连续性和动态性。整合营销传播的关键在于建立以关系营销为基础、以消费者为核心的品牌传播机制，使传播立体化、工作团队专业化，以此从整体上提升企业品牌形象，达到节约经营成本、提高企业获利能力的目的。美国广告公司协会（American Association of Advertising Agency）认为，整合营销传播属于概念层次上的传播计划，即在制订整合计划时要考虑能够带来附加值的各种传播手段，如普通广告、销售促进、公共关系等，将零散的、分割的、独立的传播信息一体化，通过提供清晰、连贯的信息使传播效果最大化。

以上是常见的品牌传播理论，不同理论适用于不同的品牌和市场环境，企业可以根据具体情况选择合适的理论进行品牌传播策略的制订。但是，在品牌传播时，应当注意互联网时代品牌传播的新特点以及这些理论的局限性。

在互联网时代，上述这些相对传统的品牌传播理论正在面临着严峻挑战。线上与线下的互动传播，微信、微博中的大量信息转发，以及传播从传统的由线上影响线下的方式正在向线上影响线上转移，人际传播学说中的人与人面对面的传播正在向网络空间中的虚拟传播演变，这些都直接导致了传统社会结构正在向网络化社会结构快速转变。随着信息流动的加速，品牌传播的速度加快，品牌传播的费用正在大幅下降。消费者可以通过主动上网寻找来了解品牌信息，这就避免了被动地接收或等待品牌传播信息。同时，消费者可以通过上网搜索过程中的大量对比以及在线购买者评价来了解品牌传播信息的真实性和可靠性。一条品牌传播信息可能被成千上万位消费者浏览，继而消费者对这条信息的相关产品和服务内容进行评价。浏览次数和频率以及评价信息往往可以供其他消费者参考。

从上面的分析可以看出，进入互联网时代后，一方面销售主张的真实性更加重要，另一方面广告中可包装的成分正在减少。达人的评价比传统广告中的明星代言可能更具说服力和影响力。同时消费者可以主动地选择自己所喜欢的网站，而不受所不喜欢的网站信息干扰。这种信息渠道与交流的可选择性，以及信息反馈与互动的及时性，都使一些传统传播模式下非主流平台正在变得主流化，而传统传播模式下主流平台的传播效率和满足个性化需求方面的能力出现了一定程度的下降。线下接触点向线上接触点的转移，网络中品牌形象重要性的提升，以及线上与线下整合营销的尝试，都使品牌传播进入了全新的领域。由于消费者可以自由地在网络中选择所喜欢的品牌产品和服务，因而传统广告的效应逐渐减弱。

课堂小例子　　　　　**海飞丝洗发水"去头屑"**

互联网时代，在"独特的销售主张"这一品牌理念指导下的品牌似乎很快就能够接触到它的目标消费者群。目标消费者群也会根据自己的需要主动地搜索能满足自己偏好和需求的品牌产品。例如，消费者登录京东电商平台后，只要在"商品查找"栏目中输入"去头屑洗发水"这一检索词条并搜索，瞬间就会出现各类与该词条相关的商品名称和单价以及网友的评价。除了海飞丝这一品牌外，目前市场上去头屑的洗发水品牌还有很多种，如阿道夫、采乐、清扬等。在关键词检索中，海飞丝是位居前列的品牌之一。

思考题：在众多品牌都宣传"去头屑"这一功能时，海飞丝洗发水"去头屑"这一功能性价值主张为什么仍然具有独特性？

10.2　品牌传播的特点及方式

品牌可以采取的传播方式有许多种，其特点主要是相对于产品传播而言的。在理论和实践中，一些常用于产品的传播方式，对品牌传播也适用。由于人们习惯于把产品与品牌放在一起使用，因而品牌传播与产品传播出现混淆的现象并不少见。但是产品传播与品牌传播并不是同一个概念，二者在消费者认知层次上也有较大差异。

10.2.1　品牌传播的特点

产品传播方式，如广告、促销、个人推销、新闻发布、事件、赞助、包装等，如果应用于品牌传播，也会有类似的效果。相比较而言，产品传播聚焦于价格、质量、性能和优惠，而品牌传播侧重于价值、利益和情感的表达，以及企业所推崇的经营哲学、理念和信仰的宣传。但是，如果品牌脱离了产品，品牌传播内容的真实性就会受到质疑。品牌传播主要有以下特点。

1. 一致性

品牌传播需要保持一致性，即在不同的传播渠道和媒体上传递相同的品牌形象和信息。这有助于建立大众对品牌的认知。尤其是品牌涉及很多产品业务领域和不同市场时，对品牌传播的一致性要求会更高。当然，这并不否认品牌需要根据不同的产品和市场特点而选择有针对性的传播方式和内容。

2. 多样性

品牌传播需要借助多种渠道和媒体，包括广告、赞助、宣传、公关、社交媒体等。通过多样化的传播方式，品牌可以覆盖更广泛的受众群体，提高品牌的曝光度和影响力。例如，对于不识字的消费者，通过电视传播就比文本传播效果好；而对于喜欢上网的年轻人，通过互联网传播就比电视传播效果好。

3. 持续性

品牌传播是一个持续不断的过程，需要企业进行长期投入和维护。通过持续的传播活动，可以提高品牌知名度，强化消费者记忆，向目标人群提示企业在产品和服务方面所做的改进，以及品牌地位和影响力的变化，进而提高品牌的市场份额和竞争力。

4. 故事性

品牌传播需要通过撰写故事来吸引目标人群的注意力并引起情感共鸣。在广告中可以用标题式故事来引起消费者的兴趣，并在企业网站上进一步补充故事的内容和场景。通过讲述品牌故事以及所包含的价值观念，企业可以在品牌与目标群体之间建立情感联系，提高品牌的吸引力和忠诚度。

5. 互动性

品牌传播需要与目标受众进行接触和互动，这包括积极回应目标受众的反馈意见并参与他们的讨论。通过与目标受众的广泛、深度的接触和友好互动，企业可以建立良好的品牌形象和口碑效应，保持品牌社区的热度，吸引潜在消费者加入，从而提高品牌的认可度和信任度。

从上面这些特点中，我们可以看出品牌传播与产品传播的具体区别。首先，在目标上，二者存在明显不同。品牌传播目标是塑造和传递品牌的形象、价值观和个性，以提高品牌的认知度、信任度和忠诚度为主要任务；而产品传播目标是推广和销售具体产品，以增加产品的市场份额和销售量为主要任务。其次，在内容上，品牌传播主要围绕品牌的核心价值、品牌故事和品牌的独特性而展开，以此塑造品牌的个性化和差异化特征；而产品传播主要围绕产品的特点、功能、优势和使用方法展开，重点强调满足消费者的实际需求并解决具体问题。最后，在方式上，品牌传播通常采用多媒体、多渠道相结合的方式，如广告、公关、社交媒体等，目的在于全方位、深层次地展示品牌形象和故事；而产品传播往往采用更加直接的方式，如促销活动、产品展示等，以直接推销产品为主。

概而言之，品牌传播更注重品牌建设和品牌形象传递的长期效果，而产品传播更注重销售推广和产品特点传递的短期效果。但是，它们并不相互排斥、非此即彼。企业应当善于处理品牌传播与产品传播之间的关系，使二者相辅相成，共同促进品牌的健康发展。

品牌传播与产品传播的区别如图 10-4 所示。

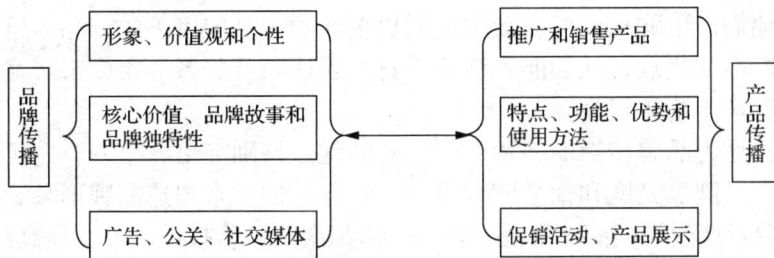

图 10-4 品牌传播与产品传播的区别

10.2.2 品牌传播的方式

在实践中，品牌传播方式多种多样，但是在理论上品牌传播主要有 4 种方式：投放广告、赞助、利用互联网站和利用人际关系。

1. 投放广告

投放广告是一种常见的品牌传播方式，其作用有以下 6 点。

（1）传播品牌定位

内涵丰富、形式生动的广告可以帮助企业传达品牌的定位，精准投放给目标受众，向他们传播品牌形象和核心价值观念。通过深度聚焦和具有穿透力的广告设计，来传播品牌的独特卖点，使消费者对品牌产生清晰的认知。

（2）塑造品牌形象

广告可以通过丰富的创意设计和独特的视觉呈现效果来塑造品牌形象。在具体设计方案中，包括品牌标识、符号、口号、包装、音乐等可传播元素的个性化和差异化组合。这些元素有效地结合在一起，形象生动地呈现品牌的个性、价值观念和风格，使消费者对品牌有深刻的印象。

（3）提升品牌知名度

企业可以通过在各种媒体渠道（如电视、广播、报纸、杂志、互联网等）上投放广告，来提升品牌在通过不同媒体接触的社会大众中的知名度。把品牌信息主动地传播给目标人群和社会大众，增加品牌的曝光率，有助于广大消费者对品牌形成更高的认知度。

（4）强化品牌联想

通过在广告中突出品牌与某一特定事件之间的关系，可以强化品牌联想。例如，在广告中与奥运会、世界杯、央视春节联欢晚会、中秋晚会等进行关联，能够让品牌在消费者心中留下积极向上、正向的联想，进而增加对品牌的认可度和好感度。

（5）传递品牌价值

有趣的广告内容和形式设计，往往通过故事、情感和体验来传递品牌识别中的精神文化信念，尤其是核心价值观念。有吸引力的广告内容和方式，如励志人物在创业期间的艰辛、初获成功的自信、跌入低谷的反思，以及对信仰的坚定不移，直到最终取得成功的感慨等，能够使品牌与消费者之间产生共鸣，形成共情，建立情感连接，从而增加品牌忠诚度。

（6）提供购买动机

在广告活动中，企业可以运用常见的活动，如发优惠券、打折、举办销售竞赛等来刺激消费者，让他们产生购买动机，吸引他们更多地购买品牌旗下的产品。这时，企业应当着重宣传品牌产品的优点，从功能、情感、自我表达以及关系等角度来彰显品牌的独特作用，促使消费者产生购买行为。

总之，广告作为品牌传播的一种手段，它的优点特别突出。第一，它可以快速地传播品牌信息，提高品牌曝光度和知名度。第二，它通过创意来塑造品牌形象，给品牌以全新的面貌，让消费者产生认同感和好感。第三，高频次的广告投放，可以提高品牌的曝光率，进而提升品牌的竞争力。第四，有效地利用广告进行品牌传播，可以促进销售业绩的增长。

但是，采用广告方式进行品牌传播可能存在一些难以解决的问题。例如，广告成本高；在信息过载的互联网时代，广告信息容易被忽视；广告效果难以准确测量；广告容易对正常生活、工作节奏造成干扰，或者制造购物恐慌，进而引起消费者的紧张、焦虑等负面情绪。这些问题都使广告在品牌传播中的进一步应用受到了很大程度的限制。

2. 赞助

利用赞助开展品牌传播的方法主要有以下 6 种。

（1）赞助体育赛事活动

品牌建设者通过赞助体育赛事活动，可以将品牌与体育项目联系起来，提升品牌知名度和市场形象。例如，赞助奥运会、世界杯、各类篮球比赛等。一般而言，体育用品、计时装置、摄影摄像设备和器材、食品与饮料、运动服装、旅游住宿、信用卡消费等与体育相关联的品牌产品和服务，在此类赞助中会获得比较好的传播效果。

（2）赞助文化活动

通过赞助文化活动，品牌建设者可以将品牌与音乐、电影等文化领域的活动项目联系起来，提升品牌的文化内涵和形象。此类传播，一般要求品牌产品中应当有相应的文化属性或者在品牌识别中能够激发相应的文化联想。

（3）赞助公益活动

公益活动，包括儿童慈善事业、残疾人福利事业、环保活动以及动物保护活动等。企业可以把品牌识别中的相关要素，尤其是强调社会责任和可持续发展的要素，与这些活动相关联，引导消费者群体、合作伙伴和社会大众产生正向品牌联想。

（4）赞助名人

通过赞助名人，品牌建设者可以把品牌中的个性气质与这些名人进行对接，借助他们的影响力和粉丝群体，来提高品牌的曝光度和认知度。尤其是在当今互联网时代，名人拥有大量的支持者，是流量的主要来源之一。

（5）赞助社区活动

通过赞助社区活动，品牌建设者可以与当地社区建立联系，提升品牌在当地人心中的认可度和忠诚度。这种赞助方式往往与企业品牌的生长、发育环境有关，即品牌发展离不开社区环境的有力支持。尤其是对于中小企业而言，立足于社区开展品牌宣传活动针对性更强。

（6）赞助学术研究或教育机构

品牌建设者通过赞助学术研究或教育机构，可以与知识和教育领域的相关教学、科研和服务社会功能紧密地联系起来，提升品牌在专业领域的影响力和可信度。尤其是与大学或者研究机构的科研项目合作，引入专家学者加入管理咨询团队，可以增加品牌在技术和研究方面的可信度。同时，热心于教育也有助于传播企业品牌面向未来发展的理念。

总之，企业应当根据品牌定位和目标受众的实际需求来选择合适的赞助方式，以达到品牌传播的最佳效果。

利用赞助进行品牌传播的优点在于：首先，赞助活动有利于增加品牌曝光度，进而吸引更多的目标受众关注；其次，通过赞助与品牌价值观念和品牌联想相符的活动来塑造品牌形象，进而提升目标受众对品牌的认知度和好感度；最后，通过赞助活动来帮助品牌与相关行业或领域的合作伙伴建立联系，进而促进上下游业务的发展。

然而，利用赞助进行品牌传播也存在一些缺点。一是赞助活动通常需要投入较多的资金，成本相对比较高，一些小型企业可能承担不起。二是与其他传播方式相比，赞助活动的效果往往比较难以量化和评估，尤其是投资回报率的测算比较困难。三是赞助活动涉及与其他组织或个人的合作，因而风险控制比较困难，如受合作方声誉问题波及或因未达成共识活动不能如期开展等。

3．利用互联网站

利用互联网站（简称网站）进行品牌传播的方法大致有以下 7 种。

（1）建立品牌网站

品牌建设者可以通过创建专门的品牌网站来展示品牌故事、产品信息、品牌理念等内容。由于网站的传播功能比传统普通媒体更为强大，具有及时性强、触及面广、互动性强等特点，因而通过网站来传达品牌形象和核心价值观念能够触及更多的受众，传递更多的内容信息和品牌的深度知识。

（2）内容营销

品牌建设者可以通过网站发布有价值的内容，这些内容不一定非得与品牌相关联，而只是为了吸引消费者访问网站或增加在网站上的浏览时间。内容营销包括发布博客文章、新闻报道、行业报告等。通过所提供信息的趣味性及专业性，吸引大量用户访问网站，进而提升品牌的知名度和影响力。

（3）社交媒体整合

品牌建设者可以将社交媒体账号与品牌网站进行整合，通过网站链接引导用户访问社交媒体平台，这些用户会在这些平台交流品牌的相关体验，同时也可以对品牌建设与开发提出建议和意见，进而增加品牌曝光度。

（4）搜索引擎优化

品牌建设者可以通过优化网站的关键词、页面结构等方法，来不断提升网站在主要搜索引擎中的排名，增加被消费者或者社会大众通过检索来获得品牌网站或者相关信息的机会，进而增强品牌在互联网上的易获取性，增加品牌在社会生活领域中自传播的机会。

（5）网络广告投放

在相关网站、搜索引擎等平台进行广告投放，是一种比较现代的品牌传播方式。品牌建设者可以通过控制网络广告投放的形式和时间，来提升品牌的曝光度和点击率，吸引用户访问品牌网站。例如，适逢重要节日，网络广告的及时跟进就会吸引更多消费者的注意力。

（6）用户体验优化

品牌建设者可以通过改善企业网站的用户界面、导航结构、页面加载速度等优化用户体验。比较常见的方法是围绕用户的实际需要与兴趣点来设计网站的用户界面风格，通过人工智能和大数据挖掘技术，来识别用户的需求并引导用户进入企业对应的品牌栏目，再通过互动式交流来掌握用户的感受，进而增加用户对品牌的好感度和忠诚度。

（7）数据分析与优化

品牌建设者可以通过现有统计分析工具对目标人群进入网站的浏览行为和销售转化率等数据进行深度分析，掌握不同类别的用户在网站浏览，尤其是购买决策过程中的"行走地图"，研究各网站接触点之间的内在逻辑关系，然后通过优化产品供应结构与展位布局来提升品牌传播效果。

利用网站进行品牌传播的优点比较突出。一是网站可以随时随地展示品牌信息，不受时间和地域限制，用户可以随时访问了解品牌相关内容，因而具有时间和空间上的便捷性。二是网站可以提供大量的品牌信息，包括产品介绍、品牌故事、公司背景等，帮助用户全面了解品牌，具有内容丰富性特征。三是网站可以提供互动功能，如留言板、在线客服等，用户可以与品牌进行实时互动，增加参与度，因此具有互动性强的特点。四是通过网站分析工具，可以对用户访问行为进行跟踪和分析，了解用户喜好和行为习惯，为制订品牌传播策略提供数据支持，因而具有可量化分析的特点。

但是，通过网站进行品牌传播的缺点也比较明显。一是互联网上存在大量的品牌和网站，竞争激烈，需要投入更多的资源和精力来提升品牌网站的曝光度和用户访问量。二是建立和维护一个优质的品牌网站需要一定的专业知识和技术能力，在信息技术方面的要求比较高，对于一些小型企业来说可能存在困难。三是网站存在被黑客攻击、数据泄露、网络诈骗等安全风险，需要加强网站的安全防护。四是如果网站设计不好或者加载速度慢，用户可能会流失，影响品牌形象和用户体验。

综上所述，利用网站进行品牌传播具有许多优点，但也存在一些缺点，需要综合考虑和合理规划。

4. 利用人际关系

通过人际关系进行品牌传播的方法主要有以下 4 种。

（1）参加行业活动和社交聚会

品牌建设者可以通过参加行业相关活动和社交聚会，与同行业的人建立联系，通过交流和互动来传播品牌信息。一般而言，比起大众媒体传播，在行业内的品牌传播更具针对性，品牌共性和个性的传播有可参照标准。

（2）寻找合作伙伴

品牌建设者可以通过与有影响力的个人、机构或品牌建立合作伙伴关系，来提升品牌的行业地位和市场影响力。例如，常见的品牌联合、品牌代言、品牌特许等品牌传播方式，能够有效地把品牌的影响力从一个市场推向另一个市场，从一个产品类别跨越到另一个产品类别，并进行类别之内的纵向和横向的品牌延伸。

（3）参与社交媒体互动

品牌建设者可以积极参与社交媒体平台上的讨论和互动，通过建立用户社群和粉丝社区，与品牌的支持者和忠诚用户建立联系。通过分享品牌的故事、愿景与使命、经营成绩与效果、社会责任履行和最新信息等，利用"口口相传"和"社区热度"来进行品牌传播。

（4）提供优质的客户服务

品牌建设者应当与客户（基础层次的合作方，如生产企业下游的批发商、零售商，或者是产品的最终用户，如普通消费者）建立良好的关系，为他们提供优质的产品和服务，让他们成为品牌的忠实支持者。被动忠诚型客户和品牌的忠诚拥护者，其忠诚行为往往被人们认为是理所应当的，因而是最容易被忽视的对象。优质的客户服务就是要将资源放在重点客户上，并加以认真管理和积极维护。

通过建立人际关系进行品牌传播的优点很明显。一是它有利于获取客户信任，面对面的交流有利于建立深入的人际关系。二是通过与他人建立良好的关系，能够把"口口相传"这种营销方式利用好，从而扩大品牌影响力。三是与人直接交流可以根据对方的需求和兴趣进行个性化品牌传播，增强品牌传播信息的精准性。

当然，通过人际关系进行品牌传播的缺点也比较突出。一是品牌建设者可能需要参加大量的社交活动和聚会，如果效果不明显的话，会浪费较多时间和资源；二是这种传播方式对个人影响力的依赖程度比较高，因而其效果受人际关系网络的支持力度以及社会对这种关系的重视程度等多种因素的综合影响。

总体来看，通过人际关系进行品牌传播可以获取信任、扩大口碑传播，但也需要投入时间和资源，并且效果难以量化。

课堂小例子　　　　　**A 公司的品牌传播方案**

　　A 公司是一家生产规模和市场影响力都在行业中居于中等地位的化妆品生产企业，它在品牌传播中着重强调其产品和服务在价格方面的竞争力，也就是以价值寻求型消费者为目标市场。

　　现在，它准备为品牌产品开展传播活动，某品牌管理咨询机构给出的品牌传播可选方案有以下 5 个。

　　（1）设计以价格和利益为核心内容的广告来进行品牌传播，同时重点强调产品和服务在质量和性能方面的优势。

　　（2）投放高质量的广告来建立长期的、牢固的品牌形象。

　　（3）利用赞助文化艺术活动来迅速刺激销售量提升，扩大品牌知名度，吸引消费者前来购买。

　　（4）通过自建网站来扩大影响力，同时实施搜索引擎关键词竞价排名。

　　（5）通过客户关系管理系统来挖掘被动型忠诚客户和绝对忠诚客户的价值。

　　思考题：你认为 A 公司应当选择上面 5 个方案中的哪一个？为什么？

10.3　品牌传播效果的评价

品牌传播效果是指品牌传播结果与品牌传播目标的实际对照情况。尽管品牌传播的形式、内容和方式有多种选择方案，但是品牌传播的目标是明确的，即向目标人群进行信息传递并使之全面接收。一般来讲，目标人群接收到的品牌信息越真实、准确、完整，品牌传播的效果就越好。

10.3.1 品牌传播效果评价的主要原则

品牌传播效果的好与差，如何进行判断？一般而言，应当对照品牌传播的原则来进行。品牌传播原则有以下 6 项。

1. 准确性原则

准确性原则是指品牌传播的内容和形式与品牌本身的客观实际具有一致性。与品牌本身的实际状况相吻合的品牌传播，往往能够引起消费者的高度认同。从正向角度解释品牌的内容和形式，是企业常用的方法之一，如品牌具有怎样的功能、能够帮助消费者做哪些工作、带来哪些具体的好处等。把品牌所要传播的内容和形式通过各种渠道准确地传播出去，能够让消费者准确地理解，这是该原则的基本含义。

2. 及时性原则

及时性原则是指品牌传播要具有时效性，即应当尽可能快速地把品牌信息传播出去，让消费者能够在与品牌产品或服务接触前，就已经对品牌有一定程度的了解。及时性原则强调时间效率。同时，该原则还强调对品牌动态变化的把握，即越是能够及时反映和评价品牌的动态变化，这种品牌传播的效果就越好。

3. 生动性原则

生动性原则是指品牌传播应当具有感染力。坚持生动性原则，就是要在品牌传播过程中尽可能地用有趣的语言、动感的画面、丰富的形式来表达品牌抽象的理念和思想，同时打动消费者。例如，在品牌传播中强调体验营销的作用，让消费者能够全方位体验品牌的差异化特征和核心价值理念。让一些无形的品牌要素变得有形化，这是使品牌传播具有生动性的一个重要途径。

4. 针对性原则

针对性原则是指企业的品牌传播活动应当引起目标群体的强烈共鸣并产生实际效果。对于在品牌信息收集方面有不同需求偏好的消费者，企业在品牌传播中要增强针对性，有的放矢。例如评价一家电视购物频道的品牌传播效果，就应当将其所传播的产品和服务品牌的类别与接受这种传播形式的消费者人群的特点进行匹配性分析。

5. 文化性原则

文化性原则是指品牌传播在特定的文化环境中进行，因而或多或少会呈现出文化特性，因此品牌所传播的文化应当与目标群体的文化认知进行有效对接。对品牌传播过程中所体现的文化特性进行评价，主要是分析企业在品牌传播过程中所附带的文化信息是否与目标群体的文化偏好相一致。品牌传播应当以不影响主流文化价值信念为基本前提。

6. 绩效性原则

绩效性原则是指企业在品牌传播过程中必须把经济效益的提升放在重要的位置上加以思考。品牌传播效果的好与差，最终还是应当落脚于企业经营业绩方面。不产生经济效益的品牌传播，并不能够长期维持下去。从品牌传播开始到形成收益，是信息接收向购买力转化的过程。实践中，有的品牌的转化时间较短，有的品牌的转化时间较长，甚至有一些品牌不能够完成转化。

10.3.2 品牌传播效果评价的主要指标

品牌传播效果评价主要可以从品牌传播的质量和数量两个角度来进行相应的指标设计。

1. 品牌传播效果评价的质量指标

品牌传播的质量如何，主要取决于它所发出的信息是否能够被目标群体正确地理解和接收。品牌传播过程中由于存在着环境噪声，因而即使是完全编码正确的信息，也可能出现被错误理解的情况。如果传播信息本身编码就不科学，而且所选择的传播渠道又不能够有效地将信息传递给目标受众，那么品牌传播质量就会比较差。

因此，品牌传播效果的评价，首先应当考虑的是传播质量，即与品牌相关的信息是否按计划顺利地传递给目标受众、是否被这些人正确理解和接收。与此相关的评价指标应当包括：传播内容的真实性、生动性、全面性，信息编码的科学性、有效性、便捷性，传播渠道选择及其组合的正确性和有效性，信息接收者的准确接收程度。

课堂小例子

以一家旅游企业为例，品牌传播效果评价的质量指标和测量方法如表 10-1 所示。

表 10-1　品牌传播效果评价的质量指标和测量方法

评价指标	具体观测项（一般不少于 3 项）	测量方法
内容真实性	品牌识别中的主要信息：产品、组织、个人等	李克特 5 点量表（1～5 分）
内容生动性	文字、图片、符号、故事、视频等	
内容全面性	品牌聚焦深度及品牌范围广度	
信息编码的科学性	信息编码的唯一性、正确性和分类性	
信息编码的有效性	信息编码的可靠性、保密性和认证性	
信息编码的便捷性	信息编码的可储存性、可检索性和可转换性	
渠道选择及其组合的正确性	渠道传播形式、传播方式、传播目标的一致性	
渠道选择及其组合的有效性	渠道传播信息量、传播覆盖率、传播到位率	
信息接收者的准确接收程度	目标受众对相关品牌元素的准确理解程度	

思考题：结合上表内容，依据常用的统计分析方法，对这家旅游企业的品牌传播效果进行评价。

---

2. 品牌传播效果评价的数量指标

品牌传播效果评价数量指标，主要是指品牌传播过程中所覆盖的消费者群体规模的大小、传播时间、覆盖的空间范围、可选择渠道数量以及不同渠道的运营成本。具体指标包括受众、传播时间、曝光次数、地理空间、中间商数量、传播渠道数量、传播成本费用等。品牌传播不仅涉及企业与消费者之间的关系，还涉及企业与批发商、零售商之间的关系。因此在特定的时间和空间范围内，在品牌传播过程中企业接触到的中间商和消费者数量越多越好。较长的传播渠道和较短的传播渠道，各有其优点和缺点。从企业与消费者直接接触这个角度来评价，较短的传播渠道由于直接、及时，因而效果较好；而从企业与中间商直接接触这个角度来评价，较长的传播渠道可以覆盖更广泛的人群，传播范围更大。

课堂小例子

以面向消费者的品牌传播为例，品牌传播效果评价的数量指标及测量方法如表 10-2 所示。

表 10-2　品牌传播效果评价的数量指标及测量方法

评价指标	具体观测项 （一般不少于 3 项）	测量方法
受众/人	年龄、性别、受教育程度、收入等	李克特 5 点量表（1~5 分）
传播时间/小时	早上、中午、晚上的具体时间长度	
曝光次数/次	品牌曝光在实验组与控制组的对比	
地理空间/平方千米	行政区划范围或者商业活动范围	
中间商数量/个	一定面积范围内中间商的实际数量	
传播渠道数量/条	广告、赞助、网站等渠道	
传播成本费用/元	传播过程中实际支出经费额	

思考题：以某一家酒类企业的品牌为例，根据上表所列内容，收集相关数据并通过 SPSS 统计分析软件分析其品牌传播效果。

在品牌管理实践中，企业通常把品牌传播效果评价的质量指标与数量指标结合在一起来综合评价一种具体品牌传播方式的科学性与有效性。完全把这两种评价方法割裂开来的评价方法并不多见，而且在操作中也不容易做到。同时，品牌传播效果往往通过前面章节中所讲到的品牌识别要素、品牌的知名度和美誉度、品牌联想、品牌忠诚度等维度来进行测量，并在这些维度下设立许多观测项，以李克特量表形式或其他统计观测方法来计算观测值。在此基础上，通过设计相应的调查问卷来获取消费者或其他受众对品牌传播效果的评价。

品牌实训

家电品牌传播战略分析

实训材料：

企业网站在品牌传播中的作用越来越重要。企业网站除了面向内部员工进行管理信息沟通外，更重要的功能是与产品用户和合作伙伴进行接触和交流。企业网站在某种意义上是企业的一张名片，好的界面设计和信息沟通渠道有助于把企业各个部门与客户、合作伙伴紧密地连接在一起，从而创造价值和传递价值。

在企业网站中，对内传播品牌形象是十分重要的。对内传播品牌形象方面，主要讲述企业的愿景、使命、战略和目标，企业所获得的荣誉，企业成长的历史，名人轶事，榜样的力量，在发展壮大过程中所形成的合作伙伴关系，所履行的社会责任与所做出的贡献，以及面向未来的宏伟蓝图等。通过这些方面的品牌传播，员工会产生积极的品牌联想，让企业内部更加团结，奋发向上。

在对外传播品牌形象方面，品牌主要传播基于产品的功能、情感和自我表达，以及品牌与合作伙伴、普通用户之间的关系。这些与产品、服务、体验相关的品牌识别元素的传播，有助于企业提升知名度、美誉度和忠诚度。

实训任务：

（1）基于以上分析，请从品牌传播对内、对外两个不同的角度，对我国家电行业中的海尔、格力、美的、海信、TCL、长虹等品牌的网站建设情况进行对比分析。

（2）列出这些品牌在品牌传播中所采用的具体方式，如在广告、赞助、网站、人际关系等传播活动中的投资比例，所形成的品牌代言、主副品牌、合作品牌等。

（3）分析主要搜索引擎对这些品牌的收录结果以及在电商平台上这些品牌产品的消费者评价情况。用统计表格形式来展现具体分析结果。尤其重要的是，要指出这些品牌在传播方面采取怎样的战略以及这些战略实施的效果。

（4）品牌传播分析要结合理论与实践，形成图文并茂的分析材料。

（5）撰写总字数在 2 000 字左右（不含图表）。

（6）品牌传播战略分析与对比要有纵向和横向的数据呈现。

复习思考题

一、名词解释

品牌传播　独特的销售主张　360 度品牌管家　整合营销传播

二、简答题

1. 简述品牌传播的基本含义。
2. 简述品牌传播的元素和内容。
3. 简述品牌传播的主要理论。
4. 试分析品牌传播与产品传播之间的差异，并举例说明。
5. 品牌传播的主要形式有哪些？各有何特点？试举例说明。
6. 对品牌传播效果进行评价，应当坚持哪些基本原则？

三、论述题

1. 试述品牌传播的主要方式及各自特点。
2. 试述互联网在品牌传播中的主要作用及现实意义。

四、设计与分析题

题目： 请选择我国餐饮行业中某一家著名企业，为其设计一套品牌传播方案，指出这套方案的优点与缺点，以及在实施过程中需要注意的具体问题。

要求：（1）对企业品牌识别进行描述；

（2）对企业拟在目标受众中形成的品牌联想进行描述；

（3）对不同的品牌传播方式进行可行性研究，提出总方案；

（4）总字数不少于 2 000 字（不含图表）。

第11章
零售商品牌与制造商品牌

本章主要知识点

- 零售商品牌的概念
- 制造商品牌的概念
- 零售商品牌的主要类型
- 制造商品牌的主要类型

案例导入　零售商品牌经营模式的不断延伸与推广

近年来，零售商品牌在市场上占据了重要的地位。

在国际市场上，零售商自有品牌经营模式已经相当成熟。例如，亚马逊推出了自己的私有品牌，为消费者提供各种家居用品、电子产品和日常必需品；英国超市连锁店乐购，拥有多个私有品牌，包括食品、家居用品和个人护理产品；而美国零售巨头沃尔玛的私有品牌，涵盖了各个领域，如食品、家居、电子产品等；塔吉特的私有品牌，涉及家居用品、服装和电子产品；美国会员制仓储式零售店开市客，拥有多个私有品牌，包括食品、家居用品和电子产品；德国超市连锁店阿尔迪，拥有多个私有品牌，提供食品、饮料和日用品。这些只是一些例子，实际上，许多零售商都有自己的私有品牌，以提供更多选择和价值给消费者。

在国内市场上，零售商品牌的发展也引人注目。例如，京东自营是京东商城的自营业务，涵盖了多个品类，如京东超市、京东家电等；苏宁易购是中国知名的电子商务企业，推出了多个私有品牌，如苏宁小Biu、苏宁极物等；华润万家是中国大型连锁超市，拥有自有品牌华润优选，提供各类食品、日用品等；步步高超市是中国连锁超市，推出了多个私有品牌，如步步高优选、步步高家居等。这些零售商私有品牌非常丰富，涵盖了各个品类和行业。

思考题： 在互联网时代，零售商品牌经营有哪些特点？

随着电商平台、社交媒体等新零售平台的不断涌现，零售商在品牌建设、品牌形象塑造、品牌沟通与传播中的作用越来越重要。零售商对信息优势以及渠道优势的掌握，强化了它们涉足品牌经营与管理的意愿。独立于制造商品牌，单独地开展品牌经营，在店铺中销售自有品牌，这是一种新的发展趋势，尤其是在快速消费品领域，这种发展势头十分明显。在未来的商业经营领域，零售商品牌与制造商品牌之间的竞争会越来越激烈。

11.1　零售商品牌的基本概念、主要类型与优缺点

过去在人们心目中，在竞争能力方面与制造商品牌相比较，零售商品牌通常被认为是廉价的和质量低劣的，因而零售企业往往选择制造商品牌来控制分销渠道，很少参与品牌创造活动。但是随着市场竞争形势的变化，零售商在营销渠道中的作用越来越大，它们参与品牌建设的意愿不断增强。为了更好地在零售市场竞争中获得利润和抢占市场份额，不少零售商开始推出自己的品牌，并把这些品牌与制造商品牌一起放在货架上经营。从最初的低端介入，以快速消费品为立足点，到向高端品牌方向发展，零售商品牌在市场中的作用和地位愈加重要。

11.1.1　零售商品牌的基本概念

零售商品牌是指以零售商名称命名或由零售商主导而命名的品牌。这个概念是与制造商品牌相对立而提出的。零售商品牌有时也被称为零售商私有品牌，即品牌所有权属于零售商，而不属于生产制造商或者第三方企业。商品同质化和激烈的市场竞争，以及消费者对价值的追求，是零售商品牌出现的历史条件。在功能性价值和符号性价值变得并不十分明显时，零售商品牌在一些特定的产品类别中取代制造商品牌成为一种必然趋势。

根据上述概念，零售商品牌有以下 4 个特点。

1. 独家性

由于零售商品牌是零售商自己设计的品牌，因而这些品牌通常以零售商的名称或商标命名，并且只在该零售商的门店或网店中销售。与其他品牌相比，该品牌是零售商所独有的，其他竞争对手无法销售相同品牌的产品。

2. 控制权

相较于制造商品牌或者其他形式的品牌，零售商对私有品牌产品的生产、质量、定价和营销等方面具有更大的控制权。它可以根据市场需要、消费者反馈以及竞争者反应模式及时做出调整，因而其经营策略更具针对性和灵活性。

3. 低价优势

由于零售商可以直接与制造商合作或自己生产，或者委托第三方机构进行生产，因而私有品牌产品通常具有较低的成本，从而可以以更低的价格销售给消费者。该产品对于价格敏感型消费者而言，具有很强的吸引力。

4. 品质保证

零售商直接经营自己的品牌，因而对这些品牌的质量具有严格的控制。对消费者需求信息的直接了解和掌握，也有助于零售商把品牌质量与消费需求进行有效对接，从而更好地满足消费者的个性化和多样化需求。

11.1.2　零售商品牌的主要类型

零售商品牌的类型可以分为以下 4 种。

1. 品牌扩展型

零售商在已有品牌基础上推出的新产品线，通常与原有品牌有一定的关联性，以扩大品牌的覆盖范围和市场份额。例如，在快速消费品领域，在已经推出的副食品牌的基础上，采用相同的品牌名称，再推出服装和餐饮之类的品牌，在零售商场内经营。这样的品牌扩展，有助于获得更大的市场份额，同时也能够把自有品牌的潜能充分发挥出来。

2. 价值挖掘型

零售商在自己的经营区域内推出的价格相对较低的私有品牌，主要面向价值寻求型消费者，旨在为他们提供经济实惠的产品。这种品牌类型，有助于企业采用市场渗透方法充分满足目标市场的需求，尤其是在同质化市场环境中，能够突出品牌产品的价值与功能，吸引消费者购买。

3. 生态环保型

零售商可以与产品原产地进行合作，直接对散装的产品进行包装，加上零售商的品牌名称之后再销售。这样一方面保证产品来自原产地；另一方面，又能够从健康、环保等角度来强化消费者对零售商品牌的信任感。尤其是在农产品加工领域，零售商掌握直接渠道，强化自有品牌中的生态环保属性，往往更有说服力。

4. 专业合作型

零售商可以与专业生产企业或者供应商进行合作，创造私有品牌来填补商场中的品牌空缺。同质化品牌往往很难激发消费者的购买兴趣；相反，在品牌中融入专业化元素，就可以让消费者体验到品牌的真正独特之处。零售商与专业生产企业合作，打造零售商私有品牌，可以增加品牌系列的专业性。

课堂小讨论

依据本小节所讲的零售商品牌的主要类型，请列出实体店与网店中零售商品牌的主要类型，并进行对比，分析哪一种类型在互联网时代更具竞争力。

要求： 以 4 人为小组，分小组进行讨论，写出讨论结果。

11.1.3 零售商品牌的优点和缺点

尽管零售商品牌近年来快速发展，尤其是得益于电商平台和社交媒体平台，零售商更容易了解和掌握消费者的需求信息，也更容易为消费者量身定制产品，但是在品牌管理实践中，这种品牌的优点与缺点也很明显。因此对于品牌建设者和管理者而言，在理解和掌握上述概念与类型的基础上，还应当对零售商品牌的优点和缺点有所了解。只有这样，企业才能选择符合战略发展要求的品牌类型。

1. 零售商品牌的优点

零售商品牌的优点主要表现在以下方面。

（1）有助于提高利润率

零售商品牌作为私有品牌的一种形式，通常具有较高的成本利润率。零售商可以直接控制产品的制造和销售成本，从而把单位成本利润率控制在可接受范围内。

（2）有助于树立独特的品牌形象

零售商品牌可以帮助零售商树立独特的品牌形象，与竞争对手的经营模式相区分，这有助于提升品牌认知度和忠诚度。

（3）能够提供差异化产品

零售商品牌可以提供与竞争对手不同的产品项目和系列，满足消费者特定的、个性化的需求和偏好，这有助于吸引更多的消费者，增加零售商的销售额。

（4）能够控制供应链

零售商可以直接控制私有品牌产品的供应链，从而更好地进行原材料、零部件、订单和库存管理，降低价值链和价值传递链中的各种费用。

（5）有利于建立合作关系

通过建立零售商品牌，零售商与制造商之间的合作关系更加牢固，因而有助于获得更有利的定价权和供货条件。

（6）有助于提高灵活性

零售商可以根据目标市场需求和趋势快速调整私有品牌产品的设计、定价、分销与促销策略，甚至从整体上调整所有私有品牌的组合及结构。

2. 零售商品牌的缺点

零售商品牌的缺点主要表现在以下方面。

（1）品牌知名度低

相较于同样处于零售商货架上的知名制造商品牌，零售商品牌的知名度通常较低，只是在目标消费者群体中能够产生一定的影响力。由于品牌影响范围有限，所以消费者对产品的信任度可能不高，从而影响整体销售效果。

（2）市场竞争激烈

零售商品牌并不具有明显的排他性特征，因而经常面临着激烈的市场竞争。例如，食品生产供应商会向多个食品零售店提供相似的产品，进而使这些产品在不同商店的品牌名称下相互竞争。此时，消费者就有很大的选择范围。如果一家商店的品牌产品无法提供与竞争对手相媲美的产品质量和价格，可能就会因此而失去市场份额。

（3）品牌形象和声誉风险

如果零售商品牌的产品质量不佳或出现质量问题，可能会对零售商整体品牌形象和声誉造成负面影响。这可能导致消费者对零售商整体品牌的不信任，甚至影响到商店中的其他产品项目和系列，尤其是货架上制造商品牌的正常销售。

（4）需要投入大量资源

零售商的主要业务是销售，因此一旦介入产品的生产、研发，就可能分散企业的经营管理精力，并占用大量的资源。如果没有足够的技术、信息、资源来支持私有品牌的发展，零售商可能会面临品牌发展过程中断的风险。

鉴于零售商品牌的上述情形，品牌管理者在采用这一品牌管理策略时，应当权衡利弊，根据具体市场环境做出判断。

11.2　制造商品牌的基本概念与主要类型

制造商品牌控制营销渠道，这是长期以来形成的一种商业经营模式。在这种模式下，零售商仅扮演着销售制造商品牌的角色，为这些品牌寻找货架空间，定位目标市场的需求，平衡不同制造商品牌在整个市场上的竞争格局。对于制造商而言，其品牌的畅销程度在一定程度上取决于品牌本身的影响力，尤其是品牌作为产品的市场影响力，而分销渠道的作用虽然也很重要，但是远没有产品本身的吸引力持久。

11.2.1　制造商品牌的基本概念

制造商品牌是由制造商精心设计、塑造和推广的品牌。在传统的生产与销售模式下，制造商是品牌产品的提供者，而零售商是这些品牌产品的销售者，品牌产品的市场影响力在很大程度上受制造商设计与生产能力的影响，营销过程中的努力只起辅助作用。品牌作为产品、组织、符号等的集合，在制造商品牌这一总体概念框架下直接受制于生产企业的经营与管理能力，因而品牌的决策权在营销渠道的上游环节，即主要由生产企业掌握。

在这一概念框架下，制造商品牌的形成与发展具有以下特点。

1. 品牌具有生产导向性

品牌是在工厂或车间里形成的，与产品的生产过程或环节直接关联，消费者参与度比较低，主要反映生产企业的意图。品牌形象对品牌本身竞争力的作用，往往受生产企业管理模式中品牌沟通与传播效果的影响。

2. 制造商控制品牌分销

制造商立足于设计、生产和制造的低成本优势，控制品牌产品的价格和流向，在营销渠道中调节销售布局，设立品牌直营店、品牌旗舰店等品牌经营场所和体验店，为竞争力强的品牌产品提供销售平台；而将一些竞争力不强的品牌产品供给传统零售商，用促销补贴等方式来刺激这些零售商开展销售活动。

3. 受零售商客户数量影响

制造商品牌产品的销售情况除了受产品本身质量和技术的影响外，也受零售商客户数量的影响，因而与具有市场人气的零售商开展品牌合作，是制造商品牌获得竞争优势的重要方式之一。20 世纪 30 年代之前，制造商品牌主导市场格局，零售商依赖制造商品牌来获得客户。20 世纪 30 年代以后，这种模式开始改变，零售商自有品牌大量涌现，市场格局有所变化。

4. 以技术和质量为基础

在强调技术和质量的市场环境中，制造商品牌往往比零售商品牌更具竞争优势，尤其是在技术复杂、对材料和工艺要求较高的产品类别中，制造商品牌很难被替代。相反，在强调产品价值和消费者参与的市场中，零售商品牌的优势更加明显。尤其是在个性化和多样化的消费时代，在经历经济低迷时期后，消费者的消费态度更加理性，对零售商品牌表现出偏爱的倾向。尤其是在零食和谷物等市场中，快速消费所带来的冲击使零售商品牌比制造商品牌更具竞争力。

5．较高的营销成本

制造商品牌在营销推广中，除了需要向零售商促销外，还需要向消费者促销。因此，其品牌推广费用，要比零售商直接向消费者推销更高。尤其是在数字经济时代，零售信息多集中于零售商的数据库中，因而制造商品牌很难越过零售商进行精准营销，这也在一定程度上削弱了该类品牌的市场竞争力。

6．定价方式相对固定

制造商品牌产品的定价方式往往是线性的，基于某种模型对不同市场进行测算，之后再向各类市场逐步推广。与之不同的是，零售商品牌产品的定价往往面向消费者，各个门店能够根据不同消费者群体的偏好，有针对性地调整品牌产品的种类和定价区间，与消费者收入等人口统计特征相匹配。

11.2.2　制造商品牌的主要类型

在实践中，制造商品牌的类型比较复杂，生产制造的产品与品牌或结合或分离的情形是市场的常态。一般而言，广义上的制造商品牌的主要类型包括以下 4 种。

1．制造商"产品+品牌"

制造商"产品+品牌"是指制造商制造产品，并以自己的品牌名称销售。它们通常在产品的设计、生产和营销方面拥有完全控制权。例如，苹果公司是一个品牌制造商，自己设计和制造 iPhone、iPad 等产品，并以苹果品牌销售。这些制造商的特点是研发能力强，重视对品牌的管理与控制，同时也拥有强有力的营销渠道和销售网络。该品牌在市场中一般拥有广泛的群众基础，消费者高度认同，产品和品牌之间的结合比较成熟，且在品牌忠诚度、知名度、感知质量、品牌联想和其他品牌专属资产等方面具有一定程度的积累。此类制造商具有企业战略、营销战略以及品牌战略的统一规划，能够从长期角度来思考品牌的建设与发展问题。

这类制造商品牌类型是一种完全意义上的制造商品牌，也是狭义上的制造商品牌，即制造商既拥有产品，又同时拥有品牌。对于制造商而言，采用这种品牌经营管理模式，有利于企业在产品与品牌之间找到恰当的结合点，能够把产品研发与品牌开发维护有机地结合在一起。企业由于可以掌握从产品生产到品牌营销的全环节和全过程，因而能够把品牌管理理念、思想、理论和方法应用到产品的设计、生产和加工制造过程中，从而实现在设计初始就把品牌管理战略落到实处。这种品牌管理模式对强化品牌形象管理以及品牌资产增值具有重要意义。

2．制造商产品+其他公司品牌

制造商产品+其他公司品牌是指企业为其他公司制造产品，并以这些公司的品牌名称销售。企业根据这些公司的要求来组织生产，并在产品上印上各个公司的品牌标识。例如，一些电子产品制造商会为其他公司生产和制造产品，并以这些公司的品牌名称销售。在这种品牌名称管理模式下，产品生产企业和品牌名称企业是彼此分离的，二者合作的基础是彼此拥有对方所缺少的资源条件。生产企业拥有生产技术条件和原材料供应渠道，能够生产出其他公司所需要的产品；其他公司作为生产企业的客户，拥有品牌所有权和市场影响力，能够顺利地把附有品牌名称和标识的产品推向市场。

由于产品生产、加工和制造与品牌经营管理分属于不同的市场主体，所以这种管理模式下出现了产品属性与品牌要素不一致的情形。也就是说，在经营理念、思想、理论和方法上，生产企业与品牌管理企业并不吻合。这时，尽管劳动分工提升了产品生产效率，但是由于在两个市场主体之间进行产品与品牌的对接，产品属性与品牌要素的匹配就不一定能成功。二者之间的差异越大，消费者就越难理解产品或品牌，甚至会认为品牌并不能够很好地解释或者代表产品，或者品牌所做的承诺并不能兑现，这时品牌的资产属性就会大打折扣。

3. 制造商"产品+品牌" + 公司定制

制造商"产品+品牌" + 公司定制是指制造商为其他公司生产产品，并以自己的品牌名称销售产品。制造商通常在产品设计和生产方面拥有一定的控制权，但在销售和营销方面可能依赖于其他公司。例如，一些服装制造商会为其他公司制造服装，并以自己的品牌名称销售。这种品牌在市场中出现的情形较多，它的优势就是能够发挥制造商的产品生产加工能力以及品牌影响力，同时也能够把作为客户的公司的市场资源充分利用起来，形成稳定的合作机制。客户可以是渠道中间商，如批发、零售企业，其通常拥有很多用户，因而对用户关于产品和品牌的偏好比较清楚；客户也可以是直接的使用者，即以公司职工或者其他消费者为最终使用者，在公司组织活动时使用此类品牌产品。

这种类型的制造商品牌在其影响力及有效性管理上仅次于第一种类型。由于受客户定制的影响，企业需要对产品和品牌进行一定程度的"微调"，围绕客户需要来进行产品属性和品牌元素的设计与构建。虽然这个过程本身就是一个创新、创造的过程，但它并不是制造商由于内驱力而产生的（即使有这种动力，也是基于利润或者市场份额的考虑），而是由外在需求所引发的，因而是一种合同规定或者条件约束。公司定制是制造商作为生产企业以客户为中心营销思想的具体表现。制造商应当从这种品牌管理模式中掌握客户管理尤其是公司型客户管理的具体方法和技巧，通过产品和品牌的设计与营销，来与客户建立长久的合作关系，提升客户忠诚度与客户资产价值，延长客户生命周期，为本企业的长期发展打下市场基础。

4. 制造商产品+公司定制+第三方授权品牌

制造商产品+公司定制+第三方授权品牌是指制造商作为生产企业为其他公司制造产品，并以授权方的品牌名称销售。制造商通常需要获得授权方许可，并按照授权方要求进行生产和销售。例如，一些玩具制造商会获得电影公司的授权，制造并销售与电影主题、内容和人物相关的玩具。这种品牌的优势是分工比较细致，能够把产品、品牌、销售等营销环节进行区分，有利于发挥合作各方的优势，使行业内的生产技术和品牌资源得到最大化利用。但是这种品牌由于由第三方授权，因而牵扯的关系链条比较多，在合作中会彼此制约，有时会出现营销渠道冲突，并最终导致合作关系的瓦解。

第三方授权品牌对企业的品牌拓展与延伸具有重要的作用。单纯地依靠企业自己的品牌设计团队来创建品牌，其创作素材和创造空间会受到人力、物力与财力的限制。而从现实世界中寻找相关素材或者直接引用已有品牌，通过第三方授权，就可以找到能够与产品、客户需求相匹配的品牌。尤其是在创造和创新成为当今时代主题后，创意文化的出现以及新技术的引领和推动，产生了大量可以成为品牌的素材。如电影、电视、文学作品中的人物原型，以及经过衍生创造而出现的卡通人物，这些都能够成为连接产品和客户需求的中间桥梁。

以上这些制造商品牌类型各有优点与缺点，企业需要根据自身情况来选择最佳的品牌经营与管理方案。

在处理复杂的制造商品牌合作关系时，企业应当认识到产品、品牌、客户、用户这些基本概念的差异性。在现实世界中，品牌并不总是与产品相伴而生、结伴而行的。在许多情形下，产品的生产、加工、制造相对独立或者完全独立，品牌的介入或者引入只是一个新增加的自主设计或者与其他公司合作的过程。第三方授权品牌的强势介入或者作为资源支持，有力地推动了品牌经营与管理从狭小的品牌自营走向更广阔的市场合作。

> **课堂小思考**
>
> 近年来，制造商品牌经营中出现了一种比较流行的方式，即一些世界知名企业往往会把生产加工环节外包，由发达国家转向发展中国家，在当地建立工业厂房和生产设施，然后开展大规模生产和制造。这些企业保留了品牌名称，即产品走出这些发展中国家的厂门后，会印上发达国家企业的品牌名称。这样的做法，一方面节省了原材料、能源和劳动力成本，另一方面缩短了产品运往市场的距离。
>
> **思考题**：这种经营模式属于正文中所讲的哪一种形式？它的主要优点是什么？主要问题是什么？

11.3　零售商品牌与制造商品牌的合作形式

在零售商品牌与制造商品牌激烈竞争的市场环境中，寻找一条能够使这两类品牌有效合作的路径，对品牌管理创新具有重要的现实意义。完全依靠零售商或者制造商进行品牌创新，已经与新技术时代的要求有所背离。越来越多的企业品牌管理实践表明，在品牌经营方面，未来的发展趋势是产业融合、品牌合作。为此，寻找跨行业的品牌合作以及对品牌进行兼并和重组成为十分重要的课题。

11.3.1　跨行业合作

跨行业合作是指不同行业的企业之间进行合作，共同开展业务活动。随着零售商在市场中的地位越来越重要，零售商品牌被消费者认为是影响市场价格与供应的一支重要力量。在跨行业合作中，零售商品牌可以把不同行业的生产单位组织在一起，通过分工合作形式来生产消费者所需要的产品，并赋予相应的品牌名称。

零售商品牌与制造商品牌跨行业合作，包括以下 8 个步骤。

（1）确定合作目标

确定合作目标主要包括推出新产品、提高品牌知名度、扩大市场份额、提升利润率、应对竞争者挑战、进行技术创新等内容。合作目标可以是单一的、阶段性的，也可以是多元的、全过程的。目标的完成需要双方共同努力。一般而言，合作目标分为短期目标、中期目标和长期目标，战略目标和战术目标。在多元化目标体系中，各个目标要相互支撑，形成稳定的结构与框架。

（2）寻找合作伙伴

寻找合作伙伴主要是指零售商寻找适合合作的制造商。零售商要成立市场调研小组，通过线下了解或线上搜索等方式来找到合适的制造商。零售商寻找品牌合作者，应当首先考虑自身的优势与劣势以及所面对的市场环境中的机会与威胁，根据以往经营管理实践中的经验来有针对性地选择合作伙伴。

（3）确定合作方式

根据双方的合作目标和资源情况，确定具体的合作方式。可以采取的方式包括品牌授权、代工合作、共同研发等。合作方式应当有助于完成目标和解决企业的具体问题，同时也要考虑零售商在提供资金和渠道帮助时的具体约束条件。例如，零售商可以通过自有品牌与知名制造企业品牌联合的方式来允许制造商品牌进入商场或网络平台销售，从而增强对某类畅销产品的渠道控制；也可以通过引入第三方品牌，并以获得品牌许可的方式来经营由指定生产企业生产的产品。

（4）签订合作协议

签订合作协议是履行合作各方责任与义务的重要前提之一。在协议中，除了需要明确各方的营业执照上的相关信息外，通常还需要明确合作的宗旨和目的，合作的具体内容（品牌名称、使用时间、使用场所等），以及品牌合作各方的权益和责任。合作条款中的甲方和乙方甚至丙方（第三方），需要对所有条款进行认真核对、核查，并明确解约的条件及参照的法律法规。

（5）建立合作关系

建立合作关系是在签订合作协议之后随之产生的行为。合作关系建立之后，合作各方可以建立定期会晤机制，建立合作项目筹备团队与过程跟进团队，并在合作的不同阶段根据项目需要投入人力、物力和财力。合作各方要维持关系的平稳性，共同制订合作计划和执行方案，确保合作协议的顺利执行。在整个过程中，合作各方要分享必要的品牌信息，建立数据库，对合作品牌的计划执行情况进行分析。

（6）落实合作计划

根据合作计划，零售商要与制造商按照约定的方式和时间节点进行品牌合作活动，包括品牌产品的研发、生产、销售等。计划重在执行。再好的计划如果不落实，那么只能停留于纸面上。落实品牌合作计划需要设立相应的组织架构，明确岗位职责，形成奖励和处罚机制，按照品牌管理的相关步骤做好品牌识别、品牌形象、品牌知名度、品牌忠诚度、品牌美誉度、品牌联想等各项具体工作的管理。

（7）监督和评估

零售商与制造商合作创建品牌，往往会遇到跨行业政策法规不统一、行业标准与要求不一致、经营管理风格不兼容、市场反应模式不相同等实际问题。例如，零售商在品牌经营中，对零售产品价格波动比较敏感；而对于制造商而言，原材料价格波动仅会影响其成本和收益，并不会从根本上影响销量。因此，在品牌合作方面，合作各方应当能够理解彼此的关切，定期或不定期地对合作情况进行监督和评估。

（8）持续合作

零售商品牌建设所关注的重点可能在于消费者所能感知的层面；而制造商品牌建设所关心的可能在于产品的质量和技术性能。因此要建立长期的品牌合作关系，就要在合作过程中不断优化合作模式和流程，寻找共同感兴趣的问题，同时也不可忽视各方所关注的差异点。持续合作的基础是合作各方的彼此信任，以及所合作品牌的较强市场竞争力和盈利能力。

需要注意的是，在跨行业合作中，控制合作风险是无法回避的事项。品牌合作风险主要包括品牌价值不匹配，合作方声誉风险，合作方经营风险（财务风险、无法按时交货等），合作方竞争风险（合作方与其他竞争者品牌合作所带来的风险），合作方违规经营风险（例如违反法律法规、侵犯知识产权、侵犯消费者权益、不正当竞争、非法传销等）。

为此，合作方需要充分了解彼此的业务和市场情况，尽可能降低合作品牌的风险。在合作协议中明确各项风险的管制责任与义务，建立明确的监督机制与风险防范机制，把风险控制在合作之初，同时避免风险外溢。

课堂小思考

在零售超市中，农产品合作品牌经常出现。某农产品生产企业主要生产荔枝，每年6月，大量荔枝上市，但是荔枝保鲜难，向远距离市场销售成了棘手问题。该企业与某零售超市直接对接，将荔枝精加工，做成荔枝干、荔枝糖，并以这家超市的零售商品牌出售，立即获得了很好的业绩。

思考题： 农产品生产企业如何利用零售商品牌扩大销售？你认为这家企业的做法值得推广吗？

11.3.2　兼并与重组

品牌兼并和重组是指两个或多个企业合并和重组其品牌资产和业务的过程。尽管品牌兼并与重组经常放在一起使用，但是品牌兼并与品牌重组在概念上并不完全相同。

1. 品牌兼并

品牌兼并是指两个或多个企业通过合并其品牌资产，以形成一个更加强大的品牌实体企业的过程。品牌兼并在同一行业内比较常见，而且多出现企业名称的兼并、资产的合并和股权比例的划分，对实际产品品牌名称的改变则比较少，多数情形下兼并时会保留原有品牌产品项目、品牌系列和品牌类别名称。

一般而言，面向竞争对手的横向兼并比较多，收购企业通过全部或部分地收购竞争者的品牌项目，可以达到抢占市场份额，减轻竞争压力的效果。在这种类型的兼并中，企业也可以获得被兼并企业的市场资源、技术研发团队和管理层核心人员。但是，面向纵向的生产企业的兼并相对来说少一些。有时，零售商品牌可能会出于生产和品牌的安全性考虑而对上游的生产制造企业品牌进行兼并，从而实现垂直一体化经营。例如，零售商品牌为了确保原材料来自原产地，而将原材料生产企业品牌纳入自己的品牌栏目中。还有一种比较常见的情形是，企业通过并列品牌名称实现品牌合作，达到品牌共赢的目的。

总之,品牌兼并的目的就是通过整合不同企业之间的品牌资产和资源,进而达到提高市场份额、扩大市场影响力、降低成本、增强竞争力的品牌经营管理效果。

2. 品牌重组

品牌重组是指企业出于增强市场竞争力、增加利润或者其他方面的考量,而对其品牌资产进行重新组合和调整的过程,其中可能涉及品牌整合、品牌剥离、品牌转型、人员配置、组织结构调整等具体事项。

在市场上,品牌重组的事例十分常见,尤其是在企业内部的品牌调整方面。跨行业或者同行业的品牌重组虽然也有,但是所占比例并不高。

在零售行业和制造行业中,一些处于初创期和成长期的中小企业,由于市场竞争激烈,未来业务成长前景不明朗,其中不少企业会选择通过品牌重组来优化企业资产配置,有的甚至把有一定影响力的品牌全部出售给实力强大的企业,转而进入新品牌的设计和创造阶段。

概而言之,品牌重组的目的是优化零售商和制造商的品牌组合,提高现有品牌资产的价值和效益,以适应不断变化的品牌市场,从而在更高的层面上来推动或适应企业整体战略发展方向的调整。

> **课堂小讨论**
>
> 近年来,线上零售商品牌与线下零售商品牌之间进行了哪些有影响力的兼并与重组?在零售商品牌与制造商品牌之间发生了哪些有影响力的兼并与重组?你认为这些兼并与重组的目的是什么?它们后续的效果如何?
>
> **要求:** 以4人为小组,分小组进行讨论,写出讨论结果。

3. 品牌兼并与重组的步骤

零售商和制造商实行同行业内部或者跨行业之间的品牌兼并与重组,需要综合考虑品牌的实际价值,并进行合理的资源整合和结构调整,以确保所推出或产生的新品牌实体能够在市场中取得成功。

一般而言,零售商与制造商的品牌兼并和重组包括以下7个步骤。

(1)项目策划

在项目策划阶段,零售商和制造商要确定兼并或重组的总体目标和战略,包括确定企业合并后新企业的具体定位、目标市场的选择、差异化路径和可持续的竞争优势等。这个阶段的工作主要是文案工作。加强沟通和交流,开拓思路,对形成有效的策划方案十分重要。

(2)经营情况调查

在经营情况调查阶段,企业的主要工作任务是对被兼并或重组的企业进行全面的经营情况调查。调查内容具体包括品牌的财务状况(净资产、利润率、现金流等),市场地位,品牌价值,与品牌相关的员工情况等。企业应当对这些方面的指标进行评估,以确定合并或重组的现实可行性以及潜在风险。

（3）条件和条款的谈判

在条件和条款的谈判阶段，主要工作任务为确定企业合并或重组的具体条件和条款，如品牌交易数量与结构、合作方在兼并与重组后的股权比例、交易资金的安排、管理层的安排等。这个阶段的任务通常比较繁重，细节问题比较多，需要经验丰富的谈判小组进行工作跟进，并将谈判情况及时向领导汇报。

（4）合同签署

零售商和制造商就品牌交易事项达成一致意见后，需要签署正式的合同，并在其中明确双方的权益和义务、争端解决机制和协议的解释权。合同中除了明确双方的法定代表人及合同履行的时间和地点外，还应当对未决事项做出规定。品牌所有权、经营权、使用权、收益权是合同的关键条款。

（5）项目审批

根据当地法律和监管要求，向上级主管部门提交合并或重组计划进行审批。进入该阶段后，品牌交易各方需要严格按照法律法规程序进行报批、备案、登记等工作，为品牌的兼并与重组获得法律许可和制度保障。

（6）整合

零售商和制造商在合并或重组完成后，一般需要进行组织架构的整合，并在企业新的组织架构下对各项品牌业务进行梳理。品牌整合工作以最初设定的目标和战略为导向，同时也要考虑市场和行业形势的变化，在动态管理中实现合并或重组的预期效果。

（7）监测和评估

合同各方对合并和重组后的企业进行定期或不定期的监测和评估，确保合并或重组的目标得以实现，并根据环境变化和企业实际及时调整和改进具体工作目标，在过程中不断优化品牌管理行动方案。

需要注意的是，品牌兼并与重组的具体步骤和流程可能会因时、因势、因地而异。在实际操作中，零售商和制造商还需要根据具体情况进行相应的调整和补充。

品牌实训

A 零售商品牌与 B 制造商品牌合作战略分析

实训材料：

A 企业是一家在当地市场上具有很高知名度的服装销售企业。它的品牌经营类别比较多，自设的品牌系列和品牌项目由于价格较低，具有很强的竞争力。由于立足于当地市场需求，A 企业把许多地方文化元素融入品牌经营管理活动中，在多年的经营中形成了一整套成熟的品牌管理理念，因而获得了当地消费者的广泛认同。

为了向中高端市场拓展品牌影响力，A 企业迫切希望能够从低价竞争的市场环境中走出来，在保持现有品牌影响力的同时，把更多的业务资源投向新的品牌项目。经过对行业上下游企业的仔细分析，A 企业发现 B 企业极具吸引力，因而希望能够通过品牌合作来获得 B 企业的支持。

B 企业作为 A 企业的上游服装制造企业，对产品质量有着极高的要求。它所生产的服装在世界各地都很畅销，品牌影响力十分强大。客观地讲，A企业与B企业的合作，单就品牌实力而言，并不十分对等。在供货市场上，B企业不仅向A企业提供服装产品，而且还为当地其他10多家企业提供类似品牌产品。

尽管如此，A企业管理层还是决定向B企业发出要约，提出品牌合作意向。

实训任务：

（1）A企业与B企业进行品牌合作的可行方式是什么？

（2）撰写一份1000字左右（不含图表占用字符）的《A服装零售企业与B服装制造商品牌合作可行性研究报告》。

（3）在A企业与B企业的合作协议中，主要需要明确双方哪些权利与义务？为什么？

复习思考题

一、名词解释

零售商品牌　制造商品牌　跨行业合作　品牌兼并　品牌重组

二、简答题

1. 简述零售商品牌的主要优势。
2. 简述制造商品牌的主要优势。
3. 简述零售商品牌的主要类型。
4. 简述制造商品牌的主要类型。
5. 简述零售商品牌与制造商品牌跨行业合作的主要步骤。
6. 简述零售商品牌与制造商品牌兼并与重组的主要步骤。

三、论述题

1. 试述零售商品牌在现代零售市场中的地位与作用。
2. 试述制造商品牌在传统市场条件下的地位和作用。

四、设计与分析题

题目：请选择一家国内知名的服装零售企业和一家国内服装生产企业，为它们设计出一套品牌合作方案，并指出合作的具体步骤。

要求：（1）对两家企业的品牌经营情况进行描述；

（2）对两家企业的品牌合作方式进行阐述；

（3）对不同的合作方式进行可行性研究，提出所选择的理想方式；

（4）总字数不少于2000字（不含图表占用字符）。

第12章
品牌国际化

微课导学

本章主要知识点

- 品牌国际化的概念与含义
- 品牌国际化的阶段
- 品牌国际化程度的评价指标
- 品牌国际化的主要方式

案例导入　星巴克：领导力和创新的新鲜酿造

星巴克在全球拥有超过 38 000 家门店。

在追求收入增长的过程中，星巴克加大了对艺术的支持力度，例如设立星巴克年度艺术奖，以 100 万美元的奖金祝贺鼓舞人心的新兴艺术家产生，新兴艺术家有机会在世界各地的星巴克门店展示他们的艺术作品。

该公司继续扩大其合作伙伴关系，与达美航空等公司建立战略计划，凡是参与"达美飞凡里程常客计划"和星巴克奖励计划的旅客，关联二者账户，在符合购买条件的情况下，旅客在星巴克每消费 1 美元即可获得 1 里程奖励。星巴克计划在未来几个季度宣布更多的合作伙伴关系，其中包括与一家领先的金融机构和一家世界级酒店公司的合作。

通过公司对地球的环保承诺，星巴克已经在 20 个市场验证了 3 500 家绿色商店。与世界自然基金会合作制订的"绿色商店"计划旨在解决各种环境影响，已经在美国取得了成功。与传统商店做法相比，这些努力每年节省了近 6 000 万美元，用水量减少了 30%，能源使用量减少了 30%。星巴克现在正将这一举措推广到新的地区。

此外，星巴克正在开发一个开创性的可持续发展学习和创新实验室，该实验室位于哥斯达黎加农艺研发中心。该实验室与亚利桑那州立大学合作，将为星巴克员工、学生、研究人员和行业领导者提供实际和虚拟学习机会。它旨在为应对来自环境和社会方面的挑战创造和扩展可持续的解决方案，重点是气候适应和农业经济学。（资料来源：根据 Interbrand 网站资料整理，有删减。）

思考题：星巴克在品牌国际化方面有何特点？

人类社会进入 21 世纪后，以互联网、通信技术、人工智能、生物技术、外层空间技术和材料科学为代表的新技术革命从根本上改变了人们的生产和生活方式以及对整个世界的认识。技术的飞跃式发展，带来了经济效率的提升和市场的快速融合。随之而来的是，企业的经营管理也因此而面临着国际市场竞争所带来的风险与机遇。但是，在世界范围内，区域保护主义并没有随着科技进步而呈现出减弱趋势，甚至在动荡的世界经济中愈演愈烈。在新旧秩序更替之际，品牌国际化面临着新的问题和挑战。

12.1 品牌国际化的概念与含义、品牌原产地效应及品牌国际化阶段

国际化并不等同于全球化，二者之间有着显著的理论和概念边界。国际化是指企业将产品、服务在其他国家市场上销售而带来的管理和经营变化，包括管理方式和经营战略的改变、对国际规则的遵从与对本地经营行为的调整。国际化体现在地理空间、市场范围、管理理念和运行规则的变化，在概念上它与本国化相对立。例如，一个国家的企业，如果实现国际化经营，往往意味着产品和服务要走出国门，进入国际市场与国际竞争者进行角逐。而国际竞争者究竟是一国还是多国，该企业有多大比例的产品和服务走向国际市场，以及管理与经营理念、行为准则中有多少是与国际惯例相一致的，则是该企业衡量国际化水平的重要依据。国际化的最低层次是在两国之间开展品牌经营管理方面的合作；最高层次是在所有国家之间开展类似的合作，即品牌全球化经营。品牌全球化经营是品牌国际化经营的一种极致表现。

12.1.1 品牌国际化的概念与含义

企业与一国或多国的企业进行合作，或产品销往这些国家，或原材料来自这些国家，甚至引入国际技术人员，遵守国际管理体系和准则，就是实践意义上的国际化经营。具体到品牌而言，意味着品牌需要重点围绕国际市场的消费者、合作伙伴来进行设计。目标市场的变化，从聚焦于国内市场到以国际市场为中心，对于企业而言，是一种管理理念和运营习惯的全新改变。

1. 品牌国际化的概念

品牌国际化是指将同一品牌以相同的名称（标识）、包装、广告策划等向不同的国家和地区进行延伸扩张，以实现品牌经营管理方式的统一化和标准化，进而实现低成本运营，并实现规模经济效益。这种品牌经营策略多被一些具有经济实力和市场资源的企业所采用。

国际品牌有一个相对的概念，就是本土品牌。

本土品牌是指在一个国家或地区创立、发展、运营的品牌。这些品牌往往由当地企业或个人所创立，主要满足本地市场需求，且在本地市场上具有一定的质量可信度、知名度、美誉度、忠诚度、品牌联想以及其他品牌资产属性。本土品牌通常具有浓郁的"乡土气息"，能够与当地的文化、价值观念、消费习惯紧密地结合在一起，生于当地，销售于当地，因而是所有品牌成长壮大的根基，是品牌国际化的基因。

相对而言，本土品牌在国内市场上通常具有一定的竞争优势。本土品牌生产企业更加

了解本地市场的发展状况和消费者的实际需要，因而能够更好地适应和应对国内市场环境的变化。

品牌国际化是本土品牌沿着国际化发展路径发展的结果。对于本土品牌而言，国际化非必经之路，只是一种可选的发展路径。企业是否要将其产品从本土品牌发展为国际品牌，这需要根据企业的能力以及国际、国内的整体市场环境来决定。

2. 品牌国际化的含义

一般而言，品牌国际化包含以下 3 层含义。

（1）强调品牌的本土性和历史性

品牌国际化并不能够消除品牌的本土性和历史性特征，相反，品牌通常以这两个特征为依托而走向国际市场。从空间上看，品牌首先立足于本土经营，然后向着境外扩张，品牌国际化事实上是在地理空间上的一种有层次、有步骤的推进过程，以经营地域边界的不断向外推移为标志。从时间上看，品牌国际化是一个历史进程，即需要经历一个特定的时期才能够完成。有的品牌的国际化进程比较短，例如，小米手机在国内市场快速发展后，又迅速进入国际市场，赢得国际消费者认可。而有的品牌的国际化进程比较长，例如，可口可乐于 1886 年在美国佐治亚州亚特兰大市诞生，历经市场的培育、消费者的认同以及激烈的市场竞争，一步一个脚印地成为国际品牌。

（2）品牌国际化不同于品牌跨国经营

品牌国际化是指有统一的品牌、统一的市场营销战略和营销组合策略来开拓不同国家、地区甚至全球的市场，它将全世界视为同一的、无差异的市场；而品牌跨国经营主要是指利用统一的或者不同的品牌以及与之相应的品牌组合策略去开发不同市场，在这种经营方式下，企业管理者将全世界不同国家和地区看作差异化的市场并对待。此外，品牌国际化经营和品牌跨国经营在企业市场营销目标上也存在着根本的差异。

（3）品牌国际化具有不同的形式

品牌国际化的初级形式是向外输出品牌产品和服务这种最为直接的品牌表现物。品牌国际化的中级形式即投资输出形式，具体是指品牌产品和服务的生产或提供企业直接在品牌所延伸的国家或地区投资设厂，通过输出有形资产，以合资、合作、独资等形式向所在地市场直接提供品牌产品和服务。品牌国际化的最高形式是直接向品牌所延伸的国家输出品牌无形资产，通过签订商标、标识、品牌名称、经营方式、文化理念等许可使用协议，来实现品牌对外扩张的目的。

课堂小思考

在 Interbrand 世界品牌 100 强排行榜单中，除了一些影响力巨大的国际品牌的排名会发生变化，即有升有降外，还有一个现象就是品牌价值会有增有减。这意味着世界范围内具有强大影响力的国际品牌并非总是处于价值增值过程中。以 2023 年榜单为例，价值增长率≥10%的品牌有微软（14%）、宝马（10%）、索尼（12%）、星巴克（10%）、乐高（10%）等品牌；保持价值正增长但增长率低于 10%的有雀巢（4%）、吉列（2%）、巴黎欧莱雅（6%）等品牌；负增长的品牌也为数不少。

思考题：国际品牌的价值与品牌的国际化形式和程度有何关系？品牌价值会随着行业周期发生变化吗？近年来，哪些行业的品牌价值增长较快，哪些行业的品牌价值出现了严重下降？为什么？

12.1.2　品牌原产地效应

品牌原产地效应是指消费者对某个品牌的认知和评价受到该品牌所属国家或地区的影响。一般而言，品牌原产地效应可以影响消费者的品牌购买意愿以及其对品牌形象和品牌价值等方面的认知。

品牌原产地效应的成因主要有以下 3 点。

1．国家或地区形象

消费者由于在生活、工作、社会交往以及学习过程中的习得，往往对某些国家或地区有特定的印象和认知，这些印象和认知会影响他们对该国家或地区的产品和品牌的评价。例如，德国汽车品牌因为该国在工业制造方面的历史、文化、技术和专业精神，在质量上享有很高的声誉，因而受到消费者的广泛青睐。一些北欧国家，由于森林资源丰富，原木品牌货真价实，因而它们的家具品牌也在世界市场上畅销。在世界范围内，有的国家和地区以科技创新而闻名于世；有的国家和地区以加工制造而享有盛誉；有的国家和地区以矿产资源丰富及材料优越而闻名；也有一些国家和地区以农产品的丰富和优质而闻名。

2．文化因素

不同国家和地区由于在地理、气候、人口、社会、经济、法律、教育等方面存在差异，发展历程也并不相同，因而具有不同的文化背景和价值观念。文化是指社会群体共同创造和传承的思想、价值观、风俗习惯、艺术、道德等精神财富。它是人类社会发展的产物，通过语言、行为、符号、艺术等形式呈现并不断传承，是社会群体形成的共同认知。不同的地区、民族、社会群体文化差异是人类社会多样性的重要体现。这些文化因素会影响消费者对品牌的认知和评价。

3．品牌定位与营销策略

企业在营销方面的努力也是品牌原产地效应的重要成因之一。尽管品牌中有些原产地因素是不能改变的，但是由于品牌元素很多，因而一个完整的品牌有不同的元素来支撑品牌整体形象。品牌定位和营销策略可以为已有品牌增加新的元素，尤其是设计、技术、理念、管理方式等方面的创新和创造，能够使品牌原产地概念具有技术性、艺术性。在强调创新和知识产权保护的当代社会，品牌原产地可以突破传统的地理、空间、时间范畴，而向着无形化方向发展，因而使品牌定位、品牌战略、品牌管理模式、品牌营销方式变得更为重要。

总之，品牌原产地效应对品牌的营销和推广具有重要的影响。企业要善于利用这种效应。在实践中，企业可以通过强调自己品牌的原产地特征来塑造品牌形象、传递品牌价值，以获得消费者的广泛关注和认可；同时企业也需要注意原产地效应可能带来的一些负面影响，企业的负面形象可能会影响消费者对整个原产地品牌的总体评价。因此，品牌需要在营销推广中灵活地运用原产地效应，以提升品牌核心竞争力，继而扩大利润空间和市场份额。

课堂小思考

根据书中内容，结合不同国家或地区市场上的品牌发展状况，从行业角度思考以下问题。

（1）为什么品牌原产地效应在品牌国际化进程中如此重要？品牌原产地的正向效应如何在品牌识别中利用？

（2）品牌原产地效应在世界范围内有哪些特点？具体到不同的国家和地区，品牌原产地效应的市场反应如何？

（3）在家用电器生产行业中，你认为哪些国家和地区的品牌原产地效应更加显著？在汽车生产行业中，哪些国家和地区具有品牌原产地优势？在航空器材、生物医药领域，哪些国家和地区处于领先地位？这些国家和地区在利用品牌原产地效应提升品牌形象方面做了哪些具体工作？

12.1.3　品牌国际化阶段

品牌国际化是品牌经营和管理持续扩张的过程，它并不是一次或者经过一个阶段就可以完成的。由于品牌与民族文化、消费习惯等社会环境要素紧密地结合在一起，因而在其国际化过程中，需要跨越不同的障碍，经历不同的发展阶段，继而完成品牌扩张。

一般而言，品牌国际化需要经历以下 4 个阶段（如图 12-1 所示）。

（1）在国内市场发展的国际化准备阶段

对于品牌生产和服务企业而言，该阶段的主要任务是生存，并成为本土市场的知名品牌。此时，企业所面对的主要问题是生产效率低和由此而形成的并不健全的生产体系，以及应用前景一般的技术。同时，企业缺乏高水平的生产技术人员，管理人员在品牌经营管理活动中通常显得理论知识与经验不足。因此，企业在品牌国际化过程中，往往采取贴牌生产的方法，签订含有一定风险成分的协议，并外聘具有技术和管理经验的员工。

（2）在世界主要市场发展阶段

这个阶段的显著特点是企业的品牌产品和服务已经出现在海外市场上，尤其是在发达国家市场上已经有一定的销售比例。但是，此时企业面临的实际问题比较多，如缺乏品牌管理的知识和经验以及可利用的优势资源，遇到了知名企业和本地竞争者的防御性攻击。而且企业在国际市场上的品牌认知度比较低。针对这些情况，企业的通常做法是与合作方签订风险协议，原厂委托制造来组织生产加工活动（俗称代工生产）。

（3）集中发展国际品牌阶段

在这个阶段，企业开始集中发展国际品牌，并面向世界主要市场开展这项工作。所遇到的问题是技术支持不足及发达国家的技术转移不到位，在原厂委托制造过程中，企业经常与客户发生管理或营销渠道冲突，因而必须缩小原厂委托制造代工业务范围。为了适应这种品牌发展状况，企业开始转型，即着手设计先进的产品，同时积极寻求在技术和管理方面的支持者，对品牌进行重新命名，并时常伴随着企业总部的迁移。

（4）区域发展的高潮阶段

在这个阶段，企业进入品牌发展的新境界，开始向发展中国家发展品牌。但是所遇到的实际问题也比较多，例如，在这些国家的市场上，企业的品牌认知度比较低，东道国员工的素质也较低，当地管理部门的效率较低等。针对这种市场情形，企业的品牌发展战略应当定位于本土化，尽可能使营销策略与企业战略相匹配，通过用工来源与制度本土化，以减小品牌管理与经营中所面对的阻力。

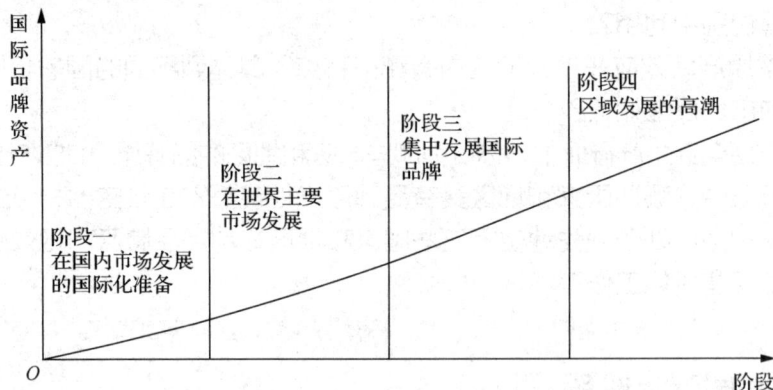

图 12-1 品牌国际化的 4 个阶段

课堂小知识　　　　原始设备委托制造商

原始设备制造商（Original Equipment Manufacture，OEM），即原厂委托制造，是区别于其他国际经济与投资合作方式的一种常见形式。一般而言，国际品牌塑造过程往往是与产品的设计、生产、销售、品牌的授权等活动紧密相关的。国际品牌并不是一步就能促成的。品牌国际化是一个不断学习、积累经验、由小到大、由弱到强的过程。

在这个过程中，企业可以在设计、生产、销售等方面只从事最擅长的领域，从小做起。如为其他企业代工，即只进行生产和加工，以此来获得对市场的了解；之后再介入设计，继而进行销售，最终用自己的品牌来经营。当然，企业完全可以在某一个环节做到精益求精，而无须拓展业务领域。

课堂小例子　　强者恒强——世界著名品牌在产品和市场领域的不断扩张

随着世界市场竞争激烈程度加剧，在全球范围内具有广泛影响力的品牌，如可口可乐、苹果、优衣库等，在发展进程中不断丰富其产品线和产品项目，在市场上不断开拓新的领域。

可口可乐除了经营经典的可乐饮料，还推出了不同口味和配方的产品，以满足不同消费者的需求。

　　苹果公司不断推出新产品来扩张品牌，除了 iPhone、iPad 和 Mac 计算机等已有产品线，近年来还利用人工智能技术开发出了智能手表、无线耳机和智能音箱等产品。

　　优衣库不仅在亚洲市场上进行品牌扩张，还将品牌影响力推向欧洲和美洲市场。优衣库通过注重产品品质、强调品牌的时尚感以及价格的相对合理性来吸引消费者的注意力，尤其是与知名设计师的合作以及限量版品牌系列的推出，在提升品牌形象方面发挥了重要作用。

　　思考题：世界著名品牌不断扩张可能出现的风险是什么？

12.2　品牌国际化的影响因素、程度评价及主要问题

　　品牌从本土品牌向着国际品牌转化，这本身是品牌质量不断提高、品牌服务水平不断提升的过程。什么样的品牌才算国际品牌，这是企业需要认真考虑的问题。品牌国际化涉及许多评价指标，既有定量指标，也有定性指标。但是，在分析和探讨品牌国际化程度的评价指标时，首先要对影响品牌国际化的因素有一个清楚的把握。

12.2.1　品牌国际化的影响因素

　　品牌国际化的影响因素较多，一般而言，可以从内外两个方面来寻找原因，即企业自身的发展状况与企业所处的环境条件。从大的方面来看，一个企业所在国家的经济、政治、文化等发展水平对品牌的国际化有着重要影响；此外，企业品牌在国际市场环境中所遇到的各种限制和障碍也是品牌国际化的主要影响因素。

1. 品牌意识和经营习惯

　　企业品牌意识的强与弱以及由此而形成的品牌经营习惯对品牌国际化有着重要影响。在不同的国家和地区，企业对待品牌的态度并不相同。一些国家和地区鼓励品牌走向世界市场；而另一些国家和地区希望品牌专注于本地市场。因此，企业之间在品牌意识和经营习惯上存在着较大差异。从世界范围来看，有的国家和地区特别推崇品牌文化，而且企业在经营中也十分重视品牌的作用；但是在另一些国家和地区，品牌意识比较薄弱，企业经营短期化行为特征十分明显，缺乏长期的、战略层面的品牌意识。

2. 法律和制度障碍

　　企业在品牌国际化经营过程中，可能会遇到较大的法律和制度障碍。这主要表现在东道国对投资国企业的品牌影响力约束方面。由于各个国家的法律制度差异较大，因而品牌作为一种国际贸易对象或者投资手段，甚至作为一种无形资产出现时，就会受到不同的法律制度约束。例如，对于品牌连锁经营，不同国家的标准是不一致的，特别是经营投资的资产规模、经营期限、注册资本、品牌加盟商的场地要求、员工数量等。以直销企业注册为例，在世界范围内，不同国家和地区对多层次直销的法律监管方式是有所区别的，这种差异就使同一个企业，在其直销产品（如化妆品、保健品、小型家用电器等）的品牌国际化经营中面临着不同的法律制度约束。

3. 语言和文字表述障碍

品牌中有两个十分重要的元素：品牌名称和品牌符号。但是在国际化经营中，这些元素在不同国家和地区的市场中并不总是代表或象征着同样的含义。各种文化中所具有的共同属性，使一个品牌能够走出国界，在世界不同的市场中进行交易；但是每一种文化也具有自身的特色，有的甚至具有一定的排他性，这就使品牌在走向国际市场时可能会受到不同形式的抵制。产品名称中的象征意义总是具有品牌所在国家的美学含义，而品牌符号的设计也或多或少地体现出一定的国家文化特征。当一个产品和一项服务成为品牌时，这种与国家或地区文化之间的相关性将更加显著，并具有代表性。因此，品牌本身所拥有的美学含义并不能够完全地被传播或理解。

12.2.2　品牌国际化程度的评价指标

一般认为，品牌国际化程度的评价指标有以下 4 个。

1. 品牌产品或服务占同类产品或服务世界市场销售量的比例

销售量是最有说服力的品牌评价指标之一，营销的最终结果就是用销售量来衡量的。因此，在同一类别的品牌中，各个品牌在世界市场上的销售量，在一定程度上决定了这些品牌国际化程度的高与低。例如一款洗发水品牌世界市场份额是 30%，而另一款洗发水品牌的世界市场份额为 10%，那么就可以认为前者比后者的国际化程度更高。由于消费者对特定品牌的喜好总是变化，因而观察一个品牌的国际化程度时，时间和样本群体的选取应当具有代表性。在统计分析中，短时间的市场份额数据，或者小样本的统计数据来源，都不能够客观地反映品牌的国际化程度。因此，利用销售量来评价品牌的国际化程度时，一定要观察较长时间段的统计数据，同时要覆盖足够多的消费者。

2. 品牌知名度

一般而言，知名度高的品牌，往往意味着在市场上比较容易获得消费者的认可和好感，因而在理论上销售量会较高。但是知名度毕竟不是销售量，有时，一些知名度特别高的品牌，它们的市场销售量并不乐观，甚至可以说"徒有虚名"。但是，过高的销售量也会透支企业未来的市场发展潜力，因为消费者总是会产生审美疲劳，并将目光转向其他品牌。针对这种情况，企业就有必要适当控制品牌产品的销售量，以维持并提升品牌的综合形象。

3. 品牌国际化的地理空间分布

不同品牌在世界各个国家和地区的市场份额并不完全一致。例如，同样是家电品牌，一些品牌所占据的主要市场是发达国家，并排斥其他同类品牌的进入；而另一些品牌所占据的主要市场是发展中国家，且并不排斥其他同类品牌的进入。对比这两种不同情形，能够发现，前者的国际化程度更高，面对的竞争更激烈，而后者国际化的程度较低，面对的竞争相对较弱。还有一种情形，品牌在国际化过程中，主要进入几个国家，但在每个国家的市场份额都比较高。而与之相反的情形是，品牌在国际化过程中，进入的国家比较多，但是在每个国家的市场份额都不大。

4. 品牌国际化过程中利用国际资源的程度

在激烈的市场竞争中，品牌国际化过程也是资源的国际化过程。资本、技术、人才、信息等生产资源的国际化，能够使品牌获得更大的发展空间。例如，联想收购 IBM 个人计算机业务后，面临的首要任务就是如何使联想这个品牌在国际化过程中充分利用 IBM 的技术和人才优势，尤其是管理人员全球化的优势。

> **课堂小练习**
>
> 　　请根据以上所讲的品牌国际化程度评价指标，从家电制造行业中任选 3 家国内知名企业，评价其品牌国际化程度。
>
> **要求：**（1）利用李克特 5 点量表，根据以上品牌国际化评价指标逐项打分；
>
> 　　　　（2）对三家企业中总分最高的企业进行分析，找出其国际化水平高的主要原因，并分析其国际化经验的可推广性。

12.2.3　品牌国际化的主要问题

品牌国际化并不总是顺风顺水，一片坦途。在这个过程中，品牌会面临各种各样的问题，有的甚至会直接影响到品牌国际化的成败。在实践中，品牌国际化主要面临以下 6 个问题。

1. 文化差异问题

文化差异涉及语言文字、价值观、习俗、信仰、饮食、礼仪等多个方面。这些差异可能会对品牌扩张过程中的产品定位、产品设计、市场推广等环节产生重大影响。在品牌扩张中，品牌名称、标语、广告语等应当根据不同语言和文化环境进行调整，以确保被目标市场消费者所理解。不同国家和地区的价值观念和习俗，也会对品牌扩张中的产品审美产生影响。例如，某些国家和地区比较重视礼节，看重品牌的情感和自我表达；而另外一些国家则实用主义占上风，比较重视品牌的功能价值和产品价格。

2. 市场竞争

品牌国际化还面临着激烈的市场竞争。在进入新市场时，品牌往往需要与当地的本土品牌或其他国际品牌展开激烈竞争。在适应国际市场环境中，品牌需要通过市场调研和战略规划，找到自己的差异化竞争优势，并制订相应的市场推广策略。迈克尔·波特的五力模型很好地解释了市场竞争中的 5 种力量，除了同行业品牌之间的激烈竞争外，企业还会面对新加入者的威胁，上游供应商的价格谈判，下游客户的个性化、定制化需要和价格谈判，以及替代品牌的直接竞争等情况。

3. 法律法规和政策

不同国家和地区的法律法规对品牌国际化的影响较大。品牌国际化需要遵守当地的法律法规，其中涉及品牌扩张项目中的商标注册、产品质量标准、营销传播方式与广告内容等。此外，政策也会对品牌国际化进程产生重要影响，其中有的涉及营销伦理问题。企业进行品牌扩张，需要充分了解并适应当地的政策环境。例如，欧盟对个人数据和隐私的保护有严格的规定，品牌在进入欧盟市场时必须遵守这些规定，否则可能面临法律风险和损害声誉。

4. 供应链管理

品牌国际化需要面对全球供应链管理的挑战。品牌在进入国际市场时，需要建立起与当地供应商的合作关系，确保产品所涉及的原材料、生产设备、零部件、维修网点的供应质量和数量。同时，企业还需要考虑品牌扩张过程所涉及的跨国物流运输体系的完整性和效率，以及在出入境方面的海关和税务等方面的问题，以确保品牌扩张所涉及的产品系列和项目能够顺利进入他国市场。

5. 品牌国际形象和声誉

品牌国际化是一个不断塑造品牌国际形象与提升品牌声誉的过程。为此，企业需要面对不同于国内的舆论环境与生产、消费环境。在品牌形象和声誉的管理方面，企业要善于利用国际营销渠道中的各种有利条件，如已有的销售网络和服务网点，同时也要开拓新的业务接触点，寻找更具影响力的品牌形象代言人，以适应当地消费者需要的品牌传播方式来传递品牌识别特征，取得消费者的信任并增强品牌吸引力。同时也要与当地消费者保护组织合作，积极履行社会责任与义务。

6. 人才队伍管理

品牌国际化需要专门从事国际化业务的管理人员和组织结构。为此，企业需要突破本土经营的思想与理念，用更加宽广的视野来理解品牌国际化中对技术人才、管理人才的需要，尤其要重视国外人才的引进。品牌国际化的最高境界是人才管理与组织架构的国际化以及企业经营运行机制的国际化。而这些要依赖人才。如果没有对人才队伍的有效管理，品牌国际化只是一种美好的愿景或者只能停留于产品输出阶段。

总之，品牌国际化面临的问题是多方面的，需要企业在品牌管理方面做出全面的、系统的、综合的准备和安排。只有充分地了解并解决这些问题，品牌国际化才能够在激烈的国际市场竞争中行稳致远。

12.3 品牌国际化的主要方式

在实践中，品牌国际化的方式比较多。人们往往把贸易国际化、产品国际化、投资国际化、货币国际化与品牌国际化放在一起研究。一般认为，品牌国际化的主要方式包括出口、许可生产和特许经营、直接投资等。

12.3.1 出口

1. 基本特点

出口是最早的品牌国际化方式之一。在我国，这种方式随着与世界各地市场之间的通商而出现。改革开放后，作为国际贸易平衡、获取外汇的重要手段，出口在我国品牌国际化中长期占据重要地位。在出口的各种产品和服务项目中，有许多是在已有具体的品牌名称和标识后进入国际市场的。从 20 世纪 80 年代初期"三来一补"（来料加工、来样加工、来件装配和补偿贸易）企业代理加工、制造，到 21 世纪初期大型家电产品出口海外市场，再到今天高新技术企业在国际市场上占有重要地位，标志着我国企业的品牌国际化已经发生了显著变化，有了质的飞跃。

这种品牌国际化方式的基本特点如下。

（1）品牌产品具有一定的知名度

基于劳动分工和资源禀赋等优势而形成的品牌产品出口，可以帮助品牌旗下的产品和服务在国外市场上提升信任度和认可度。例如，最早的品牌产品往往是农业产品和手工制造产品，而且与国家或地区形象相关联。

（2）品牌产品具有原产地品质效应及质量保证

能够出口的品牌产品，往往具有一定的绝对优势或相对优势。因而这些品牌产品通常会强调其原产地属性，由此而形成的高品质与可靠性，以及在满足国外市场的需求和标准方面的优越性。为了达到这个要求，企业通常会对品牌产品进行严格的质量控制和监管，以确保产品的应有品质和性能。

（3）品牌产品实行差异化市场定位和市场推广

在出口模式下，品牌产品通常会根据不同国家和地区的市场需求进行差异化定位，企业会事先了解各个消费市场的特点，以及竞争者情况，制定有针对性的营销策略。品牌产品出口模式通常需要进行大量的推广活动，以提高产品的知名度和销售量。品牌推广活动主要包括投放广告、个人促销、举办贸易展览会、资助中间商等。

（4）品牌通过营销渠道建设走向国际化

品牌产品出口通常需要建立稳定的销售渠道和分销网络。企业借助品牌会与国外的经销商、代理商或合作伙伴合作，共同开拓市场和销售产品。品牌产品出口通常要求企业提供良好的售后服务，以满足消费者需求和提高其满意度，其中包括建立售后服务网络，提供产品维修、保修等承诺。

2．主要优缺点

（1）优点

品牌产品出口有助于企业增加销售渠道，将产品销售到更广泛的市场，进而扩大销售规模；也能够帮助企业增加品牌在国际市场的曝光度，进而提高品牌知名度。这种品牌国际化方式也有利于发挥资源优势，如技术、原材料等方面的优势，向国际市场提供具有竞争力的产品。更为重要的是，企业拥有品牌生产和服务的核心技术，而只是以品牌产品和服务向外输出的方式进入国际市场，因而对控制技术外溢有着重要的帮助。同时，这种方式能够把生产环节留在国内市场，也有助于解决就业问题，把国内资源充分地利用起来。

（2）缺点

首先，这种品牌国际化方式受制于国际市场需求变化，当国际市场需求减小时，品牌产品和服务的出口就会受到抑制，这对国内生产和消费的影响比较大；其次，这种品牌国际化方式受国际营销渠道的影响，由于出口涉及与外国代理商、经销商的合作，是一种基于渠道利益分享机制的品牌国际化方式，因而渠道对品牌国际化程度有着重要的影响；最后，出口受国际市场上替代品牌供应增加的影响，因此在有效控制国际市场竞争格局上显得并不十分有利。此外，进入国际市场必须面临不同的文化、法律、经济等方面的挑战，企业需要适应和应对这些风险；而且一些国家可能设置贸易壁垒，如关税、配额等，会限制进口产品的数量和价格，进而影响到企业的品牌国际化步伐。

12.3.2 许可生产和特许经营

1. 基本特点

许可生产和特许经营是品牌产品和服务进入国际市场的比较流行的方式之一。品牌许可生产是指一个企业（许可方）通过合同安排，将企业拥有的自主品牌名称与品牌标识授予另一个企业（被许可方）使用，并据此获得许可费或其他方式的补偿。特许经营是许可生产的一种比较成熟的方式。

许可生产的基本特点如下。

（1）生产授权

被许可方获得许可方的授权，使用其品牌、技术、专利或商业模式等进行国际化生产和经营。

（2）低成本，低风险

由于被许可方可以利用许可方的品牌知名度和市场份额，甚至可以共享许可方的生产设施、供应链和销售网络，因而可以降低生产成本。相比于独立创业，采用许可生产方式可以使企业降低创业风险。

（3）快速进入市场

在许可生产方式下，企业作为被许可方，无须研发产品或建立品牌，这样就可以节省时间，快速进入国际市场。

特许经营的基本特点如下。

（1）授权经营

被特许方获得特许方的授权，使用其品牌、商标、经营模式等进行品牌国际化经营。

（2）具有品牌效应

采用特许经营方式，作为被特许方的企业可以利用特许方已有的品牌知名度和市场影响力，吸引更多的消费者，进而扩大市场基础。

（3）标准统一

特许方通常会制定一套统一的经营标准和生产、业务流程，被特许方必须按照这些要求进行品牌国际化经营，确保所提供的产品和服务与特许方的要求相一致性。

（4）提供培训和支持服务

特许方为了防止自身品牌形象受损，在采用特许经营方式时，通常会向被特许方提供品牌国际化培训和支持，帮助被特许方了解品牌国际化经营模式和运营技巧，提高其国际化经营能力和水平。

2. 主要优缺点

（1）优点

由于品牌的生产和消费主要在东道国内进行，因而许可生产和特许经营的主要优点在于能够打破东道国的关税、配额和其他贸易壁垒，帮助企业快速进入市场，降低风险和成本，这比传统的出口贸易方式更有竞争力。同时，许可生产和特许经营方式在已有的品牌和经营模式基础上，能够使品牌产品和服务的经营更多地考虑东道国的市场需求特点，并进行一些适应性调整，因而有助于品牌竞争力的提升。此外，许可生产和特许经营方式能够使品牌产品和服务的生产更多地利用东道国的市场资源，这对一些资源并不充裕的品牌企业而言，是扩大品牌国际影响力的重要途径之一。

（2）缺点

首先，在品牌产品和服务的技术标准上可能达不到品牌原有的水准，即由于东道国生产技术水平较低等环境局限性，出现品牌产品和服务与原产国有一定的差异；其次，品牌产品和服务的许可范围如果放得过宽，就会使品牌形象受到影响，例如一些企业在品牌特许经营过程中采用本地化战略，导致品牌的原有风格和个性的减弱；最后，品牌产品和服务的许可容易导致技术外溢，即当东道国生产企业掌握这些产品和服务的核心技术之后，往往会另外建立一个不同的品牌，进而与原品牌形成一种强烈的竞争关系，削弱品牌产品和服务的核心竞争力。

12.3.3　直接投资

1．基本特点

直接投资是品牌国际化的重要方式之一。其特点在于企业以独立的身份进入国际市场投资设厂，建立生产基地，实现当地制造、当地销售，进而以强大的生产制造能力将品牌影响力扩展到东道国。这种品牌国际化方式最为直接，影响力也比较大，对目标市场需求和消费的调控十分有效。

直接投资的基本特点有以下 4 个。

（1）强调控制权和决策权

直接投资者通常拥有投资对象的控制权和决策权，可以参与企业的经营管理和决策过程。

（2）长期投资

直接投资通常是长期投资。投资者会持有投资对象的股权或资产一段时间，以长期实现投资回报。

（3）高风险，高回报

投资者需要评估和管理投资风险，承担企业经营风险和市场波动风险。投资收益不需要通过中间人或第三方分配，直接从投资对象的盈利中获得。

（4）便于信息获取和经营监控

直接投资者依靠专业知识和经验能够直接获取和监控投资对象的信息，以便做出正确的投资和管理决策。

2．主要优缺点

（1）优点

借助这种品牌国际化方式，生产企业可以利用自己的品牌资源优势，进行自主决策，如在厂址、渠道合作伙伴、经销方式的选择上具有较强的主动性，同时能够清楚地掌握当地消费者的需求信息，并保持对企业品牌资源优势的主导权，有效地防止核心技术外溢，进而维持核心竞争力。

（2）缺点

首先，这种方式受制于企业本身的竞争能力，因为直接投资需要投入较多的资金，同时还要对东道国的政治、经济、社会文化、法律法规环境有着全面了解和准确判断。其次，直接投资作为资本输出的一种重要方式，以资本来推动品牌的国际化经营与扩张，因此，企业需要对国际资本市场及投资市场的发展动向有着清晰的认识。由于涉及汇率、利率、进出口管制、区域合作协定等多种复杂影响因素，因而选择这种方式一定要有较强的抗风险能力，尤其是对发展中国家的企业而言，在选择直接投资式品牌国际化发展路径时一定要有科学合理的判断。最后，建立在直接投资这种发展方式上的品牌国际化，也会受世界经济发展态势的影响，如受市场不确定性、国际资本流动方向的影响。由于资本总是以获得价值和利润为导向，因而总是会集中在利润高、成本低的行业，这会对品牌经营所坚持的长期性战略构成冲击。

品牌实训

X公司品牌国际化路径分析

实训材料：

X公司是国内一家著名的家用计算机生产企业。起初，X公司主要做计算机销售工作，是一家把国外计算机销售给国内用户的企业。随着计算机销售市场的竞争日趋激烈，X公司转向了计算机生产领域，依托科研机构和高校开展计算机组装生产业务。当时国内计算机生产企业很少，X公司是首批计算机生产企业之一。在国外计算机品牌并没有大举进入中国市场，计算机行业是新兴行业这样的大背景下，X公司很快发展壮大，销售额迅猛增长，利润不断翻番。于是，X公司着眼于长远发展，将目光转向国际市场，开始实施品牌国际化经营。

X公司所面临的品牌国际化经营问题十分棘手，主要原因是自己的品牌项目在国际市场上并没有强大的影响力。为了使公司能够产生"墙内开花墙外香"的品牌效应，X公司需要收购兼并国际品牌，将国内生产业务和国际市场业务相结合。这种设想，在当时非常大胆。尽管许多人对这项品牌收购兼并业务并不看好，但是X公司凭借自身的经济实力以及中国计算机市场的巨大商机，顺利地完成了这项交易。X公司的品牌国际化进入了新阶段。

但是，计算机生产与制造需要雄厚的技术人才储备。为了做好这一点，X公司并没有对嫁接过来的品牌进行大的改变，甚至保留了原有的研发团队及研究中心。X公司实施了"两头在外"的品牌国际化路径：一是市场在其他国家，即吸引国际市场的消费者购买品牌产品；二是研发中心在其他国家，这样既能防止技术人才的流失，保持原有的研发能力和水平，同时也能够把先进的理念和思想带到国内。而公司的生产线主要在国内市场，主要目的是发挥低成本优势。

由于这种研发、生产制造、市场相分离的品牌国际化模式并没有从根本上改变公司的品牌经营理念，甚至没有触动品牌最根本元素的重新组合与改变，因而品牌识别与品牌形象并不一致。品牌的原产地与品牌产品的实际生产地在消费者印象中产生混淆，不仅分散了企业原有的资源，而且使嫁接过来的品牌形象也出现一定程度的弱化。

随着 X 品牌国际化的一阵喧嚣之后，市场又重新回到了原来的状态。对于 X 企业而言，核心技术和产品市场是很难跨越的两大障碍。最终，X 公司决定加强自有品牌建设，在关键技术上投入巨资，重新寻找品牌国际化的科学路径。

实训任务：

（1）X 公司品牌国际化的可取之处有哪些？其失败之处又是什么？

（2）撰写一份 1 000 字左右（不含图表占用字符）的《X 公司品牌国际化路径探索》。

（3）在面向未来的 X 公司品牌国际化方案中，采取哪一种模式是可行的？为什么？

复习思考题

一、名词解释

本土品牌　品牌国际化　品牌原产地效应　品牌扩张

二、简答题

1. 简述品牌国际化的主要含义。

2. 简述品牌原产地效应的成因。

3. 简述品牌国际化的阶段。

4. 简述品牌国际化程度的评价指标。

三、论述题

1. 试述品牌国际化所面临的主要问题及应对策略。

2. 试述品牌国际化的主要方式及适用环境条件。

四、设计与分析题

题目： 选择一家国内知名的家用电器生产企业，为其设计一个可行的品牌国际化方案。

要求：（1）对该企业的品牌经营情况进行描述；

（2）对该企业的品牌国际化路径进行探索；

（3）进行可行性研究，选择可行的品牌国际化方案；

（4）总字数不少于 2 000 字（不含图表占用字符）。

参考文献

[1] 凯勒. 战略品牌管理：英文版[M]. 3 版. 北京：中国人民大学出版社，2010.

[2] 拉福雷. 现代品牌管理：英文版[M]. 北京：中国人民大学出版社，2011.

[3] 凯勒，斯瓦米纳坦. 战略品牌管理：英文版[M]. 5 版. 北京：中国人民大学出版社，2023.

[4] 阿姆斯特朗，科特勒. 市场营销学：英文版[M]. 12 版. 北京：中国人民大学出版社，2017.

[5] 戴维斯. 品牌资产管理：赢得客户忠诚度与利润的有效途径[M]. 刘莹，李哲，译. 北京：中国财政经济出版社，2006.

[6] 藤甫诺. 高级品牌管理——实务与案例分析[M]. 牛国朋，译. 2 版. 北京：清华大学出版社，2010.

[7] 特劳特. 大品牌大问题[M]. 耿一诚，许丽萍，译. 北京：机械工业出版社，2011.

[8] 张明立，冯宁. 品牌管理[M]. 北京：清华大学出版社，北京交通大学出版社，2010.

[9] 张明立，任淑霞. 品牌管理[M]. 2 版. 北京：清华大学出版社，北京交通大学出版社，2014.

[10] 余伟萍. 品牌管理[M]. 北京：清华大学出版社，北京交通大学出版社，2007.

[11] 王海忠. 高级品牌管理[M]. 北京：清华大学出版社，2014.

[12] 黎建新. 品牌管理[M]. 北京：机械工业出版社，2012.

[13] 唐玉生. 品牌管理[M]. 北京：机械工业出版社，2013.

[14] 刘常宝，肖永添. 品牌管理[M]. 北京：机械工业出版社，2011.

[15] 周云，姚歆，徐成响. 品牌管理[M]. 北京：经济管理出版社，2013.

[16] 苗月新. 品牌管理理论与实务[M]. 北京：清华大学出版社，2016.

[17] AAKER D A. Managing brand equity: Capitalizing on the value of a brand name[M]. New York：The Free Press, 1991.

[18] AAKER D A. Building strong brands [M]. New York: The Free Press, 1991.

[19] AAKER D A, JOACHIMSTHALER E. Brand leadership [M]. New York: The Free Press, 2000.

[20] MILLER D. Building a story brand: Clarify your message so customer will listen[M]. Croydon: HarperCollins Leadership, 2017.

[21] KOTLER P, PFOERTSCH W. B2B brand management[M]. Heidelberg: Springer Berlin, 2010.